우리 아이가 행동장애라고요?

Joy-Ruth Michelson 저
염지숙 · 조현희 · 박세원 공역

학지사

Our Sons Were Labeled Behavior Disordered

by Joy-Ruth Mickelson

역자 서문

조이-루스 마이클슨(Joy-Ruth Mickelson) 박사가 이 책과 관련한 연구를 수행할 당시 박사과정 학생으로서 앨버타 대학교 사범대학 교사교육개발연구센터(Center for Research for Teacher Education and Development)에서 연구를 공유했던 나는 그녀가 이 연구에 쏟은 열정을 잘 알고 있었다. 마이클슨 박사는 그 당시 양적 연구가 주류를 이루던 교육심리학 분야에서 내러티브 탐구방법을 사용하여 행동장애아로 분류된 아이들과 그 어머니들의 삶을 탐구함으로써 특수교육 연구의 새 지평을 열었다고 해도 과언이 아니다. 마이클슨 박사의 학위 논문은 그 후 책으로 출판되었다. 2007년 앨버타 대학교 교사교육개발연구센터에서 연구년을 보내면서 내러티브 탐구로 수행된 연구 중 한국의 연구자들에게 소개할 만한 것을 찾던 중, 나는 마침 마이클슨 박사의 저서를 접하게 되었다. 이 책의 원서가 출판된 지 시일이 꽤 지난 시점이었음에도 그의 열정을 책 속에서 생생하게 보는 듯했다. 한국에 돌아온 후, 앨버타 대학교에서 공부하는 동안 역시 마이클슨 박사의 연구를 잘 알고 있던 박세원 교수님과 그의 동료 교수인 조현희 교수님과 함께 이 책을 번역하게 되었다.

*Our Sons Were Labeled Behavior Disordered: Here Are the Stories of Our Lives*라는 원제목을 가진 이 책은 행동장애아인 아들을 둔 네 명의 어머니들의 이야기를 다루고 있다. 저자는 학교 상담가로서의 풍부한 경험을 바탕으로 행동장애아로 낙인찍힌 아이들의 어머니들과 그 가족의 삶을 어머니들에게 쓰는 편지 형식으로 들여다본다. 이 책에 실린 편지는 저자가 8개월 동안 어머니들과 나눈 대화를 바탕으로 구성된 것이며, 행동장애아로 분류된 아들을 키우는 어머니들의 경험을 통해 특수아와 그 가족을 지원하는 학교 체제와 정책의 문제점을 지적한다. 저자는 검사에 의한 행동장애아 진단과 분류를 위한 검사, 의미 없는 전문가들과의 만남과 약물 투여, 일하는 여성이자 어머니로서의 삶 등을 폭넓게 다루면서 행동장애아로 분류된 아이들과 그 가족을 이해하기 위해서는 그들의 경험과 삶을 미시적으로 살펴보아야 함을 촉구한다. 지속적인 성찰과 경험을 통해 얻은 어머니들의 실천적 지식의 중요성도 강조한다.

이 책은 연구방법론에 있어서도 많은 시사점을 주고 있다. 저자는 이 책에서 질적 연구의 한 갈래인 내러티브 탐구방법론을 소개하고 그러한 방법론에 의한 연구물의 범례를 보여 주고 있다. 연구방법론과 관련하여 이 책에서 주목할 것은 두 가지다. 첫째, 이 책에는 다른 연구물과는 다르게 이론적 배경이나 문헌고찰 부분이 따로 없다. 즉, 저자의 인식론적, 존재론적, 방법론적 기반이 되는 이론과 문헌이 어머니들에게 쓴 편지 형식의 본문에 녹아들어 있는 것이다. 둘째,

내러티브 탐구의 새로운 글쓰기를 시도했다는 점이다. 1990년대 중반에 수행된 저자의 연구가 편지 형식으로 결과를 제시한 최초의 연구였다고 기억한다. 최근 수년간 내러티브 탐구에 대한 관심이 폭발적으로 증대되어 온 시점에서 이 책은 내러티브 탐구의 글쓰기에 대한 연구자들의 갈증을 풀어 줄 것으로 기대된다. 더욱이 저자는 부록에서 어머니들과의 연구수행 과정을 자세히 설명하고 있어서 내러티브 탐구의 절차에 대해서도 도움을 얻을 수 있을 것이다.

궁극적으로 이 책은 특수교육 전공자와 질적 연구, 특히 내러티브 탐구에 관심을 가진 대학원생과 연구자들 모두에게 도움이 되는 책이다.

이 책을 번역할 때, 세 사람이 나누어 각자의 부분을 번역하였으나, 세 사람 모두가 돌아가면서 전체를 검토함으로써 용어의 통일과 어투에서 일관성을 갖도록 노력하였다. 그러나 번역 후 여전히 아쉬움은 남는다. 오역이나 부자연스러운 번역에 대해서는 독자들이 너그러이 이해해 주시기를 부탁드린다. 마지막으로 이 책의 출판을 결정해 주신 학지사 사장님과 진행 과정에서 애써 주신 편집부 직원들께 진심으로 감사드린다.

역자를 대표하여

염지숙 씀

한국 독자들을 위한 서문

이 책을 통해 저는 어머니들과 보호자들은 물론, 아이들과 그 가족과 함께 일하는 대학 교수와 교사, 대학생, 그리고 그 밖의 많은 사람들이 자신의 삶에서 접하는 비슷한 경험과 반응을 발견할 수 있기를 소망합니다.

저자로서 저는 이 책의 의도에 진심으로 관심을 가지고 번역을 해 주신 염지숙 교수님, 조현희 교수님, 박세원 교수님께 감사의 마음을 전합니다.

집필을 시작했을 때 저는 이 책의 독특한 방식이 어머니들로 하여금 자신들의 '목소리'를 내도록 해 준다는 것을 알고 있었습니다. 그 어머니들은 현재의 교육적 환경 속에서 받아들여지지 못하고 이해받지 못하는 아들을 둔 분들이었습니다. 하지만 그 어머니들은 아들의 독특한 특성들을 명확하고 정직하게 공유하신 분들이었으며, 아들이 다니는 학교에서 존중과 평등이 실현되기를 바라는 그분들의 소망은 다른 어떤 것과도 비교할 수 없이 큰 것이었습니다.

저는 이 책을 출간한 이후 어머니, 교사, 사회복지사, 심리치료사, 심리학자, 교수, 연구자들과 함께 많은 대화를 나누어 왔습니다. 그들은 이 어머니들의 이야기를 읽으면서 새로운 통찰을 얻게 되었다고 응답해 주었습니다. 다음의 인용들은 그들이 보여 준 다양한 반응의 예입니다.

> 저는 이전과는 다른 방식으로 어머니들과 대화를 하게 되었습니다. 저는 어머니들이 무슨 일을 겪고 어떻게 느끼는지 깨달았습니다. 우리 반 학부모들과 저의 관계성이 변화한 것입니다. 앞으로도 분명히 다를 것입니다.
>
> (7학년 교사)

> 저는 사회복지사로 30년을 일해 왔습니다. 저는 특정 학생들의 경우 그들에게 교육을 한다는 것이 얼마나 어려운 것인가를 알고 있습니다. 이 책에 실린 어머니들의 이야기는 이들의 행동을 치료할 수 있는 방법이 있음을 보여 주었습니다.
>
> (학교 사회복지사)

> 이 책은 의과대학 학생들의 필독서가 되어야 합니다.
>
> (심리치료사)

> 제가 대학에서 특수교육 강의를 수강했을 때 이 책이 교육과정에 포함되었다면 좋았을 것입니다.
>
> (5학년 교사)

이 책은 대학에서 질적 연구를 가르치는 강좌들에서 지속적으로 활용되어 왔는데, 이것은 이 책이 이 분야의 대표적인 저서로 자리잡고 있음을 보여 주는 것입니다. 자신의 연구 아이디어와 접근법에 관해 저와 이야기하고자 열망하는 학생들은 흔히 이 책의 부록 '제가 그것을 했던 방법은 이렇습니다'에 관해 토론하는 것으로 시작한답니다. 언어를 단순하게 사용한 점과 은어적인 연구용어 사용을 자제한 점이 긍정적으로 인식되었고, 그러한 언어 사용은 학생들이 자신의 연구에 대한 새로운 통찰을 찾도록 촉진시켜 주었습니다.

이 책의 내용이 여러분의 삶에서 의미 있는 것이 되리라 확신합니다.

앨버타 대학교 사범대학 겸임교수

조이-루스 마이클슨 올림

독자 안내

독자 여러분께,

이 책에서 저는 네 명의 어머니에 관한 이야기를 할 것이며, 여러분은 열두 달 동안 저와 이야기를 공유한 그 네 명의 어머니들을 만나게 될 것입니다. 이분들은 모두 '중증 행동장애'로 명명된 아들을 두고 있었습니다. 저는 그 어머니들에게 자신의 삶과 경험에 대해 이야기해 줄 것을 요청했습니다. 저는 어머니들에게 쓴 편지들을 통해 그들이 자신의 말과 행동, 감정에 관해 성찰하면서 구성한 '목소리'들을 여러분에게 소개합니다. 대화적 관계성을 통한 우리의 여정에서 저는 저의 성찰과 경험들을 짜 넣었습니다. 서장에서는 제 자신의 초기 교육과 학습에 관해 이야기하고 있습니다. '더 크게 소리쳐 말해 주세요'에서는 저의 맨 처음 교직 생활 이야기를 하면서 시작합니다. 이어서 저에게 깊은 영향을 미쳤고 저를 '탐구로 가는 길'로 이끌어 준 학생들과의 경험을 기술합니다.

네 명의 어머니들과 그들의 아들들을 소개하기 위해서 저는 맨 처음 네 통의 편지를 학교의 교육행정가들이 작성하여 보낸 것처럼 썼습니다. 그 네 통의 편지들은 각색된 것입니다. 네 명의 어머니들의 아들들에 관한 이야기가 적힌 그 편지들은 실제로 교육행정가들이 쓴 것이 아닙니다. 하지만 그 편지들은 이들 소년 각각에 대해 학교 또는 지역사회 전문가들이 실제로 행한 관찰과 측정, 해석을 포함하고 있습니다. 그 편지들의 형식과 내용은 저에게만큼이나 많은 독자들에게도 낯익을 것입니다. 한때 학교사회복지사와 심리학자로 일했던 저는 보고서를 쓰는 것에 익숙하며, 이 편지들은 지난 30년간 제가 읽은 수백 가지 보고서의 합성물이자 제 자신이 직접 써 보기도 한 그런 것들입니다. 신분을 보호하기 위해서 각색되긴 하였지만, 이 편지들은 그 소년들에 대한 실제 평가를 반영하고 있습니다. 또한 이 편지들은 그 소년들의 능력 수준, 진단, 가족 배경 등을 포함하고 있으며, 그 속에서 여러분은 우리가 그동안 당연하게 여겨온 개념들을 찾아볼 수 있을 것입니다. 우리는 그 소년들과 어머니들에 관한 정보를 좀 알 수는 있지만, 그 편지들은 그들의 개별성과 독특성을 약화시키는 언어와 범주에 의해 여과된 것입니다. 진단과 가족 배경 정보의 요지는 각색되지 않았으며, 여러분은 어머니들의 이야기에서 그것이 되풀이되는 것을 보게 될 것입니다.

그다음 편지들에서 여러분은 어머니들을 만날 것이며, 그들이 자신의 삶과 관계성에 대해 이야기하는 것을 듣게 됩니다. 어머니들은 자신의 언어로 자신의 이야기를 하고 있으며, 제가 그 어머니들에게 했던 것과 같이 여러분에게 이야기를 다시 들려줍니다. 자신의 아들이 겪은 어려움을 이해하려고 노력하는 과정에서 어머니들의 지속적인 인내가 명확하게 드러납니다. 교사와 교장, 심리학자와 심리치료사와 같은 전문가들과 만나면서 겪은 여러 가지 경험의 복잡성과 다양성이 하나의 딜레마로 빈번하게 드러납니다. 또한 아들들의 고유한 특성과 어머니 자신들의 실천적 지식이 드러나며, 그들이 자신의 삶에 직면하면서 과거에 보여 주었고 현재도 갖고 있는 용기가 두드러지게 강조되어 나타납니다.

저의 마지막 편지는 학생들을 가르치는 우리 모두를 위한 것입니다. 낙인찍힌 아이들을 그들 어머니의 눈으로 봄으로써 우리는 학교에서 행동장애를 가진 학생들에 대해 작성하는 문서의 많은 부분이 파괴적일 수 있다는 것을 보다 완전하게 인식할 것이며, 또한 보다 협조적이고 인간적이며 교육적인 문서를 작성하도록 노력해야만 한다는 점을 알게 될 것입니다. 우리가 '함께 사태를 이해할' 때, 협조적 관계에 의해 생성된 시너지는 강력해지고 희망을 줄 수 있습니다.

부록은 내러티브 탐구를 시작하고자 하는, 그리고 어떻게 제가 그 어머니들과 만났는지에 관해 알고자 하는 사람들을 위해 작성한 것입니다. 저는 이 편지들을 '제가 그것을 했던 방법은 이렇습니다'와 '뜻하지 않은 행운으로 저는 계속합니다'로 이름 지었습니다.

욕구가 다양하고 복잡한 아이들에 대한 이해를 넓히기 위해서 저는 여러분이 그 어머니들의 이야기, 그리고 그들의 아들들과 함께한 경험을 방문하고 또 방문하기를 희망합니다. 그렇게 하면 우리는 학생들이 자신의 삶에 도전하는 것을 도울 수 있을 것이며, 종국에는 학교에 대한 그들의 이야기가 다양성 속에서 성장할 수 있는 가능성을 열게 될 것입니다.

조이-루스 올림

메모: 이 책에서 여러분은 '행동장애' '중증 행동장애' 'BD'라는 용어가 교사, 학교 직원, 부모, 지역사회의 전문가들에 의해 상호 교환적으로 흔하게 사용되고 있음을 발견하게 될 것입니다. 교육 체제와 지역 교육청도 대개 자금 지원을 목적으로 그러한 용어에 따라 분류된 학생들을 확인하는 문자코드와 번호들을 가지고 있습니다.

차례

2 chapter 우리의 이야기를 분류표와 연결하기 / 79

3 chapter 다양성과 관계 / 119

서장

더 크게 소리쳐 말해 주세요

그들의 애처로운 목소리가 스산한 바람에 실려 들판을 가로질러 와 귓전에 맴돌았다. 한 사람 한 사람에서 시작되어 모두에게로 퍼진 목소리는 이렇게 애원했다. "여기가 싫어요. 선생님도 싫어요! 이 학교는 정말 진저리가 나요. 우린 도망갈 거예요. 도망가서 우리 어-엄-마를 찾을 거예요."

저런! 나는 한숨을 쉬었다. 솔리 씨네 아이들이 다시 도망가려고 하는구나. 나는 나의 따뜻한 마음이 솔리 씨네 아이들에게 전달되기를 바라면서 격려하는 어조로 외쳤다. "저녁 준비가 거의 다 됐단다. 너희 엄마한테는 나중에 전화할게…. 저녁 메뉴는 셰퍼즈 파-이야." 나는 이렇게 그들의 식욕을 이용하는 것이 정당하지 못하다고 생각했다. 그러나 이 방법은 지난주에는 효과가 있었다. 솔리 씨네 아이들은 늘 배가 고팠기 때문이다. 그러나 아이들이 런던으로 가려고 한 것은 지난 삼 주 동안 이번이 네 번째다. 나는 내가 엄마를 보려고 집으로 도망가려고 했던 때 느꼈던 외로움을 기억했다. 나는 생각했다. '아주 오래된 일만 같아. 그때 난 열 살이었는데, 지금은 스물한 살이지. 그동안 너무나 많은 일이 일어났지만 생각하고 싶지 않아. 이제 난 교사니까 내 힘으로 잘 살아갈 거야.'

나는 기숙학교의 교사이자 사감이었다. 나는 열두 살 된 아이들로 이루어진 한 학급을 돌보고 있었으며 그들을 모두 사랑했다. 밤이면 아이들은 하루의 일을 마치고 내 방의 난롯불 앞에 모여 앉아 이야기를 하거나 책을 읽거나 노래를 같이 부르거나 혹은 그저 편안하게 조용히 앉아 있곤 하였다. 그 순간은 따스하고 안락했으며 집에 대한 아이들의 그리움을 달래 주었다. 그 순간은 나에게도 도움이 되었는데, 왜냐하면 그곳이 내 집이었기 때문이다. 아이들이 있는 나의 진짜 집 말이다. 나에게는 더 이상 옛날 집이 없었다. 어머니는 돌아가셨고, 언니는 멀리 떨어져 있었으며, 아버지는 새 가족이 있었다. 나는 몸을 떨면서 생각했다. '됐어! 난 나의 삶, 교사로서의 나의 삶을 살아야 해.'

나는 가르치는 일과 내 학급이 대체로 즐거웠으며 재미있었다. 나는 토니라는 훌륭한 교사한테서 배울 점이 많다는 것을 알았다. 나는 토니가 솔리 씨네 아이들이 있는 반에서 수업을 하는 것을 본 적이 있다. 그의 학생들은 내 학생들보다 더 나이가 많고 다루기 힘들다고들 했다. 그들은 정규 학교에서 이곳으로 보내진 아이들이었다. 그 아이들도 다른 남자아이들처럼 ED라고 분류되어 있었다. ED란 정서장애(Emotionally Disturbed)를 뜻한다. 토니가 학생들에게 그리스 신화의 복잡한 이야기를 읽어 주었던 때가 기억난다. 학생들은 그의 주위에 모여 넋이 빠진 채 듣고 있었다. 샘 솔리는 이야기에 몰두한 채 듣고 있다가 토니의 큼직한 스웨터 한쪽 끝의 올이 풀린 것을 보았다. 샘은 천천히 매듭과 바늘땀을 풀고 털 뭉치를 뭉쳐 가면서 키가 크고 점잖은 자기의 선생님 주위를 조용히 맴돌고 있었다. 아무도 동요한 사람은 없었다. 이야기의 마법과 토니의 수용적 자세가 아이들이 안고 있는 문제를 덜어 주었다. 그때 나는 이렇게 생각했던 것이 기억난다. '나도 저렇게 할 거야. 엉킨 매듭을 풀고 실을 풀 거야. 저 아이들의 삶에 무슨 일이 있었는지 알아야 해. 아이들이 왜 이렇게 행동하는지를.'

며칠 전에 내 반의 나이젤이라는 한 남자아이가 거북이 위에서 껑충껑충 뛰고 있는 것을 발견하였다. 어떻게 그런 일이 일어날 수 있을까? 나는 내가 아는 것이 너무 없다는 것을 깨달았다. 내 학생들이 자신들의 세계에서 살아가기 위해 필요로 하는 것들을 내가 줄 수 있을까? 마이클은 어떻게 해야 하나? 마이클은 몇 달 동안 수업시간에 그림만 그리고 있었는데 항상 단단한 4H 연필로만 그림을 그렸다. 그 그림들은 런던 지하철의 상세한 청사진이었고 왠지 모르게 섬뜩한 느낌이 들었다. 마이클이 자신의 내면에 갇힌 모습이 무서웠다. 내 계획으로 마이클의 은신처를 뚫고 들어가기는 했을까? 시도는 했었다. 내 반의 아이들이 주워 온 빨랫줄에 커다란 흰 천을 아슬아슬하게 치고 그 뒤에서 자신들의 이야기를 들려준 적이 있다. 그들은 손전등으로 흔들거리는 조명을 비추고 낡은 마분지와 무뎌진 가위를 가지고 그림자 인형을 만들었다. 이야기는 아이들이 직접 쓴 것이었다. 피, 선한 자와 악한 자, 그리고 정의와 불의에 대해 아이들이 직접 쓴 글이었다. 마이클은 여기저기에서 일을 했다. 줄을 고치고 조명을 조절하며 인형을 수리하고 무대 감독을 하고 악인의 역할을 맡았다. 그러자 그의 고통스러운 이야기가 나왔다.

그러나 지금 내가 할 수 있는 것은 무엇인가? 내가 솔리 씨네 아이들을 위해 할 수 있는 것은 무엇인가? 오늘은 그들의 사감이 야근을 하지 않는 날이었으므로 내가 무엇인가를 해야 한다는 것을 알고 있었다. 나는 몸을 떨었다. 아이들은 되돌아왔고 떨고 있었다. 아이들은 옷이 흠뻑 젖은 것 같았고 긴 머리는 축 늘어져서 눈물 자국이 난 슬픈 얼굴을 감싸고 있었다. 아이들은 내 품 안으로 뛰어들었고 나는 그들을 안아 주었다. 나중에 저녁을 먹고 목욕을 한 후에 아이들은 내 옆에 바싹 다가와 앉았다. 나는 노래를 불러 주었다. "우리를 좋아하세요? 좋아하세요, 좋아하세요? 우릴 정말 좋아하세요? 그렇다고 말해 주세요. 그렇다고요! 더 크게! 더 크게! 뭐라고요? … 우리를 사랑한다고요? 정말요? … 소리쳐 말해 주세요! 모든 사람한테 들리게 더 크게 소리쳐 말해 주세요."

초기에 배운 것들

나는 처음 가르쳤던 그 몇 달을 종종 되살곤 해 왔다. 마이클은 이제 완전히 자신의 지하철과 터널에서 풀려 나왔을까, 아니면 아직도 거기에 갇혀 있을까? 나이젤은 살아 있는 것을 죽이고 싶은 욕구가 줄어들었을까? 솔리 씨네 아이들이 길게 자란 젖은 풀 위를 달리는 외로운 광경은 늘 내 마음속에 있다. 누군가가 자신을 좋아하고 사랑하고 있다는 것을 알고 싶어 하는 간절한 욕구는 내가 알아 온 특정하게 분류된 아이들 모두의 욕구를 반영하는 것이다. 토니가 스웨터 실을 푼 것은, 토니가 고통을 주고받는 아이들의 복잡성을 발견했다는 것이 아이다운 은유로 표현된 것이다. 나는 첫 학교에서 가르친 후에 다른 기숙학교에서 가르치는 특전을 받았다. 그 학교에서 다시금 가르치는 즐거움을 느끼고 '우여곡절'을 겪었으며 자상하고 고무적인 많은 교사들로부터 배울 수 있었다. 이러한 초기의 경험들이 내가 미래의 삶을 아이들과 그들의 가족, 그리고 내 아이들과 가족과 함께하는 데 뒷받침이 되고 틀이 되었다. 이것이 나의 교육과정이다. 즉, '행동하는 삶의 과정(life course of action)'(Connelly & Clandinin, 1988)이 내 교육과정인 것이다. Pinar(1975)는 쿠레레(currere)를 교육과정의 살아 있는 경험, 즉 학교에서의 개인적 삶을 기억하는 것이라고 한다. 이 점에서 "쿠레레는 개념 이전의 경험에 도달하려고 하는데, 이것은 확연히 개인적인 의미를 위한 기반을 이룬다"(Willis, 1978, p. 316). Pinar는 우리가 우리 삶의 이야기에 따라 빚어지는 상황적 존재임을 늘 주지하면서, 이 개인적 의미가 어떻게 전개되며 우리가 내면적 경험의 세계를 어떻게 알고 이해하는지를 고찰하고자 한다.

내 삶의 이야기 속에서 살아온 나는 내러티브가 나에게 미친 영향과 내 삶에 가져온 의미를 알고 있다. 나의 어린 시절 이야기는 가족 간의 사랑과 보살핌의 관계가 전쟁과 피난으로 불시에 파괴되었다는 이야기다. 나와 언니는 3년이라는 기간 동안 부모님의 보살핌을 받지 못한 채 살아야 하는 고통을 견디면서 소외감과 차이가 무엇인지를 스스로 이해하게 되었다. 우리가 원하는 것은 솔리 씨네 아이들이 원하는 것만큼 강렬했었다.

부모님이 우리를 처음 찾아오셨던 날이 기억난다. 우리 부모님은 우리를 향해 그 기나긴 길을 걸어오셨다. 우리는 그 날이 오리라고는 전혀 생각하지 못했었다. 10주간 떨어져 있던 시간이 평생처럼 느껴졌다. 우리는 롤러스케이트 버클을 낡은 가죽이 찢어질 정도로 꽉 조이고 비틀거리며 뛰어가 어머니 품에 안겼다. 나는 머리를 어머니의 부드러운 배에 파묻은 채 아무 말도 할 수가 없었다. 기쁨의 눈물이 흘러내리고 있었고 믿어지지 않을 만큼 따스한 온기가 퍼지고 있었다. 나는 입술을 꼭 다문 채 아무 말도 할 수가 없었다. 마음 속에선 이런 저런 말이 맴돌았으나 아무 말도 할 수가 없었다. 이윽고 10주간의 고통이 서서히 녹기 시작했으며 긴장이 풀렸다. 언니도 어머니에게 얼굴을 파묻고 꼭 끌어안고 있었다. 우리는 동시에 얼굴을 들고 어머니가 있다는 사실을 맘껏 기뻐하려고 뒤로 물러섰다. 우리는 아무 말 없이 활짝 웃었다. 부모님과 다시 3년씩이나 헤어져 있어야 한다는 것을 그때 알았더라면 그렇게 활짝 웃지 않았을 것이다.

어머니는 그 긴 이별이 끝난 후 내가 런던으로 돌아가고 나서 24개월 후에 돌아가셨다. 어머니가 내게 남긴 유산은 생생했다. 어머니가 남긴 말은 Heilbrun의 어머니가 그녀에게 남긴 말과 같았다. “어머니가 내게 주신 영원한 선물은 굉장히 명료하며 앞뒤가 일치하는 말씀이었다. 독립적으로 네 삶을 개척하라. 그리고 남자들의 관심과 인정을 받기 위해 자아를 잃지 말아라. 왜냐하면 그 대가가 너무 크기 때문이다.”(Heilbrun, 1979, p. 17) 어머니는 앎의 중요성을 강조하셨다. 사람들, 장소, 전 세계에 대한 앎 말이다. 어머니는 자주,

"스스로 배우고, 여러 언어를 배우며, 될 수 있는 한 멀리 여행을 다녀라." 하고 말씀하셨다. 나는 어머니 말씀을 늘 명심했고, 어머니가 의도했든 그러지 않았든 그 말씀에 나름대로의 의미를 부여했다. 나는 어머니 말씀이 다음과 같은 것을 뜻한다고 생각했다. "다른 사람들과 그들의 삶을 이해하라. 그들의 언어와 문화를 통해 그들을 이해하라. 차이점들을 존중하라. 많이 읽고 배워라. 그리고 가르쳐라!" 나는 어머니가 남긴 말씀을 분명하게 이해했다. 이 말은 늘 내 귓전에 있는 것 같았으며 어머니에게서 받은 유산이 되었다. 나는 여행을 다녔고 여러 언어를 배웠다. 차이점을 존중했다. 그리고 가르쳤다.

나의 교육과정은 계속된다

나는 어머니가 남긴 말씀을 나의 교육과정으로 삼고자 수년 동안 노력해 왔다. 나는 교사, 사회복지사, 상담가, 아내, 어머니가 됐고, 최근에는 심리학자가 됐다. 나는 이런 질문을 많이 받아 왔다. "당신은 정말 무엇을 하는 분인가요? 교사예요, 상담가예요, 사회복지사예요, 아니면 심리학자예요? 하나를 골라야 하는 것 아닌가요?" 이런 질문은 언제나 뜻밖의 것으로 여겨졌고 나는 왜 내가 '현재의 나' 그대로 보이지 않는지 이해가 가지 않았다. 그래서 나는 놀리는 어조로 "뽀빠이 말대로, 나는 나예요!"라고 대답하고 이렇게 덧붙이곤 했다. "나는 당신이 지금 아는 그대로의 나예요. 이제까지 내가 살아오며 경험한 모든 것이 지금 내가 있는 곳으로 나를 데리고 온 거예요. 바로 여기로 말이에요. 현재나 미래나 나의 교수-학습의 기본이 되는 것은 바로 이러한 나예요."라고. 고통스러운 부분도 있었던 과거 이야기의 의미에 대해 생각할 때 나는 나 자신을 살아남은 자 이상으로 해석했기 때문에 긍정적인 감정과 기쁨이 가득함을 느꼈다. Craig(1984)는 과거를 기록하고 반성하고 재구성함으로써 생겨나는 힘에 대해 다음과 같이 이야기한다. "… 과거의 감정에 빠지기 위해서가 아니라 … 그러한 감정을 가지고 얻은 이해의 힘으로 더 깊은 통찰력을 가지고 미래를 바라볼 수 있도록 하기 위함이다." (p. 375)

그러나 나는 남자아이들과 여자아이들, 교사와 교장들, 어머니와 아버지들이 나와의 상담을 통해 교수와 학습, 행동의 복잡성을 풀어가고 이해할 수 있도록 내가 어떻게 최대한의 도움을 줄 수 있을지에 대해 더 많이 알고 이해하기를 바랐다. 내 자신도 도움이 필요한 사람 중 하나였다. 내가 배우고 가르쳤으며 보살펴 온 많은 아이들 중에는 다양한 명칭으로 분류된 아이들이 있었다. Berger와 Luckmann(1967)은 우리가 우리의 현실을 객관화하기 위해 사용하는 '전형화(typifications)'에 대해 언급한다. 행동장애와 정서장애라는 용어는 이러한 기능을 위해 사용되는 말이다. Van Manen(1986)은 우리 모두가 교육 전문가이면서도 각 아동 개인이 갖고 있는 독자성을 간과하는 실수를 저지를 수 있다는 점을 일깨워 준다.

> 어떤 아동을 '행동상의 문제'가 있다거나 '학력 부진아'라고 부르거나 혹은 특정한 학습 스타일이나 인지작용 방식이 있는 학생이라고 말하면 … 그 순간 그 특정한 아동을 진정으로 보고 들을 가능성을

저버리는 일이 발생한다. 그러면 그 아동을 진짜 감옥에 넣듯이 범주화된 언어 속에 집어넣는 것이 된다. 기술적 혹은 기계적 언어에 의해 아이들을 격리하는 것은 정말로 일종의 정신적 유기나 다름없다(Van Manen, 1986, p. 18).

탐구로 가는 길

나는 이제껏 만났던 아이들에 대해, 그리고 그들에게 나의 전 존재를 어떻게 보여 주려 했는지에 대해 이야기하고자 한다. 나는 학생들과 같이 공부하거나 이야기하거나 놀 때, 그들이 학교 안팎에서 겪고 있는 어려움에 대해 털어놓는 이야기에 내가 보일 반응에 신경이 쓰였다. 내가 만나는 아이들이 겪는 고통을 나도 느꼈으며 그들에게 마음이 쓰였다. 왜냐하면 내 자식들도 자기의 시각이 무시를 당하거나 자기가 보기엔 부당하다고 느낀 경우에는 비슷하게 반응했었다는 것이 떠올랐기 때문이었다. 그렇다. 이것은 내 자식들의 상처이기도 했다. 그래서 내가 학부모와 이야기를 할 때 주로 이야기하는 사람은 어머니였으며 그들의 이야기를 들으면서 나는 이렇게 생각하곤 했다. '이것이 내가 겪은 일이라면 난 어떻게 했을까? 나도 이렇게 강하게 행동하고, 대답하고, 화내고, 기대했을까?' 그렇다. 나도 여러 상황에서 이들과 똑같이 행동하고 말했으며 느꼈다. 나도 자식이 있으므로 내가 만나는 학부모들에게 관심을 갖는다. 나도 그들과 처지가 같기 때문이다. 그러나 "바로잡으세요."라든지 "가족을 어떻게 좀 변화시켜 보세요."라는 말을 들으면 도덕적 딜레마에 부딪혔다. 이 경우에는 "난 마법 지팡이도 없고 무단 침입할 수도 없습니다."라고 대답하곤 했다. 나는 변화와 변모가 의미 있고 지속적인 것이 되기 위해선 내적인 것에서 시작되어야 한다는 것 또한 알고 있었다. 그래서 나는 학부모의 이야기를 듣고 또 들었다. 그리고 그들에게 관심을 가졌다. 이렇게 함으로써 서로 공유하는 의미를 발견해 내고 그들이 의식하지 못하고 있거나 한 번도 사용해 보지 않은 힘을 사용하도록 해 주는 촉매가 되기 위해 노력하였다.

나는 이 탐구로 가는 길을 사람들과 함께해 왔다. 이제는 그 길의 내러티브에 소리를 넣어 내가 들어 온 이야기들을 하고자 한다. 나는 이 아이들의 어머니들의 이야기, 아주 특별한 이 어머니들의 이야기를 들은 사람은 몇 명 안 된다는 것을 깨달았다. 나는 그 몇 안 되는 사람들 중의 한 명으로서 그 어머니들의 이야기를 들으면서 그들의 고통의 소리를 들었다. 나는 또한 그들의 용기를 느꼈으며 희망의 소리도 들었다. 이제 나는 그들이 나에게—해답을 갖고 있는 자로서가 아니라 한 인간이자 어머니이고 함께 나누는 자로서의 나에게—해 주는 이야기를 듣고 싶다. 그들이 자신들의 시간의 리듬과 이야기의 운율에 따라 하는 이야기를 들을 필요가 있다. 그들의 이야기에 그들의 어머니의 이야기가 합쳐지고, 그들 모두의 이야기에 내 자신의 이야기도 한데 얽힐 것이다. 50년 전에 일찍 돌아가신 우리 어머니의 목소리도 여기에 합쳐질 것이다. 왜냐하면 우리의 이야기 모두가 우리의 삶을 빚어 냈기 때문이다. 그리고 우리의 목소리는 협동의 정신으로 한데 모일 것이다. "우리는 그들에게 협력자로서 분담하여 같이 일하도록 청해야 한다. 이렇게 함으로써 우리는 함께 그들의 이야기의 의미를 이해하려고 노력할 수 있다."(Mishler,

1986: Sarbin, 1986, p. 249에서 재인용)

이따금 내 이야기가 물결이 조각조각 부서져 사납게 출렁이는 바다에서 떠다니는 표류물 같다고 느낄 때가 있었다. 그러나 세월이 지남에 따라 어떤 의미는 저절로 나타나서 패턴이 잡히고, 소용돌이 모양은 더 크고 중요해지며, 그것이 갖는 가능성에 마음이 설렌다. 내 아이들이 아주 어렸을 때 나는 언니가 말레이시아에서 보내 준 염색용 컵들로 긴 옷감에 디자인을 했었다. 그 컵들은 작은 찻주전자처럼 생겼는데, 손잡이가 길고 주둥이 크기가 컵마다 달랐다. 뜨거운 밀랍이 주둥이에서 흘러나와 나의 자유로운 상상이 이끄는 대로 천을 적셨고, 나는 자유를 느꼈다. 나는 이 내러티브 탐구를 위해 내가 기억하는 것을 쓰고 이것을 은유로 사용할 것이다.

예전엔 튀김기로 썼던 기계에서 브라질 야자 밀랍이 강한 냄새를 풍기며 끓으면 염료와 붓, 자갈, 도구들이 내 손을 유혹한다. 나는 납염과 홀치기염색을 한 번에 5야드나 8야드씩 한다. 순백의 면이 기대감에 젖어 기다리고 있다. 나는 밀랍을 붓고, 천을 묶고, 붓으로 그리고, 염색하고, 밀랍을 부수어서 놀라운 것으로 만든다. 울긋불긋하게 물든 내 손은 춤을 추면서 옷감을 아연 도금을 한 낡은 양동이에 넣는다. 나는 염료가 소용돌이치고 스며드는 것을 바라본다. 모양이 조금씩 섬세하게 나타나는 것을 보느라 넋이 빠진다. 끈을 풀고 자갈을 치운 후, 선명한 색조의 무늬로 물들어 있는 전체가 서서히 드러날 때까지 조심스럽게 숨을 쉰다.

이것이, 즉 전체가 서서히 드러나면서 무늬와 색조를 보여 주는 것이 현재와 미래의 탐색에 대해 내가 갖고 있는 희망이다. 나의 교육과정의 맥락에는 나의 존재를 강한 아닐린 염료로 얼룩지게 한 이야기들이 있다. 이 이야기들을 어머니들과 함께하고자 한다. 우리는 가르침과 배움에 대해 이야기할 것이며, 의미와 이해를 밝히고 누군가 하기를 기다리고 있는 질문을 던질 것이다.

> … 교사와 학습자들은 그들 자신과 다른 사람들의 이야기 속에서 이야기하는 사람이자 등장인물이다. … 사람들은 삶을 반성하고 다른 이들에게 자기 자신에 대해 설명하면서, 계속되는 경험적 텍스트 안에서 그들의 이야기를 살아가는 동시에 말로 이야기하고 있다. 사람은 삶에 몰두하는 동시에 이야기를 다시 하고 이야기를 다시 살아가는 것이다(Connelly & Clandinin, 1990, p. 4).

우리는 어머니와 아이들에 대해, 우리 자신과 다른 사람들에 대해, 우리가 아는 사람들 모두에 대해 말할 것이다.

답신: 올리버 존스에 대해

피트 씨께,

전화로 말씀드린 학생인 올리버 존스에 대해 저희가 갖고 있는 자료를 모두 보내드립니다. 귀교의 행동장애아 반에 배치해 주실 수 있길 바랍니다. 귀하의 말씀에 의하면 담당 교사가 훌륭한 분인 것 같습니다. 올리버의 생활기록부는 이미 모두 보내드렸습니다. 많은 평가와 그 규모를 보면 이 학생이 여러 해 동안 문제아였음을 파악하실 수 있을 것입니다. 심리학자 한 분이 보고서에서 "이 아동은 조직화가 필요하다."고 지적한 것처럼, 이 아동은 가정에서 조직적인 행동을 배운 것 같지 않습니다. 동봉하는 보고서는 비교적 최근인 작년에 작성된 것입니다.

답장 기다리겠습니다.

조 올림

심리평가 보고:

학생: 올리버 존스	나이: 11세 7개월
학교: 마운틴 초등학교	학년: 5
담임교사: 게이지	심리학자: 제인 스미스

추천 사유:

본 평가는 학교가 특수아동 지원금을 계속 신청할 수 있도록 하기 위해 위촉되었다. 또한 올리버에 대한 행동 지도와 학업 지도의 효과를 어떻게 동시에 최대화할 것인지를 결정해야 한다.

배경:

올리버는 어머니인 레나 존스 부인, 그리고 로잘린과 헬가라는 두 누나와 함께 살고 있다. 로잘린은 18세이고 헬가는 14세다. 존스 부인은 4년 전에 남편과 별거하였고, 그 후 이혼하였다. 올리버는 아버지를 가끔 만난다. 존스 부인은 올리버가 외할아버지(그녀의 아버지)와 가깝게 지내며 정기적으로 외할아버지 댁에 간다고 했다.

올리버가 1학년이었을 때 가족 주치의에게서 ADHD(주의력결핍과잉행동장애)라는 진단을 받았다. 학교에서는 행동 상담을 여러 번 했는데, 상담가는 가장 최근의 관찰 이후 올리버가 심한 우울증을 겪고 있으며 자살의 가능성도 있다고 느꼈다. 올리버는 작년에 심리학자로부터 파괴행동장애(disruptive disorder)—반항장애(oppositional defiant disorder)와 품행장애(conduct disorder)—가 있다는 진단을 받았다.

올리버의 현 담임교사의 보고에는 상반되는 점이 있었다. 그녀는 올리버가 수업시간에 다루기가 매우 힘들고 자주 화를 낸다고 했다. 올리버는 화가 나면 진정시키기가 힘이 들며, 다른 아이들한테 폭력을 쓴다. 올리버가 교사를 때린 적은 없다. 어떤 상황에서 이런 행동이 일어나는지는 잘 모르겠다. 한편 올리버는 장난꾸러기이고 항상 '똑똑한 척하는' 대답을 한다. 올리버는 반에서 키가 가장 작은데 게이지 씨는 올리버의 문제가 거의 키 때문에 일어나는 것 같다고 한다. 문제의 상당수가 쉬는 시간에 운동장에서 일어나는데, 모든 교사들은 올리버가 자신의 행동에 대한 책임을 지려 하지 않는다고 본다. 담임교사는 요청받은 대로 행동 체크리스트를 작성했다.

출석과 행동:

올리버는 순순히 평가를 받으러 왔는데 개인적 관심을 받는 것을 즐기는 것 같았다. 올리버는 매우 말이 많은 아이라서 평가자의 주의를 흩뜨려 평가에 방해가 되었다. 이름을 쓰라고 했을 때 연필 사용에 문제가 좀 있었으나 여러 번 쓰도록 하자 글씨체가 나아졌다.

검사:

개인 능력 검사를 행하였으며 문장 완성하기와 동적 가족화(Kenetic Family Drawing)[1] 그리기를 포함한 투사적 검사도 행하였다.

---

1) 역주: Burns와 Kaufman(1970)에 의해 발전된 동적 가족화는 가족화에 움직임을 첨가한 투사화로, 그림 분석을 통해 가족의 역동성을 파악하는 데 도움을 준다.

결과:

올리버의 총점은 백분위 점수로 79점이었으며 지적 기능은 중상위권이다. 언어능력의 백분위 점수는 55점이고 수행 점수는 백분위로 92점이다. 언어능력은 평균이고 수행 점수는 최상위권이다.

언어학습에서는 수 추리와 단기 청각 기억(매우 약함) 능력이 취약함을 보였다. 올리버가 같은 질문을 자주 반복하는 것은 주의력에 문제가 있음을 암시한다. 단어 지식과 사회적 규칙과 개념에 대한 이해를 측정하는 하위 검사 점수는 평균 이상이었다.

올리버는 또한 시각적으로 제시된 자료를 해석하고 조직화하는 능력이 매우 뛰어나다. 올리버의 능력 중 매우 눈에 띄는 것은 그림 카드를 순서대로 나열하여 이야기 줄거리를 만드는 데서 나타났는데, 이것은 그가 사람들의 행동에서 어떤 결과가 나오는지를 이해하고 있음—즉, 비언어적 상황에서 무슨 일이 일어나고 있는지를 이해하는 능력이 있음—을 입증한다. 이 하위 검사 결과는 백분위로 99.9점이라는 최상위 점수였는데, 하위 검사 점수들이 평균에서 중상위 사이라는 것을 주지하더라도, 이 한 가지 최상위 점수로 인해 이러한 학습 양식의 조사 결과들이 왜곡된다. 투사적 검사를 통해 드러난 주제에 의하면 올리버는 권위적 인물에 지나치게 민감하며 모욕이라고 느끼는 것에 대해서는 극도로 민감하다. 다른 여러 반응들을 해석해 보면 자아 방어력이 강함을 알 수 있다.

정리:

올리버는 지적인 면에서와 일대일의 상황에서는 이성적인 생각과 행동을 할 줄 아는 중상위 수준의 능력을 가진 아동이다. 집단에 있을 때는 행동이 공격성을 띠게 되고 변화가 심하다. 올리버는 지원금 수혜 기준에 부합한다. 격리된 환경에서 행동을 어떻게 해야 하는지를 분명히 가르친다면 현재는 결여되어 있는 통제력을 얻도록 도움을 줄 수 있다.

추천사항:

올리버의 행동에 관한 염려가 여전히 남아 있으므로 계속 개입할 필요가 있다고 보인다. 더 최근의 상태를 평가하는 것이 나으므로 올리버를 정신과 의사인 플랫 씨에게 보낸다.

가족 관계를 파악하기 위해 학교의 사회복지사에게 보내는 것도 도움이 될 것이다.

심리학자

제인 스미스

피트 씨께,

이 보고서에서 제시한 방법대로 선생님이 올리버의 어머니에게 전화해서 올리버를 사회복지사에게 보내는 것에 대해 이야기했더니 어머니가 퉁명스럽고 매우 방어적인 태도로 변했다는 이야기를 소문으로 들었습니다. 정보 제공자가 저한테 말하길, 올리버의 어머니가 이전 검사 결과에 대해 한 번도 설명을 들은 적이 없다고 말했다고 합니다. 문제가 조금 생길지도 모르겠습니다. 그러나 우리 모두는 이런 가족을 대해 본 경험이 있습니다. 지난주에 '까다로운 고객을 어떻게 대할 것인가?'라는 강연을 들었는데 피트 씨도 그 강연을 들으면 좋았을텐데요! 어쨌든, 확실히 준비가 되고 정리가 되는 대로 귀교의 행동장애아 학급에 빈자리가 있는지 알려 주십시오.

조 올림

답신: 라이언 브림과 로저 브림에 대해

프레드 씨께,

로저 브림과 라이언 브림이라는 형제에 대해 이번 주 초에 통화할 기회가 있어서 기뻤습니다. 라이언에 대해선, 자료를 보내드리겠다고 말씀드린 대로 이번 주 내내 자료를 찾았으나 보고서 한 장도 구하지 못했습니다. 라이언의 어머니는 필드크레스트 병원에서 정보 공개 동의에 서명을 했다고 밝혔으나 병원에서는 라이언의 파일을 찾을 수가 없었으며, 그래서 라이언 어머니가 병원에 전화를 했지만 정보 공개 동의는 받아들일 수 없다는 답변만을 들었습니다. 그래서 우리가 라이언이 병원에 있었던 기간에 대해 아는 것이라고는 두 살 때부터 정신과 의사들에게 진찰을 받았으며 결국 중증 행동장애라는 진단을 받았다는 것뿐입니다. 더 최근에 라이언은 특수 병동에 8개월간 입원해 있었습니다. 퇴원 후에는 사회복지사가 그의 어머니에게 선임한 심리학자에게로 곧바로 보내졌습니다. 이 편지에 심리학자의 보고서를 동봉합니다.

이 편지에는 두 가지가 동봉되어 있습니다! 라이언의 형인 로저 역시 행동장애가 있습니다. 로저는 이전 학교에서 우리의 행동 상담가 중의 한 명에게서 진단을 받았는데, 그 평가 결과를 동봉합니다. 이 두 아동에 대해 평가 보고서에서 권장한 시일 내에 지능 검사를 다시 받도록 하여 우리의 서류 양식을 구비하는 것이 좋을 것 같습니다. 이 두 아동에 대한 일이 모두 잘 되어 가기를 바랍니다.

조 올림

심리 평가:

학생: 라이언 브림 나이: 7세 3개월

부모: [이혼] 캐롤라인 브림

밥 브림

추천 사유:

나는 아동의 어머니를 돕기 위해, 그리고 아동을 학교에 되돌려 보낼 방안을 제시하기 위해 우선 브림 씨 가족의 사회복지사인 밴트 씨를 만날 것을 요청받았다. 아동의 어머니인 브림 부인은 과거의 평가 보고서를 구하기가 힘들기에 평가를 새로 하는 것이 인근 학교 재입학에 도움이 될 것이라고 생각했다.

배경:

내가 받은 자료에 의하면 이 아동은 아주 어릴 때부터 문제가 있었다. 이 아동은 여러 정신과 의사들로부터 중증 행동장애라는 진단을 받았다. 이 아동은 지난 8개월 동안 필드크레스트 병원에 입원했었다. 밴트 씨가 브림 부인과 같이 나에게 와서 가족력에 대해 많은 이야기를 해 주었다. 브림 부인은 친절하고 협력적인 것 같았으나 말수가 많은 편이 아니었기 때문에 믿을 수 있는 정보를 많이 제공할 것이라는 확신이 서지 않았다.

밴트 씨는 이전 전문가들이 라이언의 가정을 문제 가정이라고 묘사했었던 것에 주목했다. 그녀는 근래 가족환경에 변화가 생기기 시작했으며 이제는 안정이 될 것 같다고 했다. 브림 부인은 합법적인 남편이 생겼다고 덧붙였다. 그의 이름은 행크이고, 아이들에게 어린 동생 이레나가 생겼다고 했다.

브림 부인은 아이들의 아버지(전남편 밥)가 '여왕 폐하가 원하는 대로' 교도소에 구류된 상황에 대해 이야기를 조금 하기 시작했으나 중간에서 멈추었다. 그러고는 아무 말도 하지 않았는데 기분이 우울해진 것 같았다. 나는 그녀에게 라이언의 행동 중 가장 다루기 힘든 것이 무엇인지 말해 달라고 했으며, 그러면 검사가 끝난 후에 추천할 만한 것을 좀 알려 주겠다고 했다. 내가 사용하려고 하는 검사 도구가 무엇인지 이야기하자 그녀는 라이언이 필드크레스트 병원에서 몇 달 전에 그와 비슷한 검사를 받았다고 했다. 나는 필드크레스트 병원에 있는 동료에게 전화를 해서 이것이 사실임을 확인했다. 같은 검사를 6개월 이내에 다시 하면 타당도가 떨어지므로 검사를 또 하지 않았다. 동료는 라이언의 지력이 훈련 가능한 범위에 근접하므로 병원에서는 라이언을 분리학급에 넣을 것을 추천한다고 말해 주었다.

출석과 행동:

라이언은 활발한 태도로 방에 들어왔다. 라이언은 내 검사 도구 창고에 있는 것을 다 꺼내고 싶어 했고 방바닥에 못으로 고정되어 있는 것 외에는 모두 다 집어 들었다. 브림 부인이 라이언을 무릎에 앉히려고 했는데 이것은 대체로 효과가 있었다. 라이언은 어머니가 전남편에 대해 이야기하기 시작하자 조용해졌는데, 이것은 그가 아버지에 대해 해결해야 할 문제가 있음을 암시하는 것이라고 생각한다. 라이언은 내 질문을 거의 다 이해하는 듯했으며 낮은 목소리로 다소 느리게 대답했다. 그의 반응은 내가 지금까지 만난 같은 능력 범위 안에 있는 학생들의 반응과 비슷하다.

추천사항:

1. 라이언의 학업 프로그램이 능력에 맞는 것인지 확인하기 위해 6개월 후에 지능 검사를 해야 한다.
2. 라이언의 경우 일상생활의 모든 면에서 행동 전략을 만들어야 한다. 예를 들어, 라이언이 말을 잘 들으면 그런 바람직한 행동은 강화를 해 주어야 한다. 별 주기 제도를 만들어서 별 다섯 개를 모으면 상품 주머니에서 작은 물건(캔디, 플라스틱 장난감 등등)을 하나 고를 수 있도록 하는 것이 효과가 있을 것이다. 말을 듣지 않으면 타임아웃[2] 절차를 반드시 따라야 한다. 상벌 방식은 이러한 유형의 아동들 대부분에게 효과가 있었다. 라이언이 타임아웃을 하는 장소에 흥미를 유발하는 것이 없도록 해야 한다(장난감이나 책이 없어야 한다). 단호함과 일관성, 그리고 엄격한 제한이 늘 유지되어야 한다.
3. 나는 밴트 씨가 이 가족에 계속 관여하는 것을 강하게 지지하고, 가정 중재자를 두어 브림 부인으로 하여금 아들을 다룰 전략을 사용하도록 도움을 주는 것이 지금 필요하다고 제안한다.

2) 역주: 원래는 경기에서 한쪽 팀의 감독이나 주장의 요구에 의해 경기 진행을 일시적으로 중단하는 것을 가리키나, 가정이나 학교에서는 산만하거나 문제가 되는 행동을 하는 아동을 일시적으로 한쪽 구석으로 보냄으로써 자신의 행동을 반성할 시간을 주는 것을 뜻한다.

4. 학교에서 문제가 계속되면 행동 상담가의 도움을 받을 수 있어야 한다.

지역 심리학자

프랭크 라이트

프레드 씨께,

라이언의 형 로저에 대한 보고서입니다. 이 보고서를 작성한 행동 상담가는 교사와 긴밀하게 협조하여 행동 목표를 이루려고 하였습니다.

조 올림

행동 상담가의 보고:

학생: 로저 브림 나이: 9세 0개월

학교: 무어 초등학교 교사: 맨터

학부모: 캐롤라인 브림

메모: 로저의 부모는 이혼했으며, 로저는 아버지 밥 브림 씨를 한동안 보지 못했다. 이 가족에 대한 사회복지 서비스가 이루어지고 있다.

보고:

나는 로저 브림이라는 학생을 관찰하고 생활기록부를 검토하여 이 아동이 행동장애 학생으로서 특수아동 지원금 수혜 기준에 맞는지를 알아보는 일을 맡았다.

담임교사가 행동평가 체크리스트를 작성한 것이 있어서 나는 그와 함께 그 목록을 훑어보았다. 교사가 보여 준 일화적 메모를 읽으면서 각 기록의 구체적인 사항들에 대해서도 논의하였다. 내 의견으로는, 학교에서 말을 듣지 않을 때는 타임아웃을 시키고 적절한 행동을 할 때는 강화를 해 주는 등 다양한 방법으로 이 학생의 비정상적인 행동 중 많은 부분을 변화시키려는 시도를 한 것 같다. 그중 어떤 것들은 효과가 있었으나, 가장 염려되는 것은 로저의 감정 조절 문제뿐만 아니라 계속적인 공격성과 파괴적 성향이다.

진단:

적대적 반항장애의 기준에 부합한다(DSM-IV, 1994).

학교에서는 로저를 정규 교실에서 교육시키려고 하므로, 나는 담임교사와 함께 계속 행동 지도 전략을 개발 · 적용할 것이다.

행동 상담가, 공인 심리학자

베티 부버

메모: 프레드 씨, 검사를 새로 하면 결과를 보내 주시기 바랍니다. 또한 참고로, 위의 보고서 내용은 아동의 어머니에게 모두 읽어 드렸음을 밝힙니다.

조 올림

답신: 로이드 가워에 대해

조 씨께,

우리 학교의 심리학자가 위의 학생에 대한 평가를 검토했고 평가 보고서를 보내드리니 이 학생을 추가 지원금 신청 자격 학생들의 명단에 넣으시기 바랍니다. 보면 아시겠지만 우리 학교에서는 로이드의 향상을 매우 기뻐하고 있습니다. 로이드는 아직도 간혹 난폭해지는 경우가 있기는 하지만, 나아지고 있는 것 같습니다. 하지만 아직도 충동적 행동과 과잉행동이 매우 걱정됩니다. 이 아이는 전형적인 예입니다! 이 아이가 '화가 나면' 다른 학생들의 안전이 문제가 될 수 있기 때문에 아이의 기분을 잘 통제해야 합니다.

우리 학교 교사들은 로이드에게 어머니가 가장 큰 힘이 된다는 사실에 대해 이야기한 바 있습니다. 로이드의 어머니는 우리가 시도하는 것에 모두 대단히 협조적이며 아이가 문제가 있을 때뿐만 아니라 평소에도 가능한 한 자주 학교에 옵니다. 어머니는 심리학과 생리학에 꽤 식견이 있으며 최근의 연구들을 읽어 알고 있는 것 같습니다. 필요한 것이 더 있으면 알려 주십시오. 우리 모두는 이 아이를 위해 최선을 다하고 싶습니다. 안녕히 계십시오.

신시아 올림

심리 보고서:

학생: 로이드 가워 나이: 7년 8개월

학교: 화이트사이드 초등학교 학년: 2

교사: 블랙 부모: 조앤 가워

추천 사유:

학교 당국에서 위의 학생에 대한 이전의 평가에 대한 검토를 요구한 것으로 알고 있다. 따라서 이 학생의 기록을 검토했으며, 이 평가가 심리학적/신체적 평가와 학력 평가로 이루어져 있음을 알았다. 이 학생의 병력 또한 그의 어머니와 함께 검토했다. 어머니가 신뢰할 만한 정보 제공자라고 생각했기 때문이다. 유치원 때부터 현재까지 로이드의 교사들이 작성한 관찰 기록도 읽어 보았다.

지능 검사는 작년에 한 것이 있으므로 새로 하지 않기로 했다. 로이드의 지능은 전반적으로 보통 수준으로 나타난다. 그러나 이 아이의 언어능력과 비언어적 능력 사이에는 큰 차이가 있다. 검사 결과에 의하면 전반적인 언어 이해 요소는 상당히 약한 반면, 지각에 의한 조직적 요소는 이 아이의 강점이다. 이러한 격차는 학습장애가 있는 아이들의 검사 결과에서 종종 보이는 것이다. 그러나 언어적 개념화를 알아보는 하위 검사에서 로이드가 어느 정도의 능력이 있음이 드러났다. 그것은 단어를 정의하는 능력은 없으나 자신이 못한다는 것을 잘 표현할 수 있다는 것이다. 청각적 처리도 약하다.

지난번 보고서에 로이드가 매우 산만하다고 지적되어 있다. 그 검사를 통해 볼 때, 단기 기억과 언어 표현능력, 지속적인 주의집중 능력이 요구되는 하위 검사에서 로이드에게 문제가 있음이 분명히 드러났다. 로이드는 연습 전략을 사용하지 않았으며 자기점검도 알맞게 하지 못했다. 이 아이는 전반적으로 과제에 주의를 집중하는 데 어려움이 있다.

로이드의 (현재와 과거) 담임교사들과 이야기를 했는데, 그 교사들은 로이드의 읽기능력이 매우 뒤처져 있다고 했다. 로이드는 종이와 연필 사용에 어려움이 있다. 이 아이가 쓴 글씨를 봤을 때 난필증이 있다는 것을 알 수 있었다.

그러나 무엇보다도 이 아이에게서 보이는 가장 큰 문제 중의 하나는 자신의 감정을 통제하지 못한다는 점이다. 로이드는 종종 싸움의 중심에 있는데, 스스로 싸움을 일으키는 것 같다. 이 아이가 갑자기 화를 내고 다치게 할까 봐 겁을 내는 아이들이 많다. 게다가 로이드는 나이에 비해 체격이 크다. 그의 담임교사는 로이드가 갑자기 무슨 짓을 할지 안심할 수가 없다고 했다.

로이드의 어머니는 얼마 전에 의사가 로이드는 전형적인 주의력결핍 과잉행동장애의 예라고 말했다고 했다. 그 의사는 로이드가 적대적 반항장애도 있다고 진단했다. 로이드의 어머니 말에 의하면, 그 의사는 시에서 과잉행동 아동에 대한 최고의 전문가로 알려져 있다.

로이드의 어머니는 아이를 혼자 키우고 있으며, 명석하고 말을 조리 있게 하는 사람이다. 그녀는 사람들을 상대로 하는 힘든 직장에서 일하고 있다. 그녀는 과잉행동의 대안적 치료법들에 관심이 있었으나 이제는 아들에게 도움이 되는 것이라면 어떤 것이라도 하려고 한다.

이상의 정보로 보아 이 아동이 장애아 판단 기준에 맞는 것 같다.

학교 상담가

스탠리 사우스

메모: 가워 부인과 같이 이 보고서를 검토하였는데, 가워 부인은 로이드가 싸움을 일으킨다고 쓴 문장 이외의 다른 부분에는 모두 동의했습니다. 가워 부인은 종종 다른 학생들이 문제를 일으키는데도 야단맞는 것은 로이드라고 생각합니다. 그녀는 덧붙여 로이드가 지난 6개월 동안 학교에서 아무도 다치게 하지 않았다고 했습니다.

답신: 네이트 오언에 대해

네드 씨께,

최근에 그린리지 고등학교에 입학한 네이트 오언에 대해 더 문의할 것이 계셔서 지난주에 제 사무실로 전화하셨지요? 이 학생의 생활기록부에는 자료가 별로 없었을 것입니다. 잘 아시다시피 학생들이 고등학교에 가게 되면 그전까지의 기록이 모두 삭제되곤 합니다! 이전 지역학교 경영자들에게 문의하면 어딘가에 기밀 서류가 있을 수도 있습니다. 시그 씨는 작년에 은퇴했지만 문서 중 일부가 어디에 있는지 알지도 모릅니다. 이 아이에 대해 더 말씀드릴 수 있으면 좋을 텐데요. 네이트는 제가 가지고 있는 명단에는 없는 것 같으므로 그의 부모님과 통화해서 그가 작년에 어느 학교에 다녔는지 알아보시기 바랍니다. 그리고 저에게도 알려 주십시오.

조 올림

일반 통계자료	
이름: 네이트 오언	나이: 15세 7개월
부모: 루이사 오언, 톰 오언	학년: 10

조 씨께,

제안해 주신 덕분에 네이트에 대한 정보를 구했습니다! 네이트의 어머니인 루이사 오언 씨가 학교에 와서 저와 이야기를 많이 했습니다. 어머니는 좋은 분인 것 같습니다. 그러나 아들을 어떻게 해야 할지 거의 속수무책입니다. 어머니 말에 의하면 네이트는 유치원에 입학하면서부터 문제가 있었고 1학년 때는 학교 심리학자에게서 심한 우울증이 있다는 진단을 받아서 무척 충격을 받았다고 합니다. 네이트는 5년 이상 행동장애 특수학급에 있었습니다. 가끔 상태가 무척 악화되면 위탁가정에 맡겨졌고, 그 후에는 두 군데의 대용 수용시설(group home)[3]에 있었다고 합니다. 그러나 네이트가 각 장소에서 얼마나 오래 있었는지는 확실하지 않습니다. 네이트의 어머니는 네이트가 전형적인 품행장애 증상이 있다고 정신과 의사가 말한 이후부터였다고 말했던 것 같습니다. 오언 부인은 네이트가 두 동생에게 많은 영향을 끼치고 있다고 느끼며, 이를 걱정하고 있습니다. 두 동생은 취학 전인 웨슬리와 아홉 살 된 조시입니다. 오언 부인의 말에 의하면, 네이트는 지능은 높으나 학업에 어려움이 있다고 합니다. 우리는 네이트에게 추가적인 학습 지원을 더해 주고 있습니다. 그러나 교사 중 한 사람한테서 네이트가 학교를 많이 빠지며 그 교사의 언어과목 시간에 큰 골칫거리라는 보고를 들었습니다. 잘 아시겠지만, 우리 고등학교에는 행동장애아를 위한 특수학급이 없습니다. 네이트가 문제를 너무 많이 일으키면 정학 처분을 할 것입니다.

안녕히 계십시오.

네드 올림

메모: 네이트는 곧 16세가 되므로 본인이 원할 경우에 합법적으로 자퇴를 할 수 있습니다.

3) 역주: 사회생활에 적응하기 힘든 장애인이나 노숙자 등이 자립할 때까지 공동으로 생활할 수 있는 소규모 시설.

Chapter 1

당신들의 시작

4월/5월/6월/10월[1]

어머님들께,

우리는 당신들의 가족이 당신들 자신과 삶에 어떤 영향을 미쳤는지, 그리고 가족이란 무엇인지에 대한 당신들의 믿음이나 개념에 어떤 영향을 미쳤는지 의식적으로 탐사하지는 않았습니다. 저는 "성장하는 과정에서 당신의 가족에게 어떤 일들이 일어났으며 그 일이 당신에게 어떤 영향을 미쳤다고 생각하는지 얘기해 주세요."라고 말한 적이 없으나, 그것은 당신들의 이야기 속에서 저절로 넘쳐 나왔습니다. 강의 이미지—졸졸 흐르는 개울에서 그 삶을 시작하여

1) 역주: 각 장을 구성하는 편지가 쓰인 달을 순서대로 적은 것임. 마지막에 적힌 달은 추가적 성찰을 위해 그 편지로 되돌아간 달임.

때로는 로도어 폭포처럼 '휘몰아치고 솟구치기'도 하고 '어머니 같은 오래된 템스 강처럼 부드럽게 흘러가기'도 하면서 힘을 모으는—가 당신들의 삶의 리듬이자 밀려드는 조수, 밀물과 썰물을 방불케 합니다. 루이사, 당신은 "삶의 밀물과 썰물이 바뀔 때마다 새로운 생각이 밀려옵니다."라고 말했었습니다. 우리는 이 편지에서 그 생각을 함께 나누도록 하겠습니다. 당신들이 살아오면서 겪은 파도와 갖가지 영향력들을, 그리고 그것들이 당신들의 아들들에게 어떤 변화를 가져왔다고 보았는지를 말입니다.

캐롤라인, 저는 당신이 한 말을, 당신의 어릴 적 이야기를 표현한 그 말을 당신의 목소리로 나타내려고 자판 앞에 두 시간 이상을 앉아 있습니다. 당신의 말이 너무나 중요하기 때문에 올바르게 의미를 전달했다는 느낌이 오도록 글을 쓰는 것이 어렵습니다. 저에게 이것이 의미하는 것은, 글을 명료하게 씀으로써 제가 만난 사람들과 그들이 저에게 해 준 이야기들이 이 페이지에 나타날 때, 글이 당신과 일치해야 하며 당신을 위해서도 일치해야 한다는 것입니다. 저는 우리가 이야기를 진행하는 동안 우리 모두에게 반향을 불러일으킨 자세한 사항들을 강조하기 위하여 이 편지 전체에 걸쳐 집단적 혹은 개인적 의미에 따라 '당신'과 '당신들'이라는 말을 사용할 것입니다. 저는 또한 화려한 말치장도 피하고 싶습니다. 그런 식으로 하는 것은 시작할 때만 도움이 될 테니까요. 그러나 당신의 이야기를 윤리적이고 도덕적으로 어떻게 이야기해야 우리가 밝혀낸 진실과 의미와 실재가 당신과 우리 모두의 삶의 견본을 보여 주는 것에 그치지 않고 당신의 고유한 삶의 본래적 특질이 울려 나오도록 하는 것이 될까요?

외로움보다 더한 것

캐롤라인, 당신은 어릴 때 이사를 자주 다녔고 문 잠긴 아파트에 아무도 없이 혼자 남겨졌을 때 느꼈던 외로움과 두려움으로 인하여 이사를 하는 것에 강한 반감을 가지게 되었어요. 그래서 그만큼 한 곳에 뿌리내리는 것을 강렬히 원하게 되었지요. 당신은 "이사 가야 하는 것이 싫어요."라고 말했습니다. 캐롤라인, 당신과 제 막내아들은 나이가 같아요. 당신이 이 말을 처음 했을 때 저는 몸서리가 쳐졌습니다. 우리는 당신이 살아오면서 겪은 깊은 충격적 사건들에 대해 이미 많은 이야기를 했는데, 저는 당신의 이야기를 들으면서 어렸을 때 보살핌을 잘 받은 사람들과 소외된 사람들, 그리고 보호받은 경험과 그렇지 못한 경험을 비교했어요. 처음에는 이들이 피할 수 없는 것이라 생각했으나, 더욱 깊이 생각하자 제 아들이 경험한 폭력과 죽음, 감정적 혼란들은—유럽 항해 시 강제수용소 경험의 맥락에서뿐만 아니라 자신의 삶에서—당신의 삶과 마찬가지로 정치적, 역사적, 사회적으로 영향을 받은 것임을 알았습니다. 어린아이였을 때와 젊은 아내였을 때 당신의 삶도 그런 폭력적 경험에 의해 제한받았으니까요.

저는 우리가 한 이야기를 글로 옮긴 것을 읽고 또 읽었으며 카세트 테이프에 녹음된 것도 반복해서 들었습니다. 저는 그때마다 어떤 신체적 반응이 일어났는지를 알고 있습니다. 당신이 겪은 경험을 생각하면 맥박이 빨라지고 입술을 꼭 물게 되며 목이 뻣뻣해지고 가슴이 답답해집니다. 그러고 나서 당신이 다른 현실을 구성해 내기 위해 생각하고 한 일들에 대해 이야기할 때면 저는 밝은 색 팜팜[2]을 흔들며 옆에서 "캐롤라인 만세!"라고 격려의 응원을 외치는 고등학교 치어리더가 된 것 같은 기분이 듭니다. 제 반응은 피상적이거나 생각 없이 하는 것이 아니라 진심에서 나오는 것입니다. 저는 삶의 이야기의 줄거리를 이해하고 바꾸려는 당신의 용기와 노력을 응원합니다.

당신은 어린 시절을 외롭게 보냈는데, 이것이 당신의 삶에 어떤 영향을 미쳤는지는 당신의 이야기를 '진정으로' 들어 준 상담가와 이야기하면서 이해하게 되었다고 했어요.

> 그러나 저는 어렸을 때 집에 혼자 있을 때가 많았어요. 부모님은 하루 종일 밖에서 일을 하셨지요. 아버지가 매우 엄격하셨다는 것이 기억에 많이 남습니다. 저는 언제나 혼자였어요. 우리가 고층 아파트에 살았을 때 언제나 혼자였음을 무척 선명하게 기억해요. 그 외로움을, 부모님이 아침에 출근하기 위해 집을 나가실 때 느끼곤 했던 그 느낌을 기억해요. 하루 종일 잠도 안 오고 맑은 정신으로 … 저 혼자서만 있었지요.

> 그녀(사회복지사)는 제가 이사 다니는 것을 싫어한다는 것을 알았습니다. 저는 이사를 많이 다녀야 하는 게 싫어요. 왜 그런지는 모르지만 이사하는 것이 정말이지 싫었답니다. 이사는 항상 고층 아파트로만 다녔어요. 그리고 전 항상 빈집에 혼자 있었지요.

2) 역주: 치어리더들이 응원할 때 손에 들고 흔드는, 플라스틱 가닥들을 묶은 도구.

당신은 밤이나 낮이나 언제나 혼자 있었는데, 그때 다섯 살밖에 되지 않았었지요. 당신은 깜깜한 어둠 속을 뚫고 들어오는 은색의 빛줄기를 향해 기어가곤 했던 이야기를 해 주었어요. 그 빛은 복도를 향한 아파트 문틈으로 들어오는 것이었어요. 그 문은 쇠줄로 잠겨 있어 열리지 않았으며, 당신은 당신 발소리에 무서운 정적이 깨질까 봐 겁이 나서 발꿈치를 들고 당신의 방으로 다시 들어가곤 했지요.

문의 쇠줄은 문고리에 감겨 있는 끈에 대한 불길한 징조였어요. 세월이 지난 후에 발견한 끈 말이에요.

> 집에 돌아왔을 때 밥(두 아들의 아버지)은 없었어요. 저는 이층으로 올라갔고, 밥이 아이들을 유아 침대에 끈으로 묶어 놓은 것을 보았어요. 라이언이 거의 한 살쯤이었고 로저가 두 살이 채 안 되었을 때의 일입니다. 밥은 문을 꽁꽁 닫아 놓았는데, 아이들이 아직 숨은 쉬고 있었습니다. 그는 문 손잡이를 끈으로 묶고 단단히 잡아당겨 놓았어요. 그리고 1층으로 내려가는 계단의 난간에 끈을 묶어 놓았어요. 저는 제 눈을 의심했어요. 애들이 빈집에 자기들끼리만 있었던 거예요. 얼마나 오랫동안 그렇게 있었는지 모릅니다.

우리는 당신의 아이들이 어린 시절을 얼마나 기억하는지에 대해 궁금해하며 함께 시간을 보냈어요. 당신은 "그 애는 그것을 기억하지 못해요. 기억하기엔 너무 어렸을 것이라고 생각한 적이 많아요."라고 했지요.

기억과 사건을 상기하는 능력에 대해서는 이견이 많으며 심리학 이론의 모든 영역에서 열띤 논쟁이 이루어지고 있습니다. 거짓기억

증후군은 포퓰리스트들의 지지를 받았으며 이 이론을 지지하는 사람들은 치료사의 암시가 사람들의 기억을 좌우한다고 합니다(Yapko, 1994). 저는 당신과 아이들이 겪은 폭력의 경험을 생각하면, 당신과 마찬가지로 그 아이들이 자신들의 이야기를 어떻게 기억하고 이야기할지 여전히 궁금합니다.

> 저는 밥이 화를 잘 낸다는 것을 알았어요. 로저가 울거나 하면 밥은 "제기랄! 내버려 둬!"라고 하곤 했지요. 한번은 친정어머니가 소파에서 쉬고 있을 때 로저가 울기 시작했어요. 밥은 어머니가 주무신다고 생각했어요. 사실 어머니는 애가 우는 소리에 깼는데 밥은 그것을 모르고 있었어요. 어머니는 밥이 로저의 머리를 베개로 싸고 질식시키려고 했다고 말했어요. 로저가 서너 살밖에 안 되었을 때였어요.
>
> 또 한번은 밥이 친정에 있는 저를 데리러 왔을 때였는데, 저는 차에 탈 때 로저를 저와 밥 사이에 앉혔어요. 밥은 차 안에서 저를 무척 심하게 때렸어요. 그런데 그때 보도를 걸어가던 어떤 부인이 저희를 보았어요. 밥은 저희 뒤로 차 세 대 뒤에 경찰차가 있다는 것을 모르고 있었어요. 그 부인은 경찰차로 가서 창문을 두드리고, "저기 차 세 대 앞에 파란 차가 있는데, 여자가 맞고 있어요."라고 말했어요. 그래서 경찰이 차창으로 왔어요. 밥이 제 얼굴을 온통 심하게 때린 다음이었지요. 저는 말조차 할 수가 없었어요. 확실치는 않았지만 말을 할 수 없었으니 아마도 그가 때린 바람에 턱이 빠졌던 것 같아요. 아무리 말을 하려고 해도 나오지 않았거든요.

당신의 외로움과 소외감은 그에 수반하는 모든 스트레스와 더불어 계속되었습니다.

우습지만, 제 마음속의 한쪽에서는 계속 이렇게 말해요. '너도 알다시피 이건 잘못된 거야. 끝내 버려. 이 결혼생활에서 탈출해.' 그러나 그다음에는 늘 '아냐! 나아질 거야.'라고 생각했어요. 그는 그때부터 계속 제가 걱정을 지나치게 많이 한다고 믿게 하려고 했어요. 제가 걱정을 너무 하거나 쓸데없는 상상을 한다고요. "당신은 항상 일어나지 않은 일을 상상하는데, 그게 그렇게 나쁜 것만은 아냐."라고 하면서요.

결혼 생활에서 당신이 겪은 경험과 그 경험에 대한 당신의 느낌은 캐나다 전역에서 공감하는 것입니다(Cottrell et al., 1994). 폭력 속에서도 결혼 생활이 지속되는 이유는 수없이 많습니다. 그러나 당신은 떠나야 한다는 것을 알았고, 그래서 천천히 짐을 꾸리기 시작했지요.

그리고 그는 저한테 물었어요. "왜 이러는데?" 그러면 저는 "이제 끝내야 해."라고 대답했어요. 저는 "밥, 당신이 지긋지긋해."라고 말했어요. 그는 "뭐?"라고 했고, 저는 "간다."라고 말했어요. 그는 놀랐어요. 그는 제가 그럴 것이라고 생각하지 못했던 거예요. … 그는 "안 돼! 당신은 그렇게 대담한 사람이 못돼."라고 했어요. 그래서 저는 말했어요. "그냥 보고만 있어."

당신은 그렇게 해서 떠났어요.

루이사, 외로움과 소외감, 힘든 변화들이 당신의 유년기의 경험을 채우고 있습니다. 당신은 저와의 두 번째 만남에서 "아시다시피 저는 외동딸이자 혼자였어요."라고 말했지요. 당신은 십대 초반 이전의 유년기에 대한 어렴풋한 기억에 대해 저한테 편지로 이야기한 적이 있어요. "집은 무섭고 불안했어요. 아버지는 알코올 중독자였고 어머니를 때렸어요. 제가 아는 사람 중에 저처럼 가정이 혼란스러운 사람은 아무도 없었기에 가끔은 외로웠어요."

당신의 안정감은 나중에 찾아왔고 그 안정감은 당신에게 그 후로 계속 영향을 주었어요. 1994년 3월에 당신은 어머니가 방문하기로 되어 있다고 이야기했고, 몇 주 후에 저와 차를 마시면서 어머니의 방문이 당신과 어머니 둘 다에게 어떠했는지를 이야기해 주었어요. 당신이 어머니와 함께한 시간을 묘사하는 말에서 어머니에 대한 따스함과 보살피는 마음이 은은히 빛났지요. 저는 당신이 그전에 했던 말이 생각났어요.

> 우리 어머니는 바위처럼 흔들리지 않는 분이었어요. 우리(당신과 당신의 오빠)는 항상 조건 없는 사랑을 받았지요. 이것이 제가 제일 잘 기억하는 것입니다. 저는 십대 때가 무척 좋았어요. 아버지는 제가 열세 살 때 나가셨어요. 우리 가정은 평온해졌어요.

평온과 고요는 의례(ritual)와 반응이라는 요소에서 얻어집니다. 저는 어린 시절 저녁식사 때 먹었던, 별 맛 없는 불랑망즈 푸딩과 같은 삶을 제안하는 것은 아닙니다. 저는 우리가 살아가면서 최고점과 최저점을 경험하는 것이 우리의 성장에 중요하고, 우리의 잠재력을 일깨워 주며, 불확실성을 가리켜 주고, 이에 대해 침착하게 준비할 수 있도록 해 준다고 생각합니다. 저는 불랑망즈가 특별한 맛이 없고 익숙하기 때문에 안심은 되지만 이것을 지속적으로 먹지는 않을 것입니다. 루이사, 저는 혼란과 큰 변화를 견디고 살아온 후에 안정을 찾았으나 무미건조하지 않은 삶을 추구한 젊은이들과 노인들의 이야기를 다시 되살려 냅니다. 그들은 당신이 사춘기 시절에 받아들일 수 있었던 것—예전과 대조적으로 평온해진 가정—을 소중히 여겼습니다.

조앤, 당신의 성장기에 대한 묘사에는 평온함 대신에 말다툼과 싸움이 들어 있고, 이것이 혼란과 긴장을 초래했습니다. 당신의 부모님은 17세와 18세 때 결혼했고, 어머니가 18세일 때 당신이 태어났습니다.

> 그리고 부모님은 둘 다 다소 화를 내기 시작했습니다. 그들은 서로 반대 방향으로 가기 시작했습니다. 그들은 젊음과 자유, 그리고 자신들이 잃은 것을 찾기 위해 싸웠으며, 이 싸움이 그들을 떼어 놓았습니다. 그것은 가족을 떼어 놓았습니다. 그것은 우리를 떼어 놓았습니다.

무심하고 태평스러운 젊은 시절에 대한 당신의 갈망을 방해하는 요인에는 다른 것들도 있었습니다.

> 저는 어린애였지만 누군가가 우리 가족을 떠맡아야 한다고 느

겼습니다. 우리 가족을 책임져야 할 사람들이 자신들조차도 돌보지 못했으니까요. 그 당시에 부모님은 정말 그럴 수가 없었습니다. 그래서 저는 열두 살 때 여러 면에서 어머니의 역할을 했습니다. 이 말을 듣는다면 어머니는 무척 화를 낼 것입니다. 그러나 이것은 사실이에요. 저는 저의 어머니를 돌보고 감시하는 역할을 했습니다. 어머니가 어리석은 짓들을 하지 않는지 확인하고 남동생을 돌봤어요. … 어머니의 기분의 변화는 무척이나 극단적이었습니다. 부모님이 마지막으로 헤어졌을 때 저는 열다섯 살이었습니다. 우리는 이것이 마지막이라는 것을 잘 알고 있었어요. 어머니는 매우 우울해했습니다. 그래서 럼주를 마시기 시작했는데 이것이 어머니와 잘 맞지 않았습니다. 어머니는 우울증에 걸렸기 때문에 바륨[3]을 복용했어요. 이런 모든 일들은 아이들인 우리가 삶에서 겪어서는 안 되는 것들이었어요. 그러나 우리는 이러한 것들에 부닥쳤습니다. 저는 무슨 일이 일어날지 두려워서 외출도 못했습니다.

35세가 넘은 사람들은 '딕과 제인'[4]이라는 말을 들으면 이것이 무엇을 뜻하는지 압니다. 이 말에 '보라(Spot)'는 말만 더하면 우리는 이 말의 의미를 전적으로 확신하게 되지요. 그 이름은 완벽함이라는 그림을 제시합니다. 수많은 이름이 나타내는 일상적인 삶의 현실을 설명하는 그림이지요. 레나, 당신은 이 그림을 당신의 어린 시절을 묘사하는 데 이용했습니다. 당신은 그때 이 낭만적인 이상을

3) 역주: 신경안정제.

4) 역주: 1930년대부터 1970년대까지 미국의 초 · 중등학교 읽기 교과서에 등장했던 캐릭터로서 전형적인 미국 백인 중산층 가정을 상징한다.

미래에 실현할 것인지가 궁금했나요?

> 흥! 우스워요! 저는 항상 그것을 딕과 제인 식 교육이라고 하지요. (당신은 쾌활하게 웃으며 말을 시작했습니다.) 매우 괜찮은 중산층에 속한다고 하는 사람들에 대해 알아요. 아버지는 일을 하고 어머니는 집안을 돌봤으며 파출부를 두었어요. 무척 좋았고, 매우 평범했으며, 어떤 문제나 장애도 없었어요.

당신이 '평범'이라는 말을 할 때 저는 숨을 급히 들이쉬었으며, 이에 대해 후에 일지에 적었습니다. 〈평범한 사람들(Ordinary People)〉이라는 영화는 특이하고 기이한 한 가족을 통렬하면서도 기술적으로 보여 주었습니다. 어머니는 맏아들의 죽음을 (드러내 놓고) 슬퍼하거나 둘째 아들의 침묵 속의 고통을 인정하지 못하고 평범함이라는 겉치장을 유지하기 위해 애쓰지요. 저는 이 이야기를 책으로 읽은 후에 영화로 보고 나서 '평범함'이라는 단어에 계속 사로잡혀 있었어요. 저는 평범함이 걱정이 되고, 슬리퍼를 갖고 노는 강아지처럼 이 말을 공격하고 갖고 장난치고 싶어요. 저는 이 말에서 우리가 삶과 생활에서 '당연하게 여기는' 모든 생각과, Berger와 Luckmann(1964)의 말처럼 우리가 현실을 객관화하기 위해 하는 '전형화'를 연상합니다.

우리는 그때 '평범함'에 대해 논의하지 않았어요. 당신이 계속해서 이렇게 말했거든요. "그래서 그 당시에는 제게 우리 가족이 어떻게 됐으면 좋을지에 대해 꽤 분명한 생각이 있었어요." 당신이 그 '분명한 생각'이 결과적으로 무너졌음을 이미 저한테 이야기한 바가 있기 때문에 '그 당시'라는 말이 잠시나마 아프게 들렸어요. 당신은 평범한 삶과 이에 따르는 안정감에 대한 가능성을 아쉬워하고 있었을까요? 저는 그렇지 않다고 봅니다. 당신은 '그 당시'라는 말에서 과거의 자신을 이야기하는 것이었고 그 이야기를 하는 것은 현재의 당신이라는 것을 알고 있었습니다. 저는 우리의 대화에서, 당신의 삶의 궤도가 삶의 짜임새를 헝클어뜨린 복잡한 어려움에도 불구하고 종국에는 자유로 이어지는 경로로 진입했다고 믿었어요.

레나, 저는 당신이 어떻게 대답할지 상상이 갑니다. "세상에, 조이-루스, 당신이 생각하는 자유가 이런 것이라면 와서 같이 지내보고 한 번 느껴 보세요!" 어떤 궤도와 과정의 맥락에서는 자유라는 말을 쓰는 것이 혼란스러울 수 있다고 생각합니다. 그러나 명확한 이해를 위해 설명하겠습니다. 제가 그러한 맥락에서 그 말의 의미를 알고 있는 것은 Greene이라는 교육철학자와 그가 저술한 *The Dialectic Freedom*(1988)이라는 책에 근거한 것입니다. Gowin은 서문에서 이렇게 썼습니다. "이 책은 우리의 미래에 대한 사회적 상상력과 대담한 추측, 그리고 힘의 암시에 토대를 둔 것이다."(p. ix) 레나, 저는 당신이 이러한 창의적인 응답을 당신의 삶의 방식, 즉 세상에서의 존재방식에 성공적으로 더하였다고 믿습니다.

Greene은 간결하고도 명확한 메시지를 전하는 그녀의 글에서, 우리가 자신을 객관화하고 주체로부터 분리함으로써 "자신이 속한 세계의 '저자'가 될 가능성을 희생하는 경향이 있다. 자신이 저자임을 의식하는 것(authorship)은 자유에 대한 의식과 큰 관련이 있다."(p. 22)고 했습니다. Greene은 다음과 같이 기술합니다.

> 자신이 저자임을 의식한다는 것은 상황성을 안다는 것이다. 그리고 자신의 상황을 해석하는 방식과 행동 및 선택의 가능성 간에 관계가 있음을 안다는 것이다. 이것은 '현실'이 고정되거나 미리 예정된 것이라기보다는 끊임없이 새로 부상하는 것이며, 더 다양한 견해를 취하고 더 많은 텍스트를 열며 더 많은 친구들을 사귈수록 더욱더 복잡해진다고 보는 것을 의미한다(p. 23).

Greene은 자신의 책이 '가능성에 대한 의식을 다시 일깨우려고 하는' 최초의 책은 아니라는 것을 인정합니다. 그녀의 비전은 "깨어 있으려는 욕구와 공동체에 대한 욕구를, 알고자 하는 욕망과 이해하려는 소망을, 보려는 욕망과 느끼려는 열정을 결합"(p. 23)시키고 있습니다. 그녀는 교육자에 대해 말하고 있으며, 말이라는 붓의 큰 획으로 우리 모두에 대해 말합니다. 저는 교육자로서의 어머니와 어머니로서의 교육자를 분간해 내는 것이 어렵습니다. 이러한 어려움은 제 비전을 교사로서의 학생과 학생으로서의 교사에 맞출 때에도 마찬가지입니다. 물론 이러한 생각을 하는 사람은 저 혼자만이 아닙니다. 저는 이 내러티브를 통하여 우리 모두가 어머니들의 실천적 지식이 갖고 있는 힘과 가능성과 중요성을 확신하고, 학교와 교육 전문가들의 삶에 이 실천적 지식이 들어갈 수 있는 길을 만들 수 있기를 희망합니다.

당신의 앎은 가족과 학교 안팎의 전문가들과 학교기관과의 관계 속에서 생겨나므로 이러한 영향력들과 밀접하게 연결되어 있습니다. 따라서 이 내러티브가 제가 바라는 일관성을 갖기 위해서는 앞에서 언급했듯이 신념의 비상이 필요할 것입니다. 영향력들의 리듬은 당신들의 삶 전반에 걸쳐 느껴집니다. 한 편지에서 파장이 시작되면 그다음 편지에서는 점점 커지고, 그다음 편지에서는 썰물이 되어 빠지면서 침전물에 물결의 무늬만을 남깁니다.

이런 일이 우리 아들에게 일어났습니다

레나, 당신이 올리버의 유아기 때 이야기를 해 준 것—올리버의 종잡을 수 없는 행동들이 현재의 불확실성에 영향을 끼쳤다고 느낀 것—에서, 우리가 전에 얘기했던 대로 올리버는 차분하게 행동하는 데 문제가 있었다는 것이 기억납니다. 당신은 관리자로서 온종일 힘든 일을 하고 있었고, 당신의 남편은 '자주 일자리를 잃었기 때문에' 올리버가 학교에 입학하기 전까지 '집안일을 더 많이' 했습니다.

> … 그래서 올리버는 여러 면에서 자기 아빠의 친구이자 작은 그림자 같은 존재가 되었어요. 올리버는 언제나 아빠를 따라다녔는데, 남편은 그 당시에 아버지의 역할을 하는 데 있어서 교육적이거나 조직적인 점이 별로 없었습니다. 그는 늘 "아이구, 귀여워라, 우리 아들!"이라고 말하기만 했어요.

당신은 남편이 아이들을 가르치는 방식에 문제가 있다는 것을 의식하고 있었고 이것이 '의견의 불일치'를 초래했습니다.

> 애들 아빠는 "그래! 소파에 누워라. 마구 차고 놀렴."이라고 말

하기도 했어요. 집에 가면 접시며 모든 것이 여기저기 어질러져 있곤 했어요. 만일 그가 갑자기 "조용히 해!"라고 말했는데 애들이 조용히 하지 않으면, 그는 "좋아! 모두 일어나서 정리해!"라고 말했어요. 남편에겐 중간이 없었어요. 애들처럼 굴거나 엄격한 규율을 내세우거나 둘 중 하나였지 중간이었던 적은 없어요. 영원히 만년 어린애였지요.

당신은 애들이 자라는 것을 보면서 '애들이 아빠보다 더 성숙하다는 것을 깨닫기' 시작했습니다. 올리버가 유치원에 다닐 때 당신은 남편과 이혼했어요. 당신은 생각에 변화가 일어났다고 했는데, 그 변화가 이혼의 결정적인 이유가 되었어요. "올리버의 심리적 배경을 보면 싸우거나 소리 지르는 경우는 많이 겪지 않은 것 같아요. 알코올 중독이나 아동학대와 같이 정말 심리적인 상처를 주는 일들은 없었어요."

그러나 이혼은 당신 가족 모두에게 상처를 주었고 '올리버를 굉장히 슬프게 했어요.' 올리버는 "엄마, 엄마, 아빠 왜 못 오는 거야? 아빠가 오고 싶어 하잖아."라고 말하곤 했지요.

당신은 그때 이후로 공동체 의식이 가정생활에 얼마나 큰 변화를 가져올 수 있는지를 알았습니다. 당신은 '잘살기 위해' 이웃의 여성들과 유쾌하게 대화를 하면서 괴로운 일들과 사소한 일들은 털어 버리고, 크고 중요한 문제들만 이해하려고 하였지요. 당신은 이웃의 남편들을 '올리버의 남성 모델'이라고 묘사했는데, 저도 그 묘사에서 당신과 올리버에 대한 이웃들의 관심과 지지를 느낄 수 있었어요. 댄이 자기 아들과 올리버를 데리고 낚시와 야영 여행을 간 것,

마크가 망원경과 컴퓨터 다루는 기술, 여러 발명품들을 올리버에게 가르쳐 준 것 등 말입니다.

> 그래서 올리버는 친구가 많이 생겼고 결혼이란 어떠한 것이어야 하며 아빠는 아이들과 노는 데 있어서 어떠해야 한다는 것과 같은 것에 대해 많은 것을 알게 되었어요. 한 예로 "다 먹어."라고 할 때 협박조로 말하지 않는 것처럼요.

당신과 저는 가족이 있다는 것이 얼마나 행복한 것인지에 대해 이야기했지요. 이러한 기회를 가능하게 해 준 협력적인 이웃 가족들뿐만 아니라 친척들도 말이에요. 특히 당신의 아버지는 올리버와 잘 놀아 주셨지요. 당신이 올리버에게 "엄마가 한 가지 결정을 내렸는데 그것이 우리 모두의 건강에 더 나을 거야."라고 말했을 때 올리버가 감정이 격해져서 말로 대들었다고 하셨죠. 저는 이렇게 말했던 기억이 납니다. "그럴 때가 힘들지요? 우리는 종종 어른의 입장에서 그 당시에 우리에게 옳다고 판단되는 결정을 내리는데, 어린아이들은 생각과 욕구가 다르므로 그런 결정을 받아들이는 것이 힘들지요."

아이들에게 어떤 일들이 일어나면 더 좋을지를 물었을 때, "우리 엄마와 아빠가 다시 같이 살면 모든 것이 좋아질 거예요."라고 대답한 아이들이 많았으나, 여전히 폭력과 학대는 계속되었던 것에 대해 이야기했었습니다. 우리는 어른으로서 이따금 인간관계와 생활의 미묘한 의미에 대해 생각하고 놀랄 때가 있습니다.

올리버의 아버지가 "거기서(학교가) 애한테 왜 그렇게 법석을 떠는지 모르겠어. 그건 그냥 내 방식이었고 지금도 내 방식일 뿐이야."

라고 말했을 때 당신은 다음과 같이 생각했지요.

> 올리버와 마찬가지로 그는 그것(주의력결핍증)을 자연스럽게, 유전적으로 물려받았어요. 저한테는 의붓오빠가 있었는데 그도 많이 그랬어요. 오빠의 아버지도 그랬고요. 그는 아직도 그래요. 아직도 주의력결핍증인 것 같아요.

그리고 당신은 이렇게 말했습니다. "가끔 올리버의 얼굴에는 '아, 나도 아빠처럼 되는 것 아니야?' 하는 표정이나, '아, 약 먹어야지.' 하고 생각하는 모습이 보였어요. 올리버는 가끔 '난 아빠처럼 될까 봐 겁나요.'라고 말하곤 했어요." 당신이 올리버에게 아빠처럼 되는 것이 어떤 것인지를 물었을 때 올리버는 "그냥 게으르고 나쁜 것이요."라고 대답했지요.

유대의 문제

루이사, 네이트가 4개월이 되었을 때 다시 일을 시작한다는 것은 무척 힘들었지요. 당신은 "너무 어려웠어요. 무척 힘든 시기였어요."라고 하면서 네이트가 두 살이 될 때까지 일을 해야 하는 당신 자신을 계속 원망했어요. 우리는 그러한 원망의 감정이 무엇을 뜻하는지를 같이 이해하려고 하였는데, 당신은 그러한 감정이 당신이 읽은 자녀양육서에서 어느 정도 영향을 받은 것이라고 생각했어요.

그것은 엄마와 아이의 유대의 문제와 관련되는 것인데, 아이가 어린 나이에 엄마한테서 떨어지면 유대가 끊긴다는 것과 관계가 있어요. 여기에 저의 제일 큰 심리적 콤플렉스가 있는 것 같아요. 전 언제나 마음속으로 바로 여기서 네이트에게 문제가 생겼다고 느껴 왔어요.

유대에 대한 의견과 시각은 다양합니다. Weiss(1994)는 부모가 되는 것과 그것의 '시학(poetics)'에 대해 말합니다. 그녀는 부모됨의 '시학'을 유대와 '모성애'의 신화라고 부르는데, 그녀에 의하면 모성애는 '자연적'인 것이 아니며 오히려 "여기저기에서 사회·문화적으로 생산된 이미지와 의미, 느낌, 관행을 기반으로 구성된 것"(p. ix)이라고 합니다. Weiss는 유아와 어머니 사이에 연결성이 있을 수 있음을 인정하나, 이것이 자연적인 것이나 모성적인 것으로서 규정되는 것에는 동의하지 않습니다.

> '모성애'는 유대라는 이념의 저변에서 가장 흔히 눈에 띄는 표현이다. 사실 이 둘은 상호 의존적이다. 만일 '모성애'가 무비판적으로 수용된다면 '유대'는 필연적으로 따라온다. 그러나 '유대'는 심리학과 민족학, 산과학의 담론에서 '과학적'으로 정의되어 온 반면에, '모성애'는 과학적 분석의 도달 범위 밖에 존재해 왔다(xi).

Weiss는 유대와 유대의 '보편적 존재'에 대한 가정의 '무비판적인' 수용에도 불구하고 그에 대한 과학적 증거는 결함이 있다고 서술합니다.

Polakow(1993)는 미혼모들의 가난에 대한 연구 저서의 비판적 서론에서 '모성애와 돌봄의 이데올로기'에 대해 역사적 개관을 합니다. 그녀도 유대의 신화의 정체를 다음과 같이 폭로합니다.

> Bowlby는 어머니-아이의 애착을 상호 발달이라는 숨막히는 이미지로 묘사하는데, 여기서 유대는 어머니의 구속이라고 다시 말할 수 있다. 그에 의하면, 남성/여성의 엄격한 역할 구분에 의해 자연스러운 질서가 형성되는 핵가족 구조에서 정신건강은 전적으로 어머니의 보살핌에 의해서만 보장될 수 있다. 다른 가족 형태와 자녀양육 환경은 병리학의 잠재적 조망이 된다(p. 37).

상반되는 시각과 결론을 제시하는 책들을 읽으면 우리가 어떤 반응을 해야 할지 의문이 듭니다. 루이사, 당신은 그런 죄책감을 가지고 있고, 죄책감이 생생하여 괴로워합니다. 50대의 '성인' 학생인 저도 Bowlby의 '모성적 애착' 이론을 배웠어요. 그 당시에는 이에 반대되는 입장이 없었지만, 저는 '모성적' 감정이 반드시 본능적이라고 생각하지 않았었고, 지금도 이 생각은 마찬가지입니다. 이 감정은 다양한 변인의 영향을 받는 것이며, 다루기 힘든 행동을 하는 아이도 이 변인 중의 하나입니다.

당신과 저는 아이들과 보내는 시간의 질적인 측면에 대해 이야기하면서 이것이 단순히 몇 분이나 몇 시간을 보냈는지를 셈하는 문제가 아니라는 점에 대해 이야기했습니다. 당신은 네이트가 탁아소에 가는 것을 만족해한다고 했어요. 그러나 네이트가 겉으로는 잘 다니는 것 같아도, 고집을 부리며 당신 말을 듣지 않으려고 하는 것과 같은 다루기 힘든 행동이 늘어나자 당신은 전문가들의 말을 듣고 죄책감과 자기 원망만 늘어 갔습니다. 저는 당신에게 준 쪽지에서 우리가 전문가들에게서 듣는 말들 중 섬뜩한 것들이 있다고 했었고, 당신은 "우리가 분명히 걸러 들어야지요."라고 답신했어요. 걸러 듣는다는 것이 쉽지는 않지요? 당신은 당신이 해 오던 어머니로서의 일 중 어떤 것들은 포기를 해야 했는데, 이렇게 하는 것이 일상의 수많은 힘든 일을 덜어 주었음에도 불구하고 그것이 쉽지는 않았어요. 네이트가 대용 수용시설에 갔을 때 당신은 이렇게 말했어요.

> 거기서 밤에 네이트를 밖으로 데리고 나갔어요. 그곳은 시골이었는데, 길을 따라가면 숲이 나오고 캄캄했어요. 이런 생각이 들었어요. '얘는 달에 온 것처럼 느껴지겠지.' 저는 네이트가 정말로 버림받았다고 느낄까 봐 겁이 났어요. 그 당시에는 그것이 제일 두려웠어요.

그러나 당신은 이곳에서 다른 부모들을 정기적으로 만나서 도움이 되는 대화들을 주고받을 수 있었어요. 이것은 당신이 특별한 아들과 12년을 사는 동안 '처음' 있는 일이었지요. 당신은 그곳의 전문가들에게서 도움을 받고 있다는 느낌을 받았을 뿐만 아니라 다른 부모들과 정기적으로 만나고 관계를 형성함으로써 소외감이 줄었어요. "이 부모들의 모임에 일 년 반 동안 갔어요. 우리는 친밀한 모임이었지요. 그것은 제게 하나의 삶의 경험이었어요. 가장 멋진 경험 중의 하나…."

당신은 네이트의 동기에 대해 무척 알고 싶어 했어요.

저는 네이트가 이야기를 한 모든 사람들과, 아이가 치른 모든 시험, 그리고 모든 분석에 대해 생각해 봅니다. 그리고 다른 사람들이 네이트한테 이렇게 말하는 것을 듣습니다. "네이트야, 너는 버튼 누르는 것을 좋아하는구나." "아, 사람들에 대해 추측하는 것을 좋아하는구나." "아, 조작하는 것을 좋아하는구나." 네이트는 그들에게서 들은 말을 저한테 합니다. 네이트가 그런 동작들을 하는 것은 사실이며, 네이트는 사람들의 말을 인정합니다. 네이트는 "예, 제가 좋아하는 거예요."라고 말합니다.

그러고 나서 당신은 생각에 잠겨 천천히 덧붙였지요. "아니면 네이트가 살면서 하고 싶은 것이 이런 것들인가요?"

조앤, 당신이 성장한 문화에서 당신 또래들 대부분이 어린 시절을 근심 걱정 없이 탐색을 즐기면서 보내고 있을 때 당신은 일찍이 십대가 되기도 전에 당신 스스로의 존재를 양육하고 성장시키며 보살피면서 살았어요. 당신은 아직 원망이 남아 있음을 인정했으며 이 감정을 참아 왔어요. 그동안의 세월이 당신에게 독립심을 키워 주었나요? 당신이 남편과 결별할 수 있도록 해 주었다는 점에선 그렇지요. 당신은 남편이 같이 살았던 마지막 해까지 "행복한 멍청이 알코올 중독자 같은 사람이었어요. 아주 보기 싫었어요! 그는 술을 너무 마셨고 저는 그걸 참을 수 없었기 때문에 집에서는 늘 큰소리가 났지요."라고 했어요. 당신이 로이드의 아빠에게 집을 나가라고 했을 때 로이드는 네 살이었어요.

저는 로이드가 언젠가 좋은 남자로 자라도록 해야 할 의무가 있다고 느꼈기 때문에 여성에 대한 존중심을 보여 주지 않는 사람을 역할 모델로 보면서 크게 하고 싶지 않았습니다. 저는 두 아이, 즉 로이드와 애 아빠를 모두 키우고 싶지는 않았어요. 그리고 애 아빠와 함께 사는 것이 어린 아들에게 좋은 본보기가 된다고 생각하지 않았어요.

당신은 로이드의 아버지에 대한 감정이나 아이와 아버지와의 관계에 부정적인 영향을 미치고 싶지 않다고 반복해 말하면서도 '있는 그대로' 말하려고 했습니다.

그것은 (네 살짜리로서는) 이해하기 어려우므로 쉽게 말하려고 했어요. 저는 엄마와 아빠가 더 이상 서로를 행복하게 해 줄 수 없다고 말했어요. 엄마는 술이 있는 데서 아이를 키울 수 없다고요. 저는 "아빠는 나쁜 사람이 아니야."라고 말했어요. 저도 책임을 졌어요.

로이드와 아버지와의 관계는 계속되었고, 알코올 중독이 더 이상 문제가 되지 않자 로이드의 아버지는 아이의 교육에 관심을 가졌을 뿐만 아니라 주말과 공휴일에는 로이드와 시간을 같이 보냈는데, 이것이 당신을 지지해 왔고 로이드를 키우는 데 힘이 되었습니다.

당신은 로이드가 상처를 받은 것은 유치원 때라고 생각했습니다.

로이드는 무척 똑똑하지만 유치원 교육을 제대로 못 받았기 때문에 실제 잠재력은 두고 봐야 할 것 같습니다. 로이드는 자아존중감에 상처를 좀 입었기 때문에 저는 그가 잃어버린 것을 회복하기 위

> 해선 얼마간의 시간을 투자해야 한다고 정말로 느꼈어요. 한 해가 그냥 지나가 버렸고, 그해가 끝날 무렵 로이드에게 자아존중감은 전혀 없었어요. 로이드가 받은 유치원 교육엔 처벌밖에 없었어요.

그다음에 우리가 언젠가 그해에 대한 이야기를 다시 했을 때 저는 당신에게 로이드가 외양상으로는 똑똑해 보이는데 학습에 어려움을 겪는 이 불일치에 대해서 이야기한 적이 있었는지를 물었습니다. 당신은 다음과 같이 대답했지요.

> 그들은 실제로 그것에 대해 직접 이야기를 하지는 않았지만, 로이드가 수업에 방해가 된 것을 보면 그것은 예상 가능한 일이라고들 생각했던 것 같아요. 제 말은, 로이드가 차분히 앉아서 집중하지 않으면 배울 수 없었다는 것이에요. 따라서 학습은 문제들과 연결되어 있었어요. 제가 화가 나는 것은 로이드의 지능이 정말 높다는 사실이었어요. 이런 아이들은 둔하지 않기 때문에 어떤 점에서는 더 민감하지요. 이 아이들은 주변에서 일어나는 일을 파악할 수 있어요. 그들은 자신들이 조롱을 받거나 차별당할 때를 알며 이것을 무척 강렬하게 느끼지요. 유치원에서는 자아존중감을 엄청나게 손상시켰어요.

측정에 대해 한 번 더

저는 모든 아이들이 조롱을 당하거나 차별당하는 것에 민감하며,

이것이 그들의 자존감에 정말로 영향을 미친다고 생각합니다. 당신은 지난 2년을 '아이에게 보상을 해 주는 데' 보냈다고 했습니다. 우리는 자기 자신과 자신의 능력에 대해 전혀 자신감이 없는 아이들을 만나면 그들에게 '보상'을 해 주고 그들이 세상 속으로 자신 있게 걸어 들어갈 수 있다고 느끼도록 도와주려고 노력하지요? 당신은 로이드가 읽기에 어려움을 느끼는 것을 걱정해 왔고 지금도 걱정하고 있는데, 로이드가 당신의 '유일한' 아이이기 때문에 걱정이 되는 것인지 아니면 '모든 아이들이 다 그렇기' 때문에 걱정하는 것인지는 당신도 모릅니다. 우리는 로이드의 특성에 대해 더 논의했습니다. Sheridan의 희곡 〈The Rivals〉에 등장하는, 단어를 헷갈리게 사용하기로 유명한 Mrs. Malaprop이 "모든 비교는 냄새가 난다."고 외쳤기 때문입니다. 그렇습니다. 비교의 냄새는 이따금 우리 코 밑으로 퍼져서 우리를 움칫 하고 물러서게 하지요. 우리는 통계상의 기준에 따른 경쟁과 측정의 비유에 길들여져 있는 것 같습니다. "어머나, 댁의 애는 16개월인데 아직 못 걷는다고요? 우리 애는 9개월에 걸었는데, 한 살이면 걸어야 한다네요." "우리 아이는 한 살 반밖에 안 됐는데 완전한 문장으로 말해요." "짐은 5학년 초인데 8학년 단계의 책을 읽어요." 이 모든 것이 무엇을 의미합니까? 정규곡선의 '잘못된' 쪽에 있다는 것이 우리의 인간성을, 우리의 가치를 부인하는 것입니까? 저는 그렇지 않다고 믿습니다. 왜냐하면 그것은 이 세상의 50% 정도가 '잘못된 길로 가고 있다.'는 것을 뜻하는 것밖에 되지 않기 때문입니다.

우리는 모두 솔리 씨네 아이들의 노래를 부르는가

당신의 임무는 아이가 성장하는 것을 돕는 것이었고, 당신은 "물론 아이가 매우 안정감을 느끼며 사랑받고 있다는 느낌을 갖도록 하고 싶어요."라고 말했습니다. 저는 다음과 같은 이야기를 들었을 때 솔리 씨네 아이들에 대한 제 이야기가 떠올랐습니다.

> 그리고 저는 로이드 같은 아이들이 항상 하루에도 몇 번씩 자기를 얼마나 사랑하는지를 듣고 싶어 하는 욕구가 강했다는 것을 알게 됩니다. 이것은 아마 로이드만의 특성이었을지도 모르지만요. 로이드는 두 살 때부터, "나 사랑해, 엄마? 엄마, 나 사랑해?" 하고 묻곤 했어요. 저는 애한테 제가 자기를 사랑하지 않을 것이라고 생각할 만한 이유를 제공한 적이 한 번도 없어요. 저는 애를 혼자 둔 적도 전혀 없는데 애는 늘 "나 사랑해, 나 사랑해?" 하고 물어요. 이 질문은 끝이 없어요.

솔리 씨네 아이들의 질문이 제 마음에 메아리칩니다.

레나, 당신은 "그들은 아무리 많이 얻어도 충분하지 않습니다."라는 말로 유사해 보이지만 사실 별 관계가 없는 현상을 묘사했습니다. 제가 바바라 월터스가 엘턴 존을 인터뷰하는 것을 텔레비전 프로그램(1994)에서 보고 엘턴 존이 월터스에게 한 말을 당신에게 이야기해 주었었죠. 그는 이렇게 말했어요. "저는 주목받기를 열렬히 원하고 있었어요. 부모님들한테서 사랑받기를 원한 것뿐이에요. 제가 가장 두려워한 것은 사랑받지 못하는 것이었어요." 당신은 올리버가 어릴 때 그린 그림과 글을 배울 때 쓴 글씨들을 보여 주었는데, 아이가 하고자 하는 말은 쓰라린 것이었어요. 아이의 책과 아이가 매일 그린 그림에는 가느다란 글씨로 이렇게 쓰여 있었어요. "나는 엄마 아빠를 사랑해." "나는 엄마 아빠를 사랑해." "나는 엄마 아빠를 사랑해." 이런 현상이 몇 달 동안 계속되었어요. 어느 날 올리버는 이렇게 낙서했어요. "사랑. 사랑. 사랑. 사랑, 사랑." 그리고 그다음 며칠 동안에는 이렇게 썼어요. "우리 엄마와 아빠는 나를 좋아해요." "우리 엄마와 아빠는 나를 좋아해요." "우리 엄마는 나를 좋아해요." 아이가 책과 그림들을 집으로 가지고 오면 당신은 저한테 "가슴이 찢어질 것 같아요."라고 말했지요.

올리버가 당신에게 요구하는 것은 당신의 '절망감과 상처'를 더 악화시켰습니다. 당신은 이렇게 말했어요. "아시다시피, 저는 직업도 포기했고 학교에도 매일 와요. 이 정도면 최선을 다하는 것 아닌가요? 올리버는 아직도 제가 자기를 사랑한다고 생각하지 않는 건가요?" 레나, 당신이 아이에게 준 것은 단순한 방편 이상의 것이었기에 당신의 어조는 회의적이었지만 확신을 얻고 싶어 했어요. 당신은 아이가 어렸을 때 규칙적으로 밤에 이야기를 읽어 준 후에 꼭 안아주었어요. 이제 곧 십대로 접어드는 아이에게 "그 놀이는 많은 의미가 있어요." 당신은 다음과 같이 연극 대본을 묘사하면서 열정적이고 극적으로 맡은 역할을 연기했지요.

"너는 내가 너를 사랑한다는 것을 얼마나 많이 보여 주었는지 몰라." 아이는 "응." 하고 험프리 보가트 식의 간결한 말투로 대답했어요. 저와 아이는 서로 가까이 다가갔고 저는 아이의 뺨에 뽀뽀했습니다. 아이가 얼굴을 움직이자 입술이 마주쳤어요. 아이가 "아, 엄마하고 나는 절대로 입술에 뽀뽀하지 않지."라고 말했어요. (당신은 아이가 자신의 입을 닦는 것을 과장되게 따라 했습니다.) 그러고 나서 아이는 다른 곳에 가서 놀았어요. 아이는 이렇게 하는 것을 좋아하고 이것이 아이에게 다가가는 방법이에요.

여러 해 전에 법정에서 한 변호사가 저에게, "마이클슨, 당신은 이 어머니가 아이를 사랑한다고 말하겠습니까?"라고 큰 소리로 당당하게 물었습니다. 저도 모르게 "사랑은 아름다운 것이에요."라는 대답이 입술에서 새어 나왔어요. 법관들이 낮은 코웃음소리를 냈으나 청중의 공감을 얻지는 못했습니다. 그 순간 저는 제가 법관들의 자존감을 흔들려고 했었다는 것을 깨달았어요. 저는 계속해서, 사랑은 여러 다른 방법으로 나타날 수 있으며 관점에 따라 다르게 보인다고 말했습니다. 그 어머니의 아이들 다섯 명은 보살핌을 받지 못하는 것처럼 보였어요. 그들의 삶은 가난으로 에워싸여 있었지요. 저는 그 어머니를 알아 왔고, 그녀나 그녀의 아이들과 함께 여러 번 다른 활동을 하면서 같이 지내 왔습니다. 저는 그녀가 아이들을 항상 사랑하는 것은 아니지만 거의 늘 사랑하며, 어떤 때에는 아이들을 전혀 좋아하지 않은 적도 있다는 것을 알고 있었어요. 아이들도 엄마에게 똑같이 느끼고 있었어요. 어머니는 "너희들을 사랑하지만 지금 하는 행동을 좋아하지 않을 뿐이야."라고 말하도록 배웠지만, 이렇게 말을 해도 아이들은 어머니가 자신들을 '정말로' 사랑한다고 믿기가 힘이 들었어요. 사랑에 대한 감정은 복잡한 것입니다.

캐롤라인, 로저는 자신의 감정을 당신에게 잘 말하지 못하지요? "그것이 로저의 문제예요. 로저는 한 번도 자신의 감정에 대해 말을 많이 해 본 적이 없어요. 그 애는 조용합니다." 당신은 당신의 애인인 행크가, 로저로 하여금 자신의 감정을 터놓고 이야기하도록 도와주려고 노력했던 때에 대해 이야기했어요. 행크가 "마음이 아프지, 그렇지 않니?" 하고 말했어요. 그러면 로저는 "예."라고 했어요. "이것이 바로 로저와 말하기가 얼마나 힘든가를 보여 주는 거예요. 로저에게서 '예, 알아요'라는 말 이상은 듣지 못해요. 그래서 행크는 로저 옆에 한 시간 정도 그냥 앉아서 로저와 이야기를 했어요." 감정이입적인 듣기와 말하기가 강력한 힘을 발휘하지 않나요? 저는 우리가 우리의 듣고 말하는 경험을 통해 이것을 알고 있다고 생각합니다. "우리가 아이들에게 어떤 개인적인 메시지를 전달하는 것보다도 더 중요한 것은, 아이들의 말을 듣고 아이들에게 이야기함으로써 우리가 아이들이 느끼고 기억하기를 원한다는 것을 전달하는 것입니다."(Cotton, 1993, p. 88)

로저가 어른들, 특히 남자 어른들을 신뢰할 수 있을지는, 마음 아픈 일이기는 하지만 분명히 전적으로 시험대에 올랐었습니다. 당신은 전남편이 로저에게 자기가 감옥살이를 한 이유에 대해 무슨 이야기를 어떻게 했는지 전혀 알 도리가 없을 것입니다. 단지 "그는 로저에게 자신이 한 일을 상세히 이야기했어요. … 그리고 로저는 '아빠는 정말 나쁜 일을 했어.'라고 말하면서 일어나 버렸습니다."라는 것 외에는요. 당신은 특히 신뢰의 문제에 있어서는 너무나 많은 일을 겪고 있어서 당신이 행크와 동거하기 시작했을 때 "로저가 행크를 신뢰하는 데 시간이 많이 걸렸습니다."라고 말했어요. 로저는 부모에 대한 애정이 나뉘는 것을 힘들어하고 있었어요. "로저가 '음, 행크 아저씨도 좋아하고 아빠도 좋아해도 괜찮을 것 같아.'라고 마침내 깨닫는 데는 거의 일 년이 걸렸어요." 당신은 행크가 자기 훈련을 통해 알코올 중독 문제를 극복한 것을 로저가 자랑스럽게 여겼음을 보여 주는 말들을 저한테 해 주었지요. 로저가 당신에게 신경을 쓴다는 것은 당신이 엄마 역할에서 잠시 벗어나 휴식을 취할 필요가 있음을 민감하게 느끼는 데서 드러났습니다. "엄마, 잠시 나갔다 오세요. 행크 아저씨, 엄마는 하루 종일 집에 계세요. 가끔 외출하실 필요가 있어요. 그렇지 않으면 무척 힘드실 거예요." 당신은 로저가 살아온 경험의 특성이 당신이 필요한 것이 무엇인지를 민감하게 느끼도록 영향을 끼쳤다고 생각했는데, 그중에는 우리가 생각했듯이 '엄마를 보호하는' 일도 들어 있었어요.

우리의 삶에서 너무나 많은 상이한 부분들이 서로 부딪치지 않나요? 그리고 그 부분들은 정지되어 있거나 얼어붙어 있는 것이 아니라 왔다 갔다 하면서 다시 되돌아옵니다. 루이사, 밀물과 썰물에 대한 당신의 유추가 더 많이 생각납니다. 다음 편지에서는 당신의 특별한 아들에 대한 경험에 대해 더 이야기할 텐데, 당신의 과거 삶의 파도가 다시 밀려들어 오거나 혹은 다른 조류로 바뀔지도 모릅니다. 내러티브의 그다음 부분이 어떻게 흘러갈지 궁금하네요.

안녕히 계십시오.

조이-루스 올림

Chapter 2

우리의 이야기를 분류표와 연결하기

6월/7월/9월/10월

제 친구 루이사, 조앤, 캐롤라인, 레나 씨께,

제가 이 편지를 쓰는 목적은 당신들의 특별한 아이들의 이야기를 당신들이 받은 진단과 연결하는 데 있습니다. 제가 늘 하는 일이지만 제 생애를 생각해 보건대, 이러한 연결성이 갖는 긴장은 뒤에 소개할 두 이야기에 의해 더 강해질 것 같습니다. 이야기들에는 제가 최근에 알게 된 특이점을 지닌 어린아이들이 나옵니다. 그 이야기 다음에는 당신들의 아들들이 보낸 어린 시절과 이 세상에서 그들의 특별한 존재 방식에 대해 이야기할 것입니다. 저는 양육에 대한 이론과 이러한 이론을 둘러싼 양극화된 의견들에 대해서 쓸 것입니다. 그러고 나서 당신들이 여러 분야의 전문가들에게서 받은 진단과 이러한 진단에 대한 의견과 연구들, 그리고 당신들이 제공받은 치료법을 기술할 것입니다. 이 편지는 끝을 맺지만, 잠정적인 끝이 될 것입니다. 치료법은 변화하며, 때로는 진단처럼 가끔 없어지기도 하니까요. 그러면 사람들은 아들들에 대한 당신들의 이야기를 다시 할 것입니다.

새로 부임한 교사는 그녀가 맡은 유치원 학급에 새로 온 아동에 대한 두꺼운 기록 파일을 읽고 있었습니다. 그녀는 일화적 묘사들을 한 장씩 넘기면서 이 아이의 학습을 어떻게 도와주어야 할지에 대해 걱정하고 두려워하였습니다. 그 파일은 이 아이와 앞으로 12년간 함께 항해를 할 것이었습니다. "그 아이는 침을 뱉고, 발로 차고, 물어뜯고, 물건을 교실에 내던진다. 도망가고, 교사에게 욕을 하며, 거의 온종일 수업에 방해가 된다." 그 교사는 4주가 지났는데도 변화가 없다고 생각했습니다. 오히려 그 아동과 똑같이 활동이 많고, 문제가 많고, 문제를 일으키는 아동들이 5명이 있어서 상황이 더 나빠졌습니다. 수업이 싸움이 일어나고, 감정 폭발이 자주 일어났으며, 열심히 가르치려고 해도 고의적인 행동에 방해를 받았고, 아이들이 책걸상을 던져서 위험하기까지 했습니다. 교사는 이제까지 6명의 아이들과 개별적으로 말할 시간이 없었으나, 그렇게 하기를 원한다고 말했습니다. 그녀는 저한테 어느 하루 교실을 방문하고 제가 관찰한 것을 이야기해 달라고 했습니다. 저는 제가 이야기해 줄 만한 것이 있을지 걱정이 되었어요.

그 후 저는 그 아이와 바람이 잘 통하는 긴 복도의 벤치에 같이 앉았어요. 어떤 학급이 삼삼오오로 복도를 걸어가다가 아이가 그들에게 손을 흔들며 노래하듯이 태연스럽게 대답하는 것을 보고 미소 지었습니다. 줄의 맨 끝에 선 학생이 모퉁이를 돌아 보이지 않자 저는 조용한 목소리로 "네 얘기 좀 해 줄래?"라고 말을 시작했습니다. 저는 계속해서 말했습니다. "있잖아, 네가 어떤 것을 하기 좋아하고, 교실에서 공부하는 것이 어떤지 말해 주면 나도 나에 대해서 이런 저런 얘기를 해 줄게. 그런데 먼저, 너는 왜 우리가 여기 앉아 이야기를 하고 있고, 선생님이 왜 나한테 학교에 와 달라고 했는지 아니?" 아이는 저를 파악하려고 잠시 침묵하거나 농담 같은 것을 하는 일 없이 곧바로 대답했어요. "아, 전 나쁜 아이예요. 전 정말 못됐어요. 저는 교실에서도 못되고 집에서 못되게 행동할 때도 있어요." 그 아이의 어조에는 어떤 자존심이나 자찬도 없었으며, 의문과 체념, 그리고 자의식밖에 들리지 않았습니다. 이렇게 어린아이에게서는 자주 듣지 못하는 어조였어요. 우리는 벤치에 앉아 오랫동안 생각과 이야기를 서로 나누었어요. 그 아이의 소망 중 하나는 발레를 배우는 것이었습니다. 아이는 빙글빙글 돌다가 한쪽 발로 돌기도 하고, 테르프시코레[1]처럼 우아하게 살짝 스치고 지나갔다가 깡충깡충 뛰기도 했습니다. 아이는 제 앞을 지나가는 순간 정확하게 숨을 내쉬며 "다 텔레비전에서 배운 거예요."라고 말했습니다.

---

1) 역주: 노래와 춤의 여신.

이 아이는 표준화 능력 검사의 지적 기능 부분에서 최상 영역의 점수를 받은 학생이었습니다. 아이의 어머니 말에 의하면, 새벽부터 해질 녘까지 바쁜 아이였습니다. 아이의 어머니는 다음과 같이 말했어요.

> 저희 애는 그저 지나치고, 지나치고, 지나치게 움직여요! 전 지쳤어요. 하지만 대단한 아이예요. 애한테 화가 나지만, 애를 무척 사랑해요. 그런데 돈이 없어요. 애 아빠는 나가 버렸고, 저는 어린 아기도 있거든요. 그래서 일을 해야 돼요. 제가 애한테 시간과 필요한 것들을 충분히 줄 수 있을지 걱정이에요. 보시다시피 애는 똑똑하지요.

아이는 막 약을 복용하기 시작했으며 가족 주치의에게서 두 가지 진단을 받았다는 말을 들었습니다. 주의력결핍 과잉행동장애(ADHD)와 반항성장애(ODD)입니다. 저는 아이의 교사가 감당할 수 없을 정도로 바빠서 여태껏 학생들과 개별적인 대화를 할 시간이 없다고 말한 것이 기억났습니다. 저는 이 아이가 자신의 희망과 포부, 소망과 환상들, 그리고 말이 되건 되지 않건 자신의 모든 생각과 꿈들에 대해 이야기를 했더라면 어떤 결과가 나왔을까 궁금했습니다. Vivian Paley는 다음과 같이 보고합니다.

'가상하기'는 미리 준비해 놓은 어떤 주제보다도 더 강력한 접착제였다. 친구를 사귀고 질투심을 달래고 자신의 운명에 대한 의식을 갖는 것이 나의 어떤 규율장치보다도 자기통제를 하는 데 더 나은 방법가 되었다(1986, p. 124).

이 아이가 선생님과 함께 자신에게 맞는 교육과정, 자신의 쿠레레를 계획했다면 상황이 달라졌을까요? 그랬다면 아이는 자신의 학교와 자신의 운명에 대해 더 책임감을 가졌을까요? 그리고 이러한 감정이 아이의 에너지를 생산적 활동으로 향하도록 하는 데 도움이 되었을까요?

많은 분류표들

Grumet는 이것을 '이름 붙이기 게임의 확산'이라고 부릅니다. 그녀는 이것이 '교수의 개별화라는 가면(과) 차이에 대한 민감성이라는 가식하에' 일어난다고 믿습니다.

학교와 가정이 만나는 지점에는 아이에 대한 가명이 가득하다. 교사가 아이를 예리하게 이해하고 이해를 유지한다 해도, 이러한 잠정적이고 복잡하며 역동적인 인상은 출력된 평가 기록에서는 무시된다. 평가 기록은 아이를 부호와 간결한 대상화로 동결시켜 버린다(1988, p. 172).

모든 분류표는 "그 표가 붙은 사람에게는 낙인이 되며" 부정적인 분류표가 가져오는 부정적인 효과에 대해서는 "잘 밝혀져 있는 것 같다."(Gaylord-Ross, 1992, p. 48)고 합니다.

저는 교육, 사회복지, 상담, 심리학 분야에서 일해 온 세월 동안 다음의 고딕체로 표시된 것과 같은 표현을 접해 왔는데, 그때마다 살로메[2)]의 접시와 같은 불길한 예감이 들었습니다. 그러나 저는 '무척 다루기 힘든 행동'이라는 묘사 때문에 놀라운 재능이 차단되고, '있을 수 없는 행동'이라는 묘사 때문에 아홉 살이 되어도 읽을 줄 모른다는 사실이 가려진 학생들을 보아 왔습니다. '전적으로 통제 불가능한 행동'이라는 묘사 때문에 글씨는 알아보기 힘들고, 학교에서는 아무것도 하지 않으려는 전적인 거부라는 '표지'를 달고 있으며, 불행하고, 두서없고, 몸놀림이 통제가 안 되는 소년이 은폐되었다는 것을 압니다. 저는 또한 내적으로나 외적으로나 너무 혼란스러운 삶을 살아서 '행동 표출하기'나 '좀비'처럼 행동하는 것이 그들 자신은 물론 제가 보기에도 유일한 생존법이었던 사람들을 알고 있습니다.

저는 "그 아이는 확실히 행동과잉이야."라든지 "그 애는 안절부절못하는 애야."라는 말을 듣곤 했습니다. 저의 학교 방문은 우연히 쉬는 시간이나 학업과 관계없는 과목 등과 같은 다양한 활동 중에 일정이 잡히곤 했고, 어머니들과 교사들, 그리고 아이들의 삶에 관련된 그 밖의 어른들을 만나서 이야기하곤 했습니다. 가끔 저는 학

---

2) 역주: 신약성서에서 살로메는 계부인 헤롯왕에게 세례 요한의 목을 베어 접시에 담아 오도록 한 인물. 살로메의 접시는 사악하고 불길한 일을 상징한다.

생이 어머니가 이야기를 읽어 주는 것을 '몇 시간 동안이나' 듣곤 한다는 것을 알았습니다. 어떤 때는 제가 교실에 40분 동안 있을 때 그 아이가 미술 프로젝트에 대해 골똘히 생각하는 것을 보곤 했습니다. 어떤 아버지는 자신의 아들이 스케이트 타는 모습을 무척 상세하게 묘사해서 어린아이가 마술적인 육감으로 같은 편 선수들을 의식하고 웨인 그레츠키[3]처럼 복잡한 아라베스크 무늬를 지그재그로 그리며 우아하게 나아가는 이미지가 떠오르곤 했습니다. 어떤 학생은 지구본과 지리에 열중한 나머지 지리 상식 너머의 세계로 멀리 항해를 떠난 것을 보기도 했습니다.

측정의 은유에 대해 한 번 더

제가 불행한 삶을 희미하고 흐릿하게 표시하면서 기록하는 체크리스트를 어째서 싫어하게 되었는지 말하겠습니다. 저는 권위의 표시를 검토했습니다. 서류의 네모 칸에 적혀 있는 D, W, M, O, N이라는 시간의 단위들 말입니다. 이들은 순서대로 '매일(daily)' '매주(weekly)' '매달(monthly)' '가끔(occasionally)' '전혀(never)'를 뜻합니다. 그러나 이들의 정확한 의미는 표시하는 사람마다 다릅니다. 어떤 열한 살 학생은 '전형적/의례적 버릇'이라는 넓은 범주에서 '특정 물건을 가지고 있으려고 고집함'이라는 구체적 행동에 대해

3) 역주: 1980~1990년대에 캐나다 에드먼턴 오일러스 팀에서 활약한 유명한 아이스하키 선수.

'매일'에 동그라미가 되어 있었습니다. 저는 그 학생이 보통 시리얼 상자에 들어 있는 사은품이나 패스트푸드점에서 증정품으로 주는 작은 '수집품'들을 책상에서 치우려고 하지 않는다는 것을 알았어요. 저는 그 학생의 부모를 방문했는데 그 가정은 넘치는 보살핌과 환대로 빛났어요. 은수저가 선반에 걸려 있었고, 잘 가꾼 식물들이 매듭공예로 만든 벽걸이 화분에서 늘어져 있었으며, 코바늘로 뜨개질을 한 장식 달린 덮개가 의자들을 아름답게 덮고 있었습니다.

동그라미로 표시된 아이의 행동을 이해하는 맥락은 아이의 부모가 저에게 아이의 방을 보고 싶은지 물었을 때 드러났습니다. 모든 선반이란 선반과 방 구석구석에 작은 장식품들이 보란 듯이 놓여 있었어요. 도자기 개와 유리 고양이들, 종이반죽(papier-mache)으로 만든 호랑이들, 손바느질로 만든 인형들이 모두 자리를 다투면서 놓여 있었습니다. 장식품들의 색들이 한데 어울려 눈이 즐거웠어요. 이 어린아이는 그 물건들이 자기 것이며 정돈을 잘해 놓았다는 것을 자랑스럽게 여긴다는 것이 눈에 보였고, 그 물건들을 매주마다 다시 정리한다는 것을 알았어요. 맥락을 이해하고, 듣고, 믿고, 수용하면 다른 실재가 제시됩니다. 그리고 예상하지 못했던 사실을 이해함으로써 행동들과 다른 경험들, 다른 이야기들, 다른 실재들에 대해 설명할 수 있게 됩니다.

위의 이야기들은 저의 존재에 생생하게 새겨졌습니다. 저는 이 이야기들을 당신들이 당신들의 특별한 아들에 대해 이야기할 때, 그리고 이 편지의 후반에 적겠지만, 당신들의 삶의 여러 다른 시기에 받은 진단에 대해 이야기할 때 주요 부분으로 이용합니다. 행동장애라는 꼬리표가 붙은 아들의 어머니로서 살아가고 경험하는 것에 대해 글을 쓰는 것에서는 글쓰기의 복잡성이 강조될 필요가 있었습니다. 루이사, 제가 우리 대화의 첫 번째 전사물의 넓은 여백에 제 의견을 같이 적어 돌려드린 후에 당신은 한 가지 어려움을 지적했어요. 당신은 이렇게 썼습니다. "저는 그것을 읽으면서 네이트 자신의 의견이 전혀 없다는 것을 발견했어요. 애가 자신의 의견을 말하면 좋겠어요." 그래서 저는 다음과 같이 답신했습니다. "당신 말이 맞아요. 네이트의 목소리를 여기서는 들을 수가 없어요. 그것은 제가 이 연구에서 당신의 목소리와 당신의 경험을 듣기를 원했기 때문입니다. 아이의 목소리는 동전의 다른 한 면이지요." 제가 이 교신에 대해 나중에 생각했을 때 저는 "아이의 목소리는 프리즘의 다른 면이에요."라고 썼으면 좋았을 것이라고 생각했습니다. 동전의 양면은 양면성을 강조하는 반면에 프리즘을 통과한 빛의 굴절들은 다중적 실재를 지닌 우리 삶의 다의적 특성을 더 정확히 반영하기 때문이지요.

어린 시절과 그들의 잠재력의 특이성

당신들이 다양한 배경에서 여러 검사 후에 받은 진단에 대해 저에게 이야기해 준 것을 쓰기 전에, 저는 당신들이 아이들의 시작에 대해, 그리고 세상에서의 그들의 특별한 존재 방식에 대해 이야기해 준 것을 말하고 싶습니다. 내러티브 탐구를 선택하는 사람 모두가 그렇듯이 저는 당신들의 이야기를 다시 하고 있는데, 당신들이 아이의 특별함에 대한 경험을 이해하는 데 중요하다고 믿는 세부 사항들을 빼놓을 수도 있으며, 반대로 당신들 입장에서 남들이 읽기를 원치 않는 측면을 넣을 수도 있습니다. 만일 이런 점을 발견하면 알려 주십시오. 그러면 우리는 어떤 의미가 누락되었는지에 대해 논의를 하고 의견의 일치를 보아 수정할 것입니다. 다시 말씀드리건대, 당신들은 '말할' 권리가 있습니다. 당신들이 그 권위를 가지고 있습니다. 당신들은 당신들 이야기의 저자이고 저는 이 내러티브의 저자이기 때문입니다. 우리들의 생각의 차이를 인정할 때도 있겠지만, 당신들의 목소리는 존중될 것입니다. 제가 발견한 것 중 당신들에게 맞지 않는 것들도 있을 것인데, 이런 경우에는 제게 알려 주시리라 믿습니다. 당신들 또한 이야기를 하는 도중에 빼먹은 것들이 있습니다. 우리의 삶을 이야기할 때 이런 일은 일어나게 마련이지요.

> 우리는 이야기를 만드는 행동을 하는 데 있어서, 무엇을 말하고 무엇을 말하지 않을 것인지 결정하며 사건에 구조와 의미를 부여한다. Hayden White(1987)가 역사적 내러티브에 대해 주장했듯이, 이야기가 갖는 일관성은 이야기하는 자의 "교훈을 주려는 충동"(p. 22)을 반영한다. 다시 말해, 이야기는 어떤 것의 이론이다. 우리가 무엇을 이야기하며 그것을 어떻게 말하는가는 우리가 무엇을 믿는가를 드러낸다(Carter, 1993, p. 9).

조앤, 로이드가 유아 때부터 늘 무엇엔가 몰두했다는 당신의 기억에 대해서는 앞에서 묘사한 바 있습니다. 당신은 어린 아들이 이 세상을 살아갈 준비가 되었다고 느꼈어요.

아이는 태어난 날부터 자아가 강했어요. 7개월에는 이가 7개나

> 났어요. 이가 빨리 났다는 말이지요. 아이는 플린트스톤[4]의 뱀뱀 같았어요. 매우 똑똑했고, 호기심이 많고, 언제나 행복했지만 늘 부산스럽게 움직였어요. 잠도 잘 잤고 굉장히 많이 먹었지요. 지금도 어른의 양을 먹어요. 일곱 살짜리가 몸집은 열 살인 이유가 그래서입니다.

로이드가 유아 때 당신이 제일 힘들어했던 것은 그가 큰 소음을 싫어했다는 것입니다. 아이가 진공청소기나 믹서 소리를 들으면 불안해했기 때문에 당신은 이유식을 만들 때 "믹서 소리를 죽이느라 그 위에 수건을 덮고 몸으로 감싸곤 했습니다."라고 했어요.

> 로이드는 큰 소음만 들으면 겁에 질려서 소리를 질렀어요. 아이는 그 소리를 너무나도 무서워했어요. 한 살 반일 때에도 말이에요. 제가 진공청소기로 1층을 청소할 때는 데이브가 아이를 2층 침실로 데려가서 문을 닫고 다른 데 주의를 돌리도록 했어요.

그리고 당신은 아이의 발달에 중심적이라고 생각되는 시기에 대해 이야기했어요.

> 그리고 걸을 수 있는 때가 되자 아이가 무척 독립적이 되었어요. 아이는 18개월가량 되었을 때 말을 시작했는데, 상황이 기억은 나지 않지만 아이가 무엇인가를 열심히 만지고 있었던 기억이 나요.

---

4) 역주: 1960~1966년에 방영되었던 미국의 시트콤.

> 저는 "안 돼!"라고 여러 번 말했지만 아이는 듣지 않았지요. 그래서 아이한테 다가가서 손을 두드렸어요. 그러자 아이가 양손을 허리에 대면서 "엄마 바아보!"라고 말한 것이 기억납니다. 우리는 물론 이 말이 무슨 뜻인지 알지요! 자기가 다 큰 것처럼 말이에요! "엄마 바아보"라고 하고, 전 "아이구."라고 했지요.

당신이 이 부분을 이야기할 때 우리는 똑같은 광경을 상상하면서 웃음을 터뜨렸지요. 5피트 10인치의 어른이 작은 유아가 양손을 허리에 대고 당신을 어떻게 생각하는지를 말하는 것을 내려다보고 있었던 거예요.

> 그리고 이 엄마 바아보 사건에서 시작이 된 것 같아요. 정말입니다. 이상하게 들리겠지만, 맞아요. 아이가 두 살이 되자 어떤 애든지 다 두들겨 패곤 했어요. 다섯 살짜리 애들까지도요. 아이는 무척 공격적이었어요. 정말로 공격적이었어요. 두 살짜리 애들이 공격적인 경우가 많다는 것을 알지만, 얘는 데리고 나가면 너무나 힘들었어요. 어느 집 아이건 두들겨 패고 물건을 부수곤 했어요. 마치 빙글빙글 도는 태즈메이니아 주머니곰처럼….

캐롤라인, 당신에게도 막내아들이 두 살이 되었을 때 사건들이 일어나기 시작했지요. 당신은 아래에 적은 것처럼 아이가 두 살 반 때 기겁할 만한 장면을 연출했다고 나중에 말해 주었어요. 저는 매체에서 사람들의 이목을 끄는 폭력적인 말들을 접하는 것이 암암리에 미치는 영향에 대해 생각을 했던 것이 기억납니다.

어느 날 라이언을 데리고 친구 집에 갔는데, 라이언이 이상한 말 몇 마디를 하고 있었어요. 그때가 두 살밖에 안 되었을 때였지요. 제 친구는 리모콘으로 움직이는 트럭이 있었는데 리모콘이 권총처럼 생겼어요. 애가 리모콘을 집더니 자기 머리에 대고 "내 머리를 날려 버리겠어."라고 말하는 거예요. 저는 이것이 정상이 아니라는 것을 알았어요.

그전까지 당신이 아이에 대해 기억하는 것은 아이가 '언제나 울었다.'는 것이었으며, 달래기가 쉽지 않았다는 것입니다. 사람들은 당신에게 "어머, 아기가 기분이 별로 안 좋아 보이네요."라고 말하곤 했지요. 당신은 밤이고 낮이고 힘들었어요.

아이를 침대에 눕히면 아이는 침대에서 기어 나와 문을 찼어요. 아이는 활동이 지나치게 왕성했고, 도전적이었으며, 말을 들으려고 하지 않았어요. 탁아소에서도 애가 말을 듣지 않아 문제가 많았어요. 아이가 정말 나쁜 짓을 해서 방에 들여보내려고 하면 아이는 소리를 지르며 방을 부술 것처럼 벽을 차곤 했어요.

당신은 당신에게나 애를 위해서나 나아지는 것이 없었다고 말을 이으면서, "모르겠어요. 그저 모든 것이 정말 엉망이 되었어요."라고 했습니다. 아이는 아파트 밖에 나가서도 '말썽'을 많이 부렸는데, 이것이 당신이 아이에게 반응하고 아이를 대하는 방식에 영향을 미쳤어요.

아이는 막대를 집어 들고 아이들을 때렸고, 서서히 더 심술궂게 행동했어요. 고양이를 보면 길모퉁이로 끌고 가서 던지면서 다치게 하려고 했어요. 무척 반항적이었지요.

그리고 당신은 무척 섬뜩한 이야기를 하나 더 해 주었습니다. 아이가 네 살 반쯤일 때의 일이었어요.

이웃 사람과 계단에 앉아 있었고 라이언은 그 이웃 여자아이하고 놀고 있었어요. 그런데 라이언이 갑자기 난데없이 이중창에 머리를 집어넣었어요. 라이언은 계단에 서 있었고, 우리는 그 집 계단에 앉아 있었는데 갑자기 유리 깨지는 소리가 난 거예요. 라이언이 이렇게 문을 붙들고 서서 머리를 창문으로 그냥 밀어 넣은 거예요. 유리가 산산조각이 났어요. 아이는 그러고 나서 머리를 꺼냈는데, 어떤 면에서는 이렇게 한 것이 다행이었던 것 같아요. 물론 아이의 얼굴은 끔찍할 것이라고 생각했어요. 그나마 아이가 머리를 꺼낸 게 다행인 것이 이렇게 긴 유리조각이 목 바로 위에서 막 떨어지려고 하고 있었던 거예요. 어쨌든 저는 기절을 했던 것 같아요. 제 이웃이 뒤처리를 했으니까요.

당신에겐 너무나 많은 일이 일어났고, 당신 말대로 당신은 그해 여름을 그저 '인내'하기만 했어요.

그 유리조각은 계속 매달려 있었고, 저는 당신이 해 준 이야기를 쓰고 있는 지금도 '매달려 있는' 느낌에 대해 걱정이 됩니다. '그다음은 어떻게 됐을까?'를 알고 싶어 하는 것은 당연한 인간적 호기심이지요. 분명히 하건대, 당신들의 이야기를 다시 말하면서 긴장감을 조장하는 기교를 쓸 생각은 없습니다. 저는 아이들의 개별적 특성들에 대해 이야기할 것이고, 나중에 그 결과에서 주제를 이야기할 것입니다.

레나, 당신이 어린 셋째 아들 올리버를 키우면서 살아 온 삶은 그 위의 두 딸들을 키운 경험과 너무 달랐습니다.

> 아이는 활동적인 미취학 아동이었어요. 신체적 측면보다는 정신적 측면에서 약간 더 다루기 힘들었어요. 시비를 걸기 좋아하는 유형이었지요. 절대로 규칙이나 어떤 제한을 쉽게 받아들이지 않았어요. 성격이지요. 그런 면이 매우 강했고 약간 부정적인 경향이 있었어요.

당신은 아이가 '맨 처음부터' 똑똑한 아이라는 것을 알았어요. 그리고 조앤과 캐롤라인처럼 아이가 거의 두 살이 되었을 때의 이야기가 아직도 기억에 선명하게 남아 있습니다.

> 아이는 마르고 작았어요. 어느 날 팸퍼스 기저귀만 찬 채 뒷마루에 서서 나무에 대해 이야기하면서 시간을 보내고 있었어요. 아이는 나무 뿌리가 땅속으로 뻗어 물을 빨아들이는 것에 대해 말하고 있었어요. 아이는 항상 자연을 사랑했고 조용히 앉아서 몇 시간이든 책 읽어 주는 것을 듣곤 했어요. 어린애인데도 제가 텔레비전 채널을 여기저기 돌리면 아이는 "다시 돌려 봐, 데이비드 스즈키[5]

5) 역주: 캐나다의 과학 방송인이자 환경운동가.

가 나왔어."라고 말하곤 했지요. 아이는 일반 정보와 사물이 작용하는 방법 등을 아는 것을 좋아해요. 그리고 매우 표현력이 좋아요. 그래서 저는 이렇게 생각했어요. 좋아, 어떤 면에서는 약간 다루기 힘들 수 있겠지. 쇼핑몰에 갔는데 소화전이 있으면 아이는 가서 그것을 집어 들곤 했어요. 행동이 거칠어서라기보다는 충동적이었지요.

"그리고 이것은 아주 오래된 일인 것 같아요. 여러 해 전에 시작된…." 루이사, 당신이 이야기를 시작할 때 그 말과 어조에는 세월의 무게가 실려 있었습니다.

(네이트가) 유치원에 들어갈 때였어요. 네이트는 세 살 때부터 글을 읽었는데, 우리는 왜 애가 사람들을 방해하고, 찌르고, 책상에 가만히 앉아 있지를 못하는지, 왜 공부 외에 다른 것을 할 때에도 반에서 하는 것들을 같이 하지 않는지를 이해할 수가 없었어요. 만일 알파벳이나 그런 것들을 배우는 것이었다면 이해가 돼요. 왜냐하면 애는 이런 것들을 이미 배웠으니까요. 그러나 운율 게임이나 놀이와 같이 신체를 움직이는 것들은 재미있지 않았을까요? 저는 왜 네이트가 그런 것들을 재미있어하지 않는지 이해가 안 됐어요. 글을 읽을 수 있건 없건 간에 어쨌든 다섯 살짜리 남자애였는데 말예요.

우리는 모두 다섯 살 정도의 남자애들은 몸을 움직이는 놀이를 좋아한다는 이미지를 가지고 있지 않나요? 그리고 어린아이가 글을 읽을 줄 안다면 왜 단어 게임을 즐기지 않았을까요?

네이트에게 일어나기 시작하고 있는 일에 대한 당신의 의문은 아이가 유치원 들어가기 바로 전해에 시작되었는데, 아이의 그 이전까지의 발달과 무척 대조가 되었습니다.

> 네이트는 아기 때 배앓이를 하지 않았고 잘 먹고 잘 잤어요. 태어날 때는 3.24킬로그램이었으니까 전혀 작은 아기가 아니었지요. 저는 모유를 수유했는데, 아이는 잘 적응하는 것 같았어요. 그리고 언제나 얌전히 굴었지요. 정상적인 아이였어요. 13개월에 걸었고요. 말도 일찍 시작했는데, 아기 말을 쓰지 않고 갑자기 어른들처럼 말하기 시작했어요. 그것은 정말 놀라웠지요. 세 형제 중에 네이트가 가장 정이 많은 아이였어요. 제가 같이 시간을 많이 보내지 못하니까 애정이 필요해서 그랬던 것인지, 원래 성격상 모든 사람들에게서 사랑을 받고 싶어서 그랬던 것인지는 모르겠어요. 아이는 사람들에게 정도 잘 주었어요. 그런 점에서 아주 아주 좋은 아이였지요. 만나는 사람들 모두에게 그랬어요. 아이는 탁아소와 애봐주는 사람 집에서 친한 친구들을 사귀었고 그곳에 가는 것을 좋아했어요. 아이는 친구들을 만나면 즐거워했고, 우리가 데리러 가면 기뻐했어요.

네이트가 네 살이 되었을 때 당신은 "탁아소에서 저한테 말하길, 아이가 거칠어지기 시작하고 있다고 했어요."라고 했지요. 당신은 또한 아이가 집에서 멀리, "적어도 멀게 생각되는 곳까지 (모퉁이를 돌아서 길을 따라)" 돌아다녔으며, "아이는 길을 잃어도 울지 않았어요."라고 썼어요. 아이는 여섯 살이 채 안 되었을 때 1학년을 시작했는데, 당신은 아이가 "1학년이 되기에는 아직 어리다."는 말을 들었어요. 아이는 '앉아서 (학교에서 가르치는 말을) 듣지' 못했어요.

> 그래서 우리는 그해 일 년 동안 애를 집에 데리고 있었는데 미칠 것만 같았어요! 아이를 어떤 일에도 집중하게 할 수가 없었어요. 저한테는 어린 아기가 있었는데, 네이트를 옆에 앉히고 저와 무엇을 같이 하도록 하거나 산보를 나가거나 하지 않으면 반드시 무슨 일인가를 저질렀어요. 물건들을 망가뜨리거나 [당신의 찬장에서도 음식을 꺼내서 못 먹게 만들었지요?] 분해했어요. 모든 물건 속에 무엇이 있는지 알아야 했어요. 그것이 전화든, 차든, 무엇이든 간에 분해를 해야 했어요.

이론이 들어맞습니까

대부분의 어머니들은 아이들의 성장과 존재에 대한 이야기와 걱정거리를 가능하면 함께 나누려고 합니다. 저는 모임에서 자녀가 없는 사람들이 "자식 키우는 데 대한 잡담을 더 하면 다시는 여기에 안 올 거야."라고 말하는 것을 들었습니다. 저는 그들의 기분을 이해하고, 저도 가끔 '그만하면 됐어.'라고 느낀 적도 있습니다. 그러나 그것은 단지 잡담이 아닙니다. 그것이 종종 큰 이야깃거리일 때가 있습니다. 그리고 매우 중요한 이야기일 수도 있습니다. 이 아이들은 우리 모두의 아이들입니다. 그들의 아이들이자 당신의 아이들이며 제 아이들입니다. 어머니들이 이야기를 나누고 이해하는 것은 자신들의 생각과 반응에 대해 생각하고 이야기하는 장이 됩니다. "어머니들이 일자리에서, 놀이터에서, 혹은 커피를 마시면서 하는 이야기는 그들의 생각을 말로 하는 것이다."(Ruddick, 1989, p. 25) 그들은 생각을 비교하고, 어떤 것에는 동의하고 다른 어떤 것에는 동의하지 않으며, 자신들에게 효과가 있었던 전략을 제안하고 효과가 없었던 것에 대해 질문을 하면서 시간을 보냅니다. 저는 여기저기에 Ruddick의 글을 소개합니다. Ruddick이 어머니들이 해야 하는 일이라고 말하는 것에 당신들 모두가 참여해 왔다는 것을 다른 사람들에게 알리고 싶기 때문입니다. 자녀들을 보호하고, 양육하고, 가르치는 일 말입니다.

모든 사람이 Ruddick의 이론에 동의하지는 않습니다. Ruddick에 대한 비판은 '부유하고', 교육수준이 높고, 중산층인 어머니들을 중심으로 제한된 '표본'을 사용하였으며(이 점은 Ruddick도 인정합니다.) 아이 양육을 제도적 측면에서 분석하지 않았다는 점입니다.

> '제도'는 의술가의 영역과 양육 실천의 사회적 구성 둘 다로서 이해된다. 제도는 제도가 생겨나는 사회의 보다 폭넓은 사회경제적-정치적-인종적 구조에 함의되어 있다(Code, 1991, p. 91).

여성해방론자들은 Ruddick의 '모성적 사고'의 개념이 환원주의적이며 '문화적, 역사적으로 제한'되었고 모성애의 본질에 대한 보편적 인식에 토대를 둔 것이라고 비판합니다(Weiss, 1994, p. xiii). 그러한 비판에도 불구하고 우리는 Ruddick이 말한 어머니 역할하기의 여러 측면에 대해 이야기했으며 당신들은 이것을 경험했습니다.

어머니들이 공동체에서 만나서 보내는 시간은 지지와 확인을 제공합니다. 당신들이 받은 지지는 서로 달랐습니다. 지지를 받지 못했을 때는 고립되고 외로움을 느꼈으며, 지지를 받았을 때는 당신들의 힘든 노고와 노력, 그리고 당신들 삶의 많은 부분이 헛되지 않았음을 확인할 수 있었습니다. 캐롤라인, 당신은 둘째 아들이 태어날 때가 다 되었을 때 지지해 주는 어머니들을 만날 수가 없었습니다. “예정일이 거의 다 되었는데도 그(남편)는 여전히 나타나지 않았어요. 아시다시피, 저 혼자 집에 두고 말이에요. 우리는 돈도 없었고 전화도 없었어요. 만일 산기가 오면 어디를 가야 할지, 뭘 어떻게 해야 할지 막연했어요.” 그리고 당신은 두 아들이 어릴 때 “은둔자처럼 살았어요. 집 안에 갇혀 있었지요.” 루이사, 당신도 고립감에 대해 이야기했어요. “주위엔 아무도 없었어요. 어디에 가서 ‘이것을 어떻게 하나요? 잘 모르겠어요.’라고 말할 곳이 없었어요.” 길 건너편에 사는 부인을 바로 얼마 전에 알게 되었는데, “그게 다였지요.” 레나, 조앤, 당신들은 ‘의논할’ 이웃과 친구들이 있었기에 당신들의 경험은 매우 달랐습니다. 레나, 성적표에 대한 당신과 당신 친구들의 적절한 평은 책의 다른 쪽에 실었습니다. 그리고 조앤, 당신은 “반에서 만난 부인들과 커피 마시는 것”을 즐겼지요. 당신은 이것을 “생애 최고의 2년”의 일부라고 했어요.

이러한 지지는 얼마나 마음을 따스하게 하는 것입니까! 우리는 어머니가 되면서 “모성애라는 열정이 너무나 급작스럽고, 강렬하고, 혼란스럽기 때문에”(Ruddick, p. 10) 전에는 가지고 있었을 수도 있는 자신감을 상실하고, 애타게 찾는 답들을 전문가들이 줄 것이라고 믿습니다. 당신들은 "어머니들의 이야기를 듣기보다는 이야기를 하려고만 한 그 '전문가들'"(p. 11)의 의견을 구했으며, 이렇게 하는 것이 이따금 당신들에게 죄책감과 자기회의감이 더 들도록 하였습니다. 루이사, 당신은 일을 해야 한다는 것 때문에 몹시 마음 아파했어요. 당신은 아기 탄생 후 처음 몇 년이 아이와 관계를 발전시키는 데 매우 중요한 시기라고 생각했습니다.

> 저는 무척 힘들게 지냈습니다. 저는 제가 일하고 있다는 사실을 감정적으로 수용하지 못했던 것 같아요. 자신에게 너무나 많은 스트레스를 주면—스스로 만들어 낸 스트레스지요—너무 힘들어요. 그래서 저는 정말로 집에 있어야 한다고 느꼈어요. 아이를 탁아소에 보내면서 아이는 너무나 많이 아팠어요. 폐렴에 두 번 걸렸고, 온갖 종류의 기관지염에 걸렸으며, 설사를 했어요. 아이가 설사를 18개월 동안 계속해서 어떻게 해야 할지 알 수 없었어요. … 믿을 만한 사람을 찾는 데 시간이 오래 걸렸어요. 왜냐하면 그때까지도 제가 일한다는 사실에 대해 주사를 맞고 있는 것처럼 느꼈기 때문이에요. 바로 의사들 때문이었어요. 특히 제가 갔었던 두 병원이 그랬어요. 병원마다 의사가 두 명씩 있었는데, 그들은 계속 이런 말을 했어요. "음, 아시다시피 오웬 부인은 일을 해서는 안 됩니다. 아이가 그 아이들과 지내는 것을 견디지 못하고 있어요."

레나, 당신은 올리버를 가족 주치의한테 데리고 가서 아이의 학교에서 생기기 시작하는 문제들과 '아이가 문제아로 낙인찍히기 시작하는 것'에 대해 이야기하려고 했습니다.

브라운 선생님은 아이에 대해 신체검사 및 모든 검사를 했어요. 올리버는 미친 듯이 방을 뛰어다니고 의사 선생님이 가지고 있는 장비에 대해 질문을 하곤 했어요. 그런데 그 여러 해 동안, 브라운 선생님은 이렇게 말하곤 했어요. "아, 애는 그저 활달하고 극도로 똑똑한 애일 뿐이에요. 문제는 없습니다."

그 후로 1년 남짓 지나서 올리버가 학교에서 문제가 늘어나자 브라운 씨는 자신의 의견을 수정했습니다. 올리버뿐만 아니라 네이트, 라이언, 로저, 로이드에게 진단명이 쌓여 가기 시작했습니다.

진단: 무거운 'D'

제가 가지고 있는 묵직한 *Oxford Universal Dictionary*(1955)에는 '진단'이 다음과 같이 정의되어 있습니다. "1. 의학. 병적 상태의 성질에 대한 판단, 증상과 병력을 조사함으로써 질병을 밝히는 것, 또한 이에 대한 공식적 진술. 2. 생물학. 정확한 용어로 특징을 묘사하는 것". *Concise Oxford Dictionary*(1979)에는 다음과 같이 그 의미가 확대되어 있습니다. "환자의 증상 등과 증상의 공식적 진술에 의해 병을 밝히는 것, 개인의 성격과 종의 배치 등의 분류". *Funk and Wagnalls Standard Desk Dictionary*(1977)에는 여기에 (b)가 덧붙여져 있습니다. "(b): 도달한 결론, 그리고 (2) 이와 유사한 검사, 요약, 결론." 후자의 두 사전은 인식한다는 뜻을 가진 그리스어 동사 gignosko를 어원으로 밝히고 있습니다. 이 동사는 지식을 뜻하는 gnostikos에서 파생된 것입니다. 제 생각에는 사전상의 '요약, 결론'이라는 정의는 미래의 가능성을 잘라 버린 폐쇄성이라는 제한된 성질을 제시합니다.

저는 질병이라는 용어를 우리 아이들이 사회적으로 구성된 그들의 세계에서 계속 성장하는 것과 연관지어 사용하는 것에도 마음이 편하지 않습니다. 아니, 깊은 우려를 느낍니다. 수년 동안 제가 만난 많은 어머니들도 그들의 아이에게 어떤 범주, 어떤 부호가 지정되었다는 것을 알았을 때 이와 똑같은 느낌이 들었다고 저에게 말했습니다. 그 범주와 부호는 *The Diagnostic and Statistical Manual of Mental Disorders*(American Psychiatric Association, 1994)(DSM-IV)라는 편람과 1987년도 판본(DSM-III-R)에서 따온 것입니다. 우리는 '정신장애(mental disorder)'라는 말에서 연상되는 것들을 생각하고 겁을 먹습니다. 당신들의 아들들이 받은 진단명은 지침서의 1987년도 판본의 파괴적 행동장애 항목에서 나온 것입니다. 더 최근 판본도 그 진단 기준은 거의 비슷합니다. 최근 판본에는 '일반적으로 유아기나 아동기, 청소년기에 최초로 진단되는 장애들'이라는 항목에 들어 있습니다.

교육환경에서 그러한 지침서의 사용과 '정의적 용어와 시행 기준'의 적용 가능성에 대해서는 아직도 의문이 많습니다(Kauffman, 1989; Pullis, 1991). Reilly(1991)는 평가에 나타나는 문화적 편향성에 대해 이야기하면서, 이 관행을 장애라고 밝힙니다.

> 아동을 행동장애라고 낙인찍는 결과를 초래하는 것은 아동이 보여주는 행동의 정도와 유형뿐만이 아니다. 오히려 일탈에 해당되는 것은

> 한 사람을 독특한 개인으로 만들고 그가 속한 환경의 다른 사람들에게서 다른 반응들을 야기하는 구체적인 특징들이다. 아이가 자신의 문화 집단의 규준과 기대를 따랐는가, 아니면 그로부터 일탈했는가?(p. 50)

당신들은 위에서 언급한 지침서에 대해서 모르고 있었으며, 저한테 이것에 대해 들어 본 적이 없다고 말했습니다. 그러나 우리는 '규준과 기대'에 대해 여러 번 토의한 적이 있습니다. 그리고 루이사, 저는 한 곳에서는 받아들여질 수 있는 것이 다른 곳에서는 절대로 받아들여지지 않는다는 네이트의 발견에 대해 나중에 이야기하겠습니다.

Jeammet(1992)은 다음과 같이 말합니다. "아이들이나 청소년들을 병리학적인 행동의 각도에서만 바라본다면 그들을 그 안에 가두는 것밖에 되지 않는다."(p. 468)

저는 또한 그런 진단을 이용하는 것에 대해서도 우려를 느낍니다. 특히 아이들에 대한 평가가 그들에게 필요한 협력적 중재의 제공보다는 '거액'이라는 신호에 더 관련되어 있는 것처럼 보일 때 우려를 느낍니다. 저는 언제나 제가 연구하는 아이들의 개별성을 인식하고 싶었으며 수렴적인 '분류하기'를 피하고 싶었습니다. 이와 동시에 그들이 대안적인 학습법과 존재 방식에서 도움을 받을 수 있는 특성들이 있음을 인식했습니다.

Maxmen(1991)은 정신과 진단의 목적에 대해 다음과 같이 상세히 설명합니다.

> … 첫째는 임상학적 개체를 규명함으로써 임상의들이 어떤 진단 범주가 무엇을 의미하는지를 똑같이 이해하는 데 있다. 특정한 (의학적

> 이나 정신과적) 진단을 받은 환자들이 동일한 특성을 보여 주어야 하는 것은 아니지만 가장 기본적인 어떤 증상들을 보여 주어야 한다. 그 장애는 내력이 비슷해야 한다—일반적인 발병 연령, 생애 경로, 예후, 합병증…. 똑같은 장애가 한 가지 이상의 방식으로 발생할 수는 있으나, 진단 범주는 어떤 정신장애가 가계에서 일관성 있게 나타나는 것인지, 유전적인 것인지, 심리사회적인 영향력에 의해 발병되는 것인지, 특정한 생물학적이고 환경적인 조건에서 악화되고 심화되는 것인지를 나타낼 수 있어야 한다. 정신과 진단의 또 다른 주요 목적은 치료를 결정하는 데에 있다(p. 4).

치료는 '효과'가 있어야 하고, 빠른 속도로 극심히 어려워지며 당신의 생활의 모든 면을 변색시키고 있는 것을 변화시키는 데 도움을 줄 수 있는 방법입니다. 이것이 바로 당신들 모두가 절박하게 원하는 것이었습니다. 그러한 절박함에 대해서 우리는 나중에 같이 이야기할 것이며 독자들과도 이야기할 것입니다. 우리는 또한 당신들에게 제공된 중재에 대해서도 이야기할 것입니다. 그러나 우선, 진단(The Diagnosis)에 대한 당신들의 이야기를 적고자 합니다.

조앤, 당신은 '엄마 바아보' 사건에 대한 기억을 이야기한 후에 "결과적으로" 로이드는 "주의력결핍 과잉행동장애, 그리고 적대적 반항장애라는 진단을 받았다"고 했으며, 이 진단이 아이가 유치원 때 내려졌다고 했습니다. "학교에서는 심리학자도 불렀는데, 그는 이 학교 저 학교로 이동하는 사람이었어요. 우리가 그를 만났을 때 처음으로 그렇게 분류됐어요." 당신은 유치원에서 유난히 속상한 일을 겪은 후에 로이드를 유아 때부터 알고 있으며 믿을 수 있는 가족 주치의에게 데려갔습니다. 당신이 저한테 병원에서 한 것들을 이야기했을 때, 저는 당신의 신뢰와 의사들의 보살핌이 결합하여 다른 기관에서는 그때까지 얻지 못했던 전문적 도움을 얻을 수 있었다는 것을 알게 되었습니다.

> 의사들은 모두 훌륭했어요. 모두 30대였고 젊었어요. 그리고 모두 시대에 뒤처지지 않는 분들이었어요. 최신식이었어요…. "로이드가 늘 분주하다는 것을 알고 있어요."라고 의사가 말했어요. 그리고는 로이드한테 간단한 표준화된 주의력결핍 문제를 냈어요. 아이는 물론 다 맞췄어요. 의사가 말하길 "로이드는 기본적으로 교과서적이에요. 다 맞추었네요."라고 했어요.

그 의사들이 당신을 어떤 정신과 의사에게 보냈는데, 당신은 그를 이렇게 강조했습니다.

> 최상이에요. 그 의사는 과잉행동의 신이에요…. 그 의사도 로이드를 확인하고, 자기 말로도 그랬듯이, 분류도 했어요. 그 의사가 로이드를 적대적 반항장애라고 분류한 사람이에요. 그 병원에 다닌 지 거의 2년이 다 되어 가지만, 지난번에 갔을 때에야 의사 선생님이 말했어요. "음, 저는 분류하는 것을 좋아하지는 않지만 분류를 원한다면 로이드에게 두 가지를 준 셈이에요. 주의력결핍 과잉행동장애, 그리고 적대적 반항장애입니다."

저는 위의 첫 전사물의 여백에 "당신은 신에게 갔다."라고 적었었고 그 페이지의 아래에는 "신도 분류를 좋아하지 않는다."라고 적었습니다. 당신은 이것을 읽으면서 웃었어요. 우리는 분류표가 정치에서 차지하는 위치에 대해서는 알지만 이것이 야기하는 속박에 대해서도 함께 많은 생각을 해 왔기 때문이지요. "이러한 분류는 치료를 할 때, 특히 정신약리학 요법을 사용할 때 생체의학적 요소를 선택하는 지침으로 유용하다."(Cotton, 1993, p. 20)고 합니다. 저는 약물치료에 대한 당신의 이야기가 기억이 나서 "진단이 내려지고 복용량을 투여받음."이라고 포스트잇에 적었습니다.

조앤, 당신이 받은 진단에 대한 경험은 캐롤라인과 달랐습니다. 의료계의 전문가들에게서 받은 지지에 대한 느낌뿐만 아니라 당신을 에워싼 심리사회적 문제와 그 행동을 악화시킨 환경을 인식하는 데 있어서도 말입니다. 캐롤라인, 당신은 걱정하는 바의 심각성을 전문가들에게 인식시키는 데 많은 시간이 걸렸어요.

> 아이는 필드크레스트에서 몇 가지 프로그램에 들어갔습니다. 첫 번째 간 것은 아동 행동교정 프로그램이었어요. 5주 동안 오전에 다녔어요. 그리고 거기서 나왔습니다. 그러나 처음에는 보조교사가 있는 탁아소와 같은 어떤 다른 프로그램에도 들어갈 자격이 되지 않았어요. 왜냐하면 아이의 증상이 심하지 않아 보였기 때문이었어요. 저는 당혹스러워서 "그럼 애가 어떤데요?"라고 물었습니다. 그들은 "그냥 행동상의 문제가 있을 뿐이에요. 프로그램에 들어가려면 심각한 행동 문제가 있어야 해요."라고 대답했어요.

당신은 여름이 끝날 무렵에 유리를 깬 사건이 일어난 후 필드크레스트에 전화를 했습니다. "보세요! 다시 도움이 필요해요. 들러도 되나요?" 그들은 도움을 주었습니다. 그들은 아이를 아동 행동교정 프로그램에 8주 정도 다시 넣었고 탁아소에서 "전일제 보조교사를 뒤에 붙였지요." 당신은 그때 "아이의 증상이 심각한 정도로 분류되었습니다."라고 말했습니다.

저는 화가 좀 났어요. 그들에게 이야기했습니다. "아이가 머리를 창에 밀어 넣거나 다른 사람을 다치게 하거나 할 때까지 기다려야 하는 건가요?" 정말이지 저는 화가 났어요. 아이가 프로그램에 들어갈 자격이 될 때까지 그렇게 오래 걸려야 하다니.

루이사, 당신과 전문가들의 관계는 더 일찍부터 이루어졌습니다. 그러나 첫 번째 진단은 네이트가 1학년 때 학교 심리학자한테 갔을 때 받았습니다.

그녀는 여러 가지 검사를 했어요. 그녀가 중간에 말하기를, "이 아이는 제 평생 만나 본 애들 중에서 가장 우울한 아이네요."라고 했어요. 저는 그 말에 완전히 산산조각이 나는 것 같았어요. 이제 어떻게 해야 할지 막막했어요. 아이가 검사를 다 받은 후에 그녀는 네이트가 스스로를 작은 벌레같이 느낀다는 진술을 읽어 주었습니다. 통나무 위의 작은 벌레. 정말로 속상했어요. 마음을 갈기갈기 찢는 것만 같았어요. 그리고, 아, 그때 정신과 의사가 누구였더라? 우리는 가족 주치의한테도 갔었어요. 피검사를 하고 이것이 신체적인 문제 같은 것이 아니라는 것을 먼저 확인했어요. 그러고 나서 우리는 추천서를 받아 아이를 필드크레스트에 있는 정신과 의사들 중 한 명한테 데려갔어요.

제가 당신에게 거기에서 어땠냐는 질문을 한 후에 아주 오랫동안 정적이 흘렀던 것이 기억납니다. 당신은, 우리의 공동연구자들처럼, "우리는 듣기만 하느라 지루해 죽는 줄 알았어요."라고 했어요. 죽음과 탈진이 당신의 다음 문장에 나옵니다.

> 네이트는 온갖 종류의 분류표가 붙어 죽을 지경에 이른 아이로 분류되어 왔어요. 반사회적인 정신분열증이 추가로 덧붙여졌어요. 예, 온갖 종류가 다 붙었어요—행동장애. 그 정신과 의사가 네이트 앞에서 말하길, 아이는 아무것도 할 수 없을 것이라고 했어요.

레나, 당신 아이도 1학년 때 진단을 받았지요. 그래서 당신은 올리버를 가족 주치의인 라치 씨한테 데려갔어요. 당신은 "올리버는 어려움을 겪고 있는데, 이제 문제아로 분류되기 시작하고 있어요."라고 말했습니다. 라치 씨는 그 당시에는 지나치게 동요하지는 않았어요. 그러나 학교 상담교사는 올리버가 주의력결핍 과잉행동장애가 있다고 생각하고 당신을 시에서 운영하는 진료소의 의사한테 보냈어요. 당신은 거기서 받은 평가 결과를 라치 씨한테 다시 가지고 갔어요. 그는 "좀 놀랍게도 서류를 한 번 뒤집어 보고는 '음, 애가 그런 것 같네요.'라고 말했어요."

그러고 나서 당신은 의구심이 들었지만 라치 씨가 주의력결핍 과잉행동장애라는 진단에 동의했음을 깨달았어요. 학교에서는 그 처음 2년 동안 행동 상담교사를 몇 번 만나게 했어요. 올리버가 2학년 때 당신은 학교에 물었습니다. "상담교사가 올리버를 만났나요?"

> "예! 그리고 어땠는지 아세요? 아이는 그날 완벽했어요." 그들은 아이가 그들과 학교 전체를 정신없게 만들 수도 있었는데 그런 모습을 보여 주지 않은 것에 화가 난 것처럼 말했어요. 그러나 그날 아이는 완벽했던 거예요! 모르시겠어요? (같이 폭소를 터트림.) 그러나 그다음 해에는 상담가가 아이를 열심히 만났던 것 같아요. 왜냐하면 저에게 올리버의 지각 검사와 진단 결과가 나왔는데 올리버가 임상적으로 심한 우울증이 있으며 자살도 할 수 있다는 것이었어요. 세상이 무너지는 것 같았어요!

제가 보기에 진단은 모든 것을 덩어리로 묶어서 싸매고, 꽁꽁 묶고, 서명하고, 봉인하여 전달하는 효과가 있습니다. 이것은 격동적이지만 독특한 경관에서 시작하여 급하게 경사진 통로를 따라 참호로 들어가므로 성장의 범위와 잠재성을 제한합니다. 아이들처럼, 삶의 경험에는 온갖 형태와 크기가 있으며 모든 사람에게 맞는 한 가지 모형은 없습니다(Etter-Lewis, 1991, p. 43). Coles(1986)는 우리에게 Anna Freud의 목소리에 귀를 기울이라고 합니다. 그는 말합니다.

> 그녀는 아이들에 대해선 이른바 '주의 깊게 기다리기'를 한 점에서 훌륭한 사람이었습니다. (그녀는) 아동 정신의학 분야에 있는 우리 모두에게, 진단과 범주화를 하려는 한 순간의 의욕 때문에 시간으로부터 놀

> 랍게 혹은 슬프게 조롱당하는 일이 없도록 잠시 멈추고 기다릴 수 있도록 도움을 주었습니다. 증상이 사라지거나 혹은 어디서 기인하는지 모를 문제로 인해 향상이 저해되는 것과 같은 경우 말입니다(p. 287).

당신들이 받은 진단은 당신들의 이야기에서 중요한 클라이맥스가 되었습니다. 왜냐하면 이 진단이 치료와 중재, 그리고 배제로 이어졌으니까요. 당신들의 상처와 분노, 당신들이 느낀 좌절감과 안도, 절망감, 그리고 당신들이 받은 확인과 지지에 대한 다양한 반응은 당신들의 현실과 삶을 반영했습니다. 그런 진단 없이 중재가 있을 수 있었을까요? 그리고 우리의 삶의 복잡성을 간단히 압축하지 않은 채 이해하고 지지하는 방법이 있을까요? 만일 그럴 수 있다면 당신들의 반응은 전적으로 희망과 가능성의 지평선에 초점을 맞추지 않을까요?

약물요법과 '마법의 알약'

투약은 많은 사람들에 의해 중재의 정점으로 간주되며, 에폭시수지의 강한 접착력처럼 당신들이 받은 진단과 연결되어 있습니다. 당신들은 진단에 대해 다양한 반응을 보인 만큼 약 처방에 대해서도 다양한 반응을 보였습니다. 캐롤라인, 당신은 정신과 의사가 라이언에게 처방해 준 약 리탈린에 대해 당신의 전남편이 겪은 경험이 있어서 "라이언이 그 약을 아예 처방받지 않게 하려고" 했습니다. 그래서 라이언은 테그레톨과 리보트릴이라는 다른 약을 복용했어요.

그러고 나서 로저에게 항우울제가 처방되자 당신은 '이런, 얘도 약을 먹여야 하다니.'라고 생각했어요. 행크도 말했어요. "안 돼. 다른 애도 약을 먹여야 되다니…. 이런! 로저는 약을 안 먹었으면 했는데." 그러나 당신은 로저의 처방을 받았고 로저는 퍼토프레인과 뉴렙틸을 복용하기 시작했습니다. "항우울제와 수면제라니. 어젯밤에는 효과가 하나도 없었어요." 당신은 "라이언에게는 전혀 듣지 않는 약이 많았고, 듣더라도 2주 정도만 효과가 있습니다."라고 했어요. 저는 당신이 라이언의 약을 먹고 어떻게 느꼈는지를 이야기한 것이 기억났습니다.

> 의사에게서 처방받은 첫 번째 약들이에요. 세상에! 몸이 둥둥 뜨는 것 같아서 견디기 힘들었어요. 그날 밤 약을 먹고, 정말이지, 30분 후에 몸이 바닥에서 떠 있는 것만 같았어요. 기분이 끔찍하기만 했어요. 후유증도 끔찍했어요. 아침이 되자 밤새도록 술을 마신 것 같은 느낌이었어요. 머리가 아팠는데 출근을 해야 했어요. 추운 날씨에 두 아이를 세 블록 건너에 있는 탁아소까지 걸어서 데려다주어야 했고, 버스에 올라타고 출근하고 어떻게든 6시간 교대 근무를 마치려고 애써야 했어요.

어떤 것에 대한 우리 자신의 반응을 남들에게 투사하지 않는 것은 어렵지요? 저도 가끔 제가 어떤 것을 느끼거나 이런저런 것이 저한테 어떤 영향을 미친다면 다른 사람들도 똑같이 느낄지 궁금합니다. 당신은 처음에는 라이언에게 처방된 약이 효과가 없는 것 같아 걱정스러웠습니다. 그러나 상황이 변했지요.

> 우리는 어젯밤에 라이언이 이제 정상임을 느꼈습니다. 물론 약 때문이지만, 라이언이 로저보다 훨씬 더 심해요. 라이언은 환각에 빠졌고, 혼잣말을 했으며, 자기만 들리는 목소리들에 대고 얘기했고, 어둠 속에서 얼굴들이 보였어요. 그래서 이제 라이언은 정상입니다.

네이트가 필드크레스트에서 평가를 받았을 때입니다. "네이트는 그때 약을 처방받았어요. 그들은 리탈린을 먼저 주었어요. 그러나 리탈린은 효과가 없었어요. 그러자 토프라닐, 누프로닐과 같은 것들이 처방되었어요." 루이사, 당신은 저에게 그런 약들의 부작용과 상호작용을 잘 알고 있느냐고 물었지요. 그런 영향들은 우리 모두의 걱정거리였기에 우리는 이에 대해 상당히 많이 토론을 했습니다. 그리고 당신은 이와 같이 덧붙였어요. "아이는 더 이상 약을 먹지 않습니다. 안 먹은 지 2년 정도 됐어요." 저는 당신이 "보세요. 약은 아무런 도움이 안 되었어요."라고 무언으로 말하는 것을 느꼈어요. 우리는 그 후에 이 문제를 더 논의했고, 당신은 저에게 "음, 그것이 바로 제가 느낀 것이었어요."라고 말했습니다.

레나, 올리버가 '정말로 리탈린을 복용해야 한다.'고 생각한 것은 학교 상담교사였습니다. 그래서 당신은 의사가 리탈린이 도움이 될 것이라고 말했을 때에 대해 다음과 같이 이야기했습니다.

> 이 말에 모든 교사들은 무척 기뻐했어요. 그들은 올리버가 이 마법의 약을 먹기 시작할 것이라고 생각했지요. 저는 일반적으로 철학적인 이유에서 약에 의한 중재에 반대하지만, 그 당시에는 무엇

이라도 시도할 것이라고 생각했어요.

당신은 올리버가 리탈린을 처음 복용하기 시작한 후 6주간의 밀월기간에 대해 말했습니다.

> … 학교에서는 너무 기뻐했어요. 저도 기뻤지요. 집에서는 어떻게든 별반 차이가 없었어요…. 그러고 나서 아이가 안정된 것 같았어요. 그런데 문제가 다시 늘어났어요. 아침 11시와 오후 2시 30분에는 좀 안정이 되는 것 같았으나 그 후에는 폭발이 정신없이 일어났어요. 아이는 계속 주위를 돌아다녔지요. 그래서 우리는 리탈린을 하루에 한 번으로 줄이려고 했어요. 이러한 변화를 주자 그 패턴이 또다시 나타났어요. 일종의 밀월기간. 아! 이건 약의 복용량이나 조합 때문에 그렇다는 것을 깨달았어요. 시간이 잠시 지나면 그냥 떨어져요. 마차에서 떨어지듯이 말이에요. 그리고는 다시 그 패턴으로 돌아가곤 했어요.

그 '마법의 약'의 조합을 푸는 열쇠는 알기 어려웠어요. 올리버는 가끔 약을 안 먹으려고 했지만 당신은 올리버한테 통하는 방법을 알아냈어요. "저는 그냥 약에 대한 이야기를 30분 동안 하지 않고 놔두어요. 그러고 나서 '아, 주스 먹고 싶은 사람? 올리버, 여기 약이 있다.' 하고 말해요. 그러면 올리버는 텔레비전을 보느라고 열중해서 그냥 먹어요." 그러나 당신은 올리버가 약 먹는 것을 굉장히 싫어한다고 말했고, '약 안 먹는 날'의 계획이 효력이 있었다고 했어요. 당신은 그 후에 올리버가 약 없이 여름을 무척 성공적으로 보냈다고 했습니다.

조앤, 당신은 거침없는 반대에서 거침없는 순응으로 한 바퀴 되돌아왔습니다.

> 약에 대한 이야기는 늘 나왔어요. 저는 언제나 강력하게 거부했습니다. 저는 20년 전에 리탈린을 먹은 아이들의 체내에 약 성분이 축적되어 있었으며 그 처방이 잘못된 것이었다는 등의 무시무시한 이야기를 많이 읽었어요. 그리고 저는 자연을 따르는 사람이라 약을 믿지 않았어요. 저는 그들을 저주했고 그들의 밥벌이를 위해 우리 아이에게 약을 먹이지는 않겠다고 말했어요.

당신은 학년 말이 될 무렵 '자연요법'을 시도하기를 원했고, 그래서 동종요법과 자연요법을 둘 다 쓰는 의사한테 갔습니다. "몇 달간 시도했는데 아무 효과가 없었어요. 그건 마치 설탕으로 만든 약처럼 아무 의미가 없었어요. 저는 시간만 허비한다고 느꼈지요." 몇 년간의 세월이 흐르면서 다른 사람들도 표현했듯이 당신은 시간의 압력에 대한 불안과 공포를 감추지 못했어요. 당신이 믿고 다시 찾아간 의사는 로이드 같은 아이들에게는 '리탈린보다는 항우울제로 처방하는 것'이 성공적이었다고 했습니다.

> … 저는 그저 어안이 벙벙했어요. 똑같이 무시무시한 것이었으니까요. 그것은 리탈린보다도 더 마음이 괴로웠어요. 그러나 저는 그 항우울제를 시도했습니다. 한 달간 복용시킨 후에 의사에게 가서 "애를 놓아주세요!"라고 말했습니다. 그 무렵에 로이드는 학교

에 다녔는데 약 때문에 침체되었어요. 로이드는 전에 없던 조증[6]도 생기는 것 같았어요. 로이드는 매우 행복한 아이예요. 이것이 지속되지는 않지만 얘는 기본적으로 무척 행복한 아이예요.

당신은 학교의 지지를 받았습니다. 교장 선생님과 교사가 당신에게 전화를 해서 당신이 생각하고 관찰하는 바를 확인하고 입증해 주었어요. 당신이 정신과에 전화를 할 때면 당신은 간호사에게 이렇게 알렸어요. "보세요! 이것, 이것, 이것들이 우리 아이가 변화한 점이에요. 우리 세 명이 아이에 관해 당신보다 더 잘 아는데, 이 약이 애한테 맞지 않는다고 생각해요."

당신은 예전에 두려워했으며 아직도 조금 두려워하고 있었던 것을 요구하는 자신의 목소리에 놀라움을 느꼈고, 당신의 이야기를 듣는 동안 그 놀라움의 감정이 제 귓전에도 울렸습니다.

리탈린 주세요. 리탈린만 말이에요. 두세 가지 약이 섞이는 것은 싫어요. 선생님이 처방해 준 항우울제는 먹여 봤지만 정말 싫어요. 그건 안 돼요. 제 양심상 그 약은 먹일 수가 없어요…. 리탈린을 처방해 주세요. 제가 어떤 약을 고집한다는 것이 놀라웠습니다. 의사는 무엇보다도 저를 만족시키기 위해 로이드에게 리탈린을 처방했어요. 그리고 리탈린은 무척 성공적이었습니다.

당신은 로이드가 나아지는 것을 봤고, 약을 먹는 것이 일상이 되

6) 역주: 비정상적이거나 보통이 아닌 흥분상태를 가리키는 정신의학 용어.

었으며, 약의 '긍정적인 결과'가 매우 눈에 띈다는 점을 이야기했습니다. 그러나 그러한 성공에도 불구하고 당신의 딜레마에서 오는 괴로움은 계속되었어요. "저는 그저 앞으로 아이의 몸에 아직 밝혀지지 않은 손상 같은 것들이 일어나지 않기만을 기도할 뿐이에요." 당신의 말은 리탈린은 메틸페니데이트에 붙여진 이름이며 주의력결핍과잉행동장애로 진단받은 아이들에게 흔히 처방되는 정신자극제라는 것을 아는 많은 어머니들의 말을 다시 떠올리게 합니다. "(그것은) 자극제로 치료받는 아이들의 90%에게 사용되고 있다."(duPaul & Stover, 1994, p. 136)

> 기록에 의하면 자극제의 유일한 장기적 부작용은 키와 몸무게의 억제다. 이 현상에 대한 연구에서는 복용량이 많을수록 성장 억제의 가능성이 증가한다고 했다…. 치료가 중단되거나 이러한 효과에 대해 둔감해지면 이후에 성장이 이루어지는 것 같다. 이 경우 성인이 되었을 때 키와 몸무게는 눈에 띄는 차이가 없는 것 같다(p. 152).

저는 저자들과 그들의 과학적 연구 결과를 인용할 때에도 제 자신의 경험을 되돌아봅니다. 저는 아동들과 그들의 가족에 대해 연구하면서 "그런데, 어떻게 생각하세요? 우리 애 보셨지요. 이 약 먹어도 괜찮을까요?"와 같은 질문을 자주 받았습니다. 저는 곧바로 대답하지 않았습니다. 저는 말을 신중히 함으로써 그들의 자녀들의 현존과 존재에 대한 저의 모든 생각과 이해를 나누고 싶었기 때문입니다. 저는 다양한 관점에서 그들의 아이들이 자신을 세상에 어떻게 나타내는지를 듣고, 보고, 알고, 그리고 연결할 필요가 있었습니다. 저는 어릴 때 가지고 놀던 만화경을 생각했습니다. 그것은 언제나 변화하면서 예상하지 못했던 것을 보여 주는 즐거움이 있지요. 대리석 무늬의 종이로 싼 원통을 부드럽게 돌리고 구멍을 들여다보면 여러 색의 왕관들이 무늬를 만들었습니다. 손을 천천히 움직이면서 꼭 들어맞는 원통을 돌리면 무늬들은 더 멋지게 다른 모양으로 형성되었지요. 이처럼, 제가 알았던 아이들은 자신들의 만화경과 같은 존재로 빛납니다. 제가 대답을 천천히 한 이유는 이 때문입니다. 저는 약을 복용하고 나서 더 혼란스럽고 뒤죽박죽이 된 아이들과 주의력이 생긴 아이들에 대해 여러 번 이야기하곤 했어요. 그리고 저는 고려해야 하는 모든 것들에 대해 이야기했어요. 그러면 어머니 아버지들은 결정이 그들의 몫이며 언제나 마음을 바꿀 수 있다는 것을 알았지요.

조앤, 당신은 로이드가 체격이 '7에서 10으로' 컸다는 것이 통계상의 평균치보다 낫다는 것, 위에서 인용한 '가능성'과 '추측'에서 벗어났다는 것을 알고 안도의 한숨을 쉬는지요? 그리고 레나, 저는 올리버가 이번 여름에 쑥 컸다고 말하는 당신의 목소리를 듣고 안도의 한숨을 쉬었어요. 다행히도 당신들의 경험은 비슷해서 그 특정한 발견이 적용되지 않습니다. 그리고 조앤, 당신이 이렇게 말할 때 당신은 많은 어머니들의 마음을 대변합니다. "매일 아침 아이에게 약을 먹일 때마다 저의 일부가 죽어 가요." 그러나 당신은 약을 먹입니다. 당신의 주치의는 로이드에게 항우울제를 처방하기로 결정했어요. 그는 당신에게 말하길, 자신도 다른 의사들처럼 이와 같은 것을 발견했다고 했습니다. "(삼환계 항우울제는) 주의력결핍 과잉행동장애가 있는 아이들의 행동에 자극제와 유사한 효과를 가져온다는 것이 발견되었다."(duPaul & Stover, 1994, p. 140) 그러나 연구 결과에 의하면 '잠재적인 부작용' 때문에 '이 약에 대한 아이의 반응을 더 면밀히 검사해야 한다.'고 합니다. 당신은 아이를 알기에 약이 적합하지 않다는 것을 알았을 때 큰 소리로 항의할 수 있었습니다. 로이드는 얼마나 운이 좋은가요. 빈틈없이 바라보고 언제나 철저히 보살피며, 실천에 근거한 지식을 가지고 있는 어머니와 교장선생님, 선생님이 있으니 말입니다.

위에서 언급한 저자들은 최근의 연구를 인용하면서 '대중매체'에서 제시하는 정보에 대해서도 이야기합니다. 그것은 '약물 중독, 우울, 혹은 다른 정서적 문제들'과 같은 (자극제의) 장기적 부작용의 '가능성'에 대한 것입니다. "이러한 주장은 실증적 문헌에 토대를 둔 것이 아니므로 실제 처방 시 위험은 없다고 봐야 한다."(p. 152)고 하지만 그 '가능성'이 두렵습니다. 저도 당신들처럼, 시간의 이러한 양탄자 속에서 우울이나 정서적 문제가 어디에서, 그리고 어떻게 당신들의 아들들의 삶에 짜여 들어왔는지 의문입니다. 저자들은 다음과 같이 인정합니다.

> 메틸페니데이트의 행동상의 효과에 대한 통계적 중요성은 견실히 설명되어 왔으나, 주의력결핍 과잉행동장애 아동 개개인에 대한 행동상의 변화의 임상적 의미는 많이 입증되지 않았다(p. 147).

저는 여러 해 전에 소아정신과 의사와 이야기를 하다가, "그럼 투약은 모두 시행착오이자 운에 맡기는 것이겠네요?"라고 따진 적이 있습니다. 이 말을 할 때 마음이 괴로웠습니다. 저는 대답을 원했어요. 저는 아이들과 젊은이들과의 관계에 있어서나 우리의 가르침과 앎의 발견에 있어서는 모호함과 불분명함에 만족하고 있었어요. 그러나 과학에 대해서는 단순하게도 어떤 명확성을 희망하고 있었습니다. "당신 말이 맞아요."라고 그 정신과 의사는 대답했어요. "바로 그거예요, 시행착오. 어떤 때는 효과가 있고 어떤 때는 효과가 없지요. 저는 그럴 땐 다른 것을 시도해요." 그의 말은 제 뇌리에 남았습니다. 그리고 35년이 지난 지금까지 저는 정신과 의사들이 똑같은 대답을 되풀이하는 것을 들어 왔습니다. 한 마디도 틀리지 않고요. 저는 이런 모든 것들 때문에 부모들과 대화할 때 조심스럽게 천천히 말하게 됩니다. 그리고 약물요법과 '마법의 알약'으로 삶이 변화되었으며 그 경험을 공유할 수 있는 교사들과 부모들, 아동들에 대해 반드시 이야기합니다.

이 편지에는 당신들의 삶에 들어온 전문가에 대한 당신들의 이야기들이 들어 있습니다. 다음 편지에서 이 이야기들을 계속하겠습니다. 다음 편지에서는 교육의 내적, 외적 측면에서 전문가들과 당신들의 아들들 사이에 형성된 연결과 관계에 대해 탐구할 것입니다.

안녕히 계십시오.

조이-루스 올림

Chapter 3
다양성과 관계

7월/9월/10월/11월

조앤, 레나, 루이사, 캐롤라인 씨께,

연구계획서를 작성할 때 제가 포함시켰던 이야기들이 여기에 다시 나타납니다. 그 이야기들은 연구 문헌을 검토할 때 겪었던 저의 경험을 말해 줍니다. 'BD(행동장애)'로 분류된 아들을 둔 엄마들의 목소리는 거의 들리지 않았습니다. 당신들처럼, 저도 '정리를 하려고' 노력해 왔습니다. 저는 Cyrano의 이야기와 그 메시지가 초래할 수 있는 양면성을 공유합니다. 그리고 저는 Bakhtin의 카니발 개념을 언급하고 그것이 당신들의 이야기, 그리고 당신들과 전문가들과의 관계에 어떻게 연관되는가를 이야기합니다.

직장에 다니던 시절, 저는 부모들이 이용할 수 있는 대부분의 지원 단체들을 알고 있었습니다. 그러나 최근의 문헌을 검색할 때 알게 되었듯이, 행동장애아라고 불리는 아이들의 부모로부터 들었던 이야기들은 거의 없다는 사실을 깨달았습니다. 저는 연구에서 알아낸 것을 기술했습니다. 다양한 신체적, 심리적 시련을 지닌 아이들의 어머니들이 쓴 이야기들이 많이 있습니다. 그러나 행동장애아라 불리는 아이들의 어머니들에 대해 쓰인 또는 그 어머니들이 직접 쓴 것은 거의 없습니다(Ferguson, Ferguson, & Taylor, 1992; Gaylord-Ross, 1992; Pivato, 1990). 제가 이 탐구에서 여행할 수 있는 방향을 생각하고 그것을 동료들과 논의했을 때, 서로 상충되는 반응들을 얻었습니다. 몇몇은 "아! 그 어머니들은 당신하고 이야기하고 싶지 않을 거예요. 그들은 이미 충분히 책망 받는 느낌을 받았을 거예요." 또는 "전화하지 않는 게 낫다고 생각해요. 그들은 이미 너무 많은 문제들을 안고 있어요. 어쨌든, 그들은 당신이 학교에서 나온 사람이란 걸 알 것이고 우리 같은 사람들에게 무얼 듣는 것을 좋아하지 않아요."라고 말했습니다. 또 다른 이들은 "저는 스미스 부인이 당신하고 이야기하는 걸 무척 좋아할 거라고 생각해요." 또는 "브라운 부인은 저에게 누군가 자신의 이야기를 들어야만 한다고 했고 그들이 이해할 거라고 말했어요."라고 했습니다.

공동연구자로서 저와 함께할 의사가 있는지 물었을 때 당신들이 제게 보낸 열의적인 반응들이 부록에 실려 있습니다. 저는 그것들을 이 편지에서 되풀이하고 싶습니다. 그 반응들이 일 년 내내 저의 활기를 북돋아 주었으며 지속적인 대화 속에서 어머니들의 실천적 앎에 대한 저의 생각을 사로잡아 왔기 때문입니다. "좋은 생각이에요! 정말 좋은 생각이에요! 제 상황이 어떤지 당신에게 이야기하고 싶어요." "제가 이야기해야만 하는 것을 결국 누군가가 듣고 싶어 하는군요. 이제 제 차례예요." 루이사, 당신은 이렇게 말했지요. "음, 저는 주로 들어만 왔어요. 그런데 아무것도 얻은 것이 없어요. 이것이 제 자신을 위해 정리하는 데 도움이 될 거예요."

우리 모두는 정리하고 싶어 한다

루이사, 심지어 당신이 "이것이 제 자신을 위해 정리하는 데 도움이 될 거예요."라고 마지막 절을 말할 때조차, 저는 정당화된 힘을 위한 미래뿐만 아니라, 일과 경험과 성찰을 수반하는 자유로운 에너지의 숨은 뜻을 느꼈습니다. 돌봄의 윤리와 충실함을 지닌 당신들의 이야기를 다시 이야기하기 위해 노력하면서, 저 역시 비슷한 정리에 몰입해 왔습니다. 지식, 의미와 해석, 객관성과 주관성에 대한 상반되는 철학적 입장들 사이에서 계속되는 긴장감으로 인한 정리를 말입니다. 정리에 대해 생각했을 때, 반대 입장들을 포함하는 것이 삶에 대한 새로운 가능성과 새로운 방향을 만들어 낸다는 저의 신념을 확언하기 위해서, 은유를 통해 저의 이해를 분명하게 하는 것이 도움이 되지 않을까 생각했습니다.

당신들에게 쓴 편지를 다시 읽으면서, 제가 은유를 자유롭게 사용했다는 것을 깨달았습니다. Janesick(1994)은, 제가 그러듯이, 은유의 힘에 대한 Eisner의 신념에 '전적으로 동의'합니다. "대중에게 형언할 수 없는 것을 말하는 데 언어의 예술적 사용보다 더 정확한 것은 없다. 은유적 정확성은 삶의 질적인 측면들을 드러내기 위한 중요한 매개체다."(1991, p. 227) Janesick은 '질적 연구 디자인의 춤'이라는 장(chapter)에서, 춤, 그리고 예술가로서의 질적 연구자라는 은유를 사용합니다. 저 역시 초기의 예술적 경험으로 되돌아와서 다양한 가능성을 열어 둔 생각이 떠오르도록 가촉성[1](tangibility)을 사용했다는 것을 알았습니다. 제 자신을 위해, 위에서 언급한 상반되는 철학적 입장들 간의 변증법을 정리하기 위해 저는 숙모의 단추가방을 기억하려고 노력했습니다. 드레스 수선에서 잘라 낸 뒤죽박죽 섞인 단추들을 정리하는 데 저는 여러 시간을 보냈습니다. 정리를 하는 데 너무나 많은 방법들이 있었습니다. 크기별로, 모양별로, 색깔별로 정리하는 방법들입니다. 둥근 형인가, 원형인가, 직사각형인가 아니면 타원형인가? 정사각형인가 아니면 거의 정사각형인가 아니면 직사각형인가? 초록색인가 또는 청록색인가 아니면 에메랄드빛인가? 감청색인가, 짙은 청색인가, 코발트색인가 아니면 연한 청록색인가? 황토색인가 아니면 고동색인가, 암갈색인가 아니면 황갈색인가? 조개껍질로 만든 것인가 또는 모조 껍질로 만든 것인가? 반투명한가 아니면 투명한가? 플라스틱인가 아니면 '진짜'인가? 작은 것에서 더 작은 것에 이르기까지 수백 개의 진주 단추들이 있었습니다. 어떤 때는 디자인에 맞추어, 또 다른 때는 천과 질감에 맞추어 '이리저리' 그것들을 분류했습니다. 그리고 항상 색깔의 미묘한 농담에 따라 분류하였습니다. 그것은 연결과 관계들 간의 미학이 되어 갔습니다. 그것의 연속체는 보는 각도에 따라 색이 변하고, 획기적이며, 부드러웠습니다.

1) 역주: 감각으로 탐지하는 것.

저의 단추 가방 기억을 가지고 '정리하기'에 열중해 있을 때 평온함이 이 내러티브에 다시 들어왔습니다. 저는 서점을 둘러보다가 책을 손에 쥔 채 저를 계산대로 이끄는 말을 읽었습니다. 저자의 글을 읽으니 제가 한 정리가 반영되었습니다.

> 이분법은 배타적인 구성물을 기정사실로 받아들인다는 점에서 특히 문제가 있다. 그것은 상호 보완적이거나 상호 의존적인 구성물을 전제로 하지 않으며, 구성물이 상호 간에 서서히 바뀔 수 있거나 혹은 절대적이기보다는 '혼합된 방식'으로서 기능할 수 있다고 보지 않는다 (Code, 1991, p. 29).

그래서 저는 당신들의 말과 제 말로 이 편지를 계속 이어 갑니다. 당신들 아들들의 학교교육에 대한 경험, 당신들의 앎에 대한 경험, 그리고 마음속에 '혼합된 방식'으로 당신들이 했던 그 모든 것에 대한 경험을 가지고 이 편지를 계속 씁니다. 학교 안팎에서 당신들과 전문가들과의 만남이 다음에 오는 여러 절에서 나타나고 또 나타납니다.

교사를 만나러 교실에 오기

행동장애로 진단받은 6세에서 9세까지의 아이들을 격리된 교실에서 수년 동안 가르쳤던 교사인 친구가 자신의 경험을 들려주었습니다. 저는 그 친구에게 학생들의 부모들을 그룹으로 만난 적이 있냐고 물었습니다. 친구는 다음과 같이 대답했습니다.

글쎄, 그런 자리를 마련하는 것이 좀 문제가 있었어요. 부모들은 저와 일대일로 만날 때 편안하고 안심하는 것 같았어요. 심지어 다른 부모가 있거나, 상담가나 또 다른 성인이 있을 때에도 일대일로 만날 때와는 차이가 있다는 것을 알게 됐어요. 공유하려는 마음이 좀 덜 드는 것 같았어요. 학교 전체 행사가 있을 때도 그 부모들 모두가 오는 것을 거의 보지 못했고, 심지어 그들 대부분이 오지 않았어요. 어떤 경우에는, 예를 들어 버디의 부모처럼, 그것이 물리적으로 불가능하지요. 버디의 아빠는 오후 2시부터 밤 11시까지 일해서 올 수가 없어요. 엄마는 다른 세 아이들 때문에 올 수가 없지요. 분명히, 대부분의 경우에 있어서 다르지만, 이 부모들은 정말로 손가락질을 받아 와서 그런지 자신들이 비난을 많이 받고 있다고 느꼈어요. 아마도 다른 부모들과 함께하는 것이 불편할 겁니다. 좀 더 인정해야 할 것이 있을지 몰라요. "그래요. 우리 아이에게 진짜 문제가 있어요."라는 것이죠. 부모들은 부모 자신의 문제에 대해 아이와 선생님과 이야기할 수 있어요. 그건 지극히 정상적이죠. 하지만 소규모의 격리된 프로그램의 부모 그룹일 때는, 다음과 같은 사실에 정말로 직면해야만 해요. "그래요. 우리 아이는 특수아로 식별된 집단에 속해 있어요."

제 친구는 부모의 감정과 경험에 민감합니다. 그리고 이것으로 인해 제 친구가 학생 부모들(대부분 엄마들)과 연락하여 서로 만족스럽고 공평한 관계를 발전시킬 수 있었습니다. 제 친구는 부모와 학교 사이에 존재할 수 있는 경계들을 알고 있습니다. 자신들의 연구를 위한 조직 원리로서, 영국의 연구자 그룹이 경계의 개념을 채택하였습니다(David et al. 1993). 그들은 "각자의 사회적 입장에 따라 세계를 보는 다른 방법들이 있다."(p. 209)는 것을 암시하면서, 경계를 영원한 것으로 또는 융통성 없는 것으로 생각하지 않았습니다. 눈먼 사람과 코끼리 이야기는 친숙하며 유추를 제공합니다. 그것은 서로 다른 종류의 지식 구성이 어떻게 생성되는지를 보여 주기 때문입니다. David와 그의 동료들은 페미니스트의 관점, 그리고 특히 어머니로서의 여성의 관점으로부터 교육과 가족 간의 관계를 검토하고 싶었습니다. 연구자들 가운데 한 사람인 Ribbens는 가정이라는 특정한 맥락에서는 거의 항상 모성에게 부여되었던 부모의 권위가 학교라는 맥락으로 이동할 때 존재하는 긴장감에 대해 다음과 같이 기술했습니다. "대부분의 여성들에게는 이것이 계속적인 모성적 중재를 해야 하는 중요한 새로운 분야를 소개할 뿐 아니라, 어머니로서의 생활방식과 정체성에서 주요 변화를 나타낼 것이다."(p. 89)

루이사, 네이트가 처음에는 탁아소로, 그리고 이후에는 유치원이라는 구조화된 환경으로 옮겼을 때 당신은 그러한 변화를 발견했습니다. "그 당시 선생님은 제가 아이에게 적절한 체벌을 해야만 한다고 말했어요. 그러나 저는 그 당시에는 물론, 네이트가 첫아이이기 때문에 체벌의 필요성을 믿지 않았지요."

저는 Ruddick에 대해 이야기하면서, 모성적 사고에 대한 그녀의 관점과 그녀의 입장에 대한 페미니스트의 비판을 소개하였습니다. 우리의 전사본을 처음 읽었을 때 저는 Ruddick의 말에서 영향을 받았으며 우리의 대화에 저의 성찰과 논평을 적어 넣었습니다. 당신의 노력은, 그녀가 어머니들의 일을 보존적 사랑, 애정 어린 돌봄, 그리고 훈련으로서 상세하게 묘사한 것과 유사합니다. 루이사, 당신이 체벌의 필요성을 믿지 않았을지라도, (그리고 당신의 어조와 비언어적인 메시지가 당신이 계속 마음을 바꿨다는 것을 암시했기 때문에, 당신이 말하고 난 후에 우리 둘 다 웃었지요.) 당신은 네이트가 "딱 들어맞기"를 바랐습니다. 당신은 훈련이라는 과제에 말려들어 있었습니다. 유치원 선생님이 당신에게 주의를 주었다는 이야기를 처음 들었을 때, 당신의 심장과 함께 제 심장도 멈추었습니다. 당신은 유치원의 부모 자문 위원회의 일원으로서, 선생님이 어떻게 당신을 "주기적으로" 옆으로 불러 교실에서 어떤 일이 일어나고 있는지에 대해 "약간의 설명"을 하는지를 이야기했습니다. "처음에는 '아! 선생님이 제게 아이가 얼마나 똑똑한지 말씀하시려 하는구나.'라고 생각했어요." 당신이 그렇게 평할 때 우리 둘 다에게서 감사의 웃음이 터져 나왔지요. "맙소사! 정말이지 제가 듣고 싶었던 말이 아니었어요. 그때부터 쭉 제 심장이 멈췄지요."

당신은 여러 번 "정상적인"이라는 단어를 사용했습니다. 그리고 후에 그것에 문제를 제기하였습니다.

> 첫아이였기 때문에 우리는 무엇이 아이에게 정상적인 행동인지에 대한 생각이 전혀 없었어요. 무엇이 정상적인가에 대한 느낌 같은 거 말이죠. 어떤 것이 정상적이라고 책에서 말하는 건 무엇이 정상인지를, 또는 이 아이가 이 연령에 무엇을 하는 것이 옳은 것인지를 상식적으로 알거나 느끼는 것과는 달라요.

당신은 정상에 대해 사회적 · 심리적으로 구성된 개념들 사이의 긴장, 그리고 그러한 개념에 순응하는 것과 우리 모두의 실존적 고유성을 존중하는 개념 사이에 존재하는 대립에 대해 말했습니다.

당당하게 우뚝 서라: Cyrano의 이야기

극작가인 John Murrell이 새롭게 각색한 Edmond Rostand의 작품 〈Cyrano de Bergerac〉의 극장 상영 막이 오르기를 기다리고 있을 때, Murrell이 쓴 Citadel Theatre[2)] 프로그램의 서문의 내용이, 제게 그랬듯이 당신의 귀에도 울리기를 바랍니다.

> 격동의 19세기 프랑스에서, Edmond Rostand는 그가 은행가나 법률가가 되기를(작가가 아니라) 바랐던 선생님들과 가족의 기대에 반해 몰래 Cyrano에 대한 역사소설을 읽었다. Rostand는 소년일 때에도 보수주의와 평범함, 그리고 엄숙하고 우중충한 실용주의를 선호하고 남다름과 독창성과 재치를 억압했던 프랑스(그리고 세계)를 비통해했다. Cyrano는 자연스럽게 Rostand의 평생 영웅이 되었고 이 재치 있고 너무나 감동적인 연극을 위한 영감을 주었다. Cyrano는 여전히 우리들 한 사람 한 사람에게 영감을 주고 있으며, 격동의 시대에서 순응과 비겁을 강요하는 억압에 온순하게 복종하기보다는 우리 각자의 열정과 특이함을 즐기라고 촉구한다.

Cyrano가 살았던 이래 거의 400년에 걸쳐, 그리고 Rostand가

2) 역주: 캐나다 앨버타 주 에드먼턴 시내에 위치한 주요 연극 공연장.

Cyrano를 불멸화시킨 이래 100여 년에 걸쳐, Cyrano는 Rostand의 목소리로 우리에게 "대중 속에 우뚝 서라"고 촉구한다. "꼭 맞추려고 하지 마라. 항복하지 마라. 당신의 특이함(oddness)을 축하하면서, 우리 인류의 놀라운 다양성을 축하하라. 그리고 그 다양성은 개개인의 특이함이 완전히 유지된 상태로 우리 모두가 공유하고 축하할 수 있는 인류애를 찾기 위해, 시기와 증오, 그리고 부패한 정치체제를 찾아내면서 우리가 배움을 지속할 수 있고 삶을 이어 갈 수 있는 이유다." 그것은 우리가 꿈꾸는 이상이다(Murrell, 1994).

아들의 어린 시절에 자주 흥분하거나 때로는 위협적이었던 독특하고 예기치 못했던 사고와 행동 방식들을 이야기하면서, 당신들 모두가 Cyrano가 만들어 낸 이미지를 부분적으로 반영하는 생각들을 서로 다른 시기에 표현했습니다. 조앤, 당신의 말이 만들어 낸 이미지는 등장인물들이 서로 쫓고 쫓기는 만화의 한 장면을 떠올리게 해 주었습니다.

아이는 항상 독립적이었고 걸음마를 할 때부터 항상 어디론가 갔어요. 그리고 손을 잡으면 대부분의 아이들이 그러는 것처럼 "싫어."라고 했어요. 엄마한테 달라붙는 시기가 없었지요. 아이는 세상 밖으로 나갔고 그게 다예요. 아이가 전속력으로 전진했기 때문에 곧 닥칠 어떤 위험이라도 멈추기를 바라면서 뒤따라갔어요. 아이는 아직도 그래요! … 알아요? 처음부터 강력계 경찰처럼 세상을 덮치는 아들이 있었고 여기 그 엄마가 있었어요. 정말이에요. 이 아이를 뒤따라갔어요. "기다려. 기다려." 하면서요.

당신이 아이를 따라잡기 위해 달렸을 때 저도 당신과 함께 헉헉댔습니다! 그러나 엄마로서 교사로서 우리는 Cyrano의 말에 대해 모호함을 느낍니다. 우리는 우리 아이들의 정신적 측면에는 감탄할지도 모르지만, 한편으로는 사회적으로 '어울리도록' 도울 수 있는 방법들을 자주 생각합니다. 그래서 '맞추려고 하지 마라.'라는 경고는 상당히 우리를 겁나게 합니다. Ruddick(1991)은 우리가 어머니로서 다양한 맥락에서 다양한 방법들로 생각하고 행동에 옮기는 많은 것들에 대해 이야기합니다. 그녀는 우리의 서로 다른 생각과 신념으로부터 생길 수 있는 문제들에 대해 이야기하고, 어머니들이 숙고하는 세 가지 전략 층, 즉 '보호, 양육, 훈련'하에 이 문제들을 분류합니다. 제게 흥미로운 것은 당신들이 당신들의 이야기에서 이 세 가지 항목과 관련된 모든 것, 즉 당신들의 삶에 대한 자세한 내용, 사건들, 그리고 그것들의 결과를 공유했다는 것입니다. 그리하여 이론과 실제 간의 연결 고리가 반복되고 확인되었습니다. Ruddick은 어머니됨(mothering)과 사고 간에 존재하는 관계를 검토하면서, 실용주의 신념의 철학적 관점을 취하는데, 그것은 "엄숙하지도 우울하지도 않으며", "실제로부터 생겨나는 독특한 앎의 방식들과 진리 기준"(p. 13)을 강조합니다.

여성/엄마의 세계에서 살아가는 일

Ruddick은 필수적인 요구로서의 어머니됨이라는 복잡한 타래로부터 뽑아 낸 세 개의 가닥에 대해 이야기하며, 그것들을 모든 어머니들이 관여하는 일이라고 여깁니다. "보호, 성장, 사회적 수용 가능성이라는 이 세 가지가 어머니의 일을 이룹니다. 어머니가 되는 것은 보호적 사랑, 양육, 훈련이라는 일로써 이러한 요구들을 충족시키는 데에 헌신하는 것입니다."(Ruddick, 1991, p. 17) 첫 번째 요구인 보호는 주로 "오랫동안 신체적으로 여리므로 (아이들 자신의) 안전과 행복을 위해 성인에게 오랫동안 의존해야 하기"(p. 17) 때문에 우선적으로 중요한 것입니다. 캐롤라인, 당신의 어린아이를 밥의 영향권으로부터 빼내 왔을 때, 당신은 여러 번 그랬습니다.

보호에 대한 이러한 필요성은 양육이라는 두 번째 요구에 의해 늘어납니다. Ruddick은 돌봄을 필요로 하는 아이들의 정서적 · 지적 성장을 언급했습니다. 저는 신체적 양육에 더하여 신체와 정서적 · 지적 성장과의 상호 의존성을 강조합니다. 등을 쓰다듬어 주는 것, 사랑으로 차린 '가장 좋아하는 저녁밥'이 가져다주는 효과와 기여하는 바를 누가 신체적, 정서적 또는 지적 성장이라는 구획으로 나눌 수 있을까요? 한 집단에서 적절하다고 인정되는 것이 또 다른 집단이나 문화에서 반드시 받아들여질 수 있는 것이 아님을 인정하면서, 어머니가 속해 있는 집단에 받아들여질 수 있는 적절한 방법을 통해 사회화를 추구하는 것이 Ruddick이 생각하는 세 번째 요구입니다. 당신들 모두가 당신들의 이야기에서 수용의 가변성을 입증하였습니다. 사회화(또는 사회적 수용 가능성)는 저절로 또는 '자연적으로' 발달하지 않습니다. 거기에는 방향이 따릅니다. "다소 강하긴 해도, 자신의 아이들을 '수용 가능'하게 만들기 위한 어머니의 적극적인 목표를 강조하기 위해 나는 '훈련'이라는 용어를 중립적으로 사용한다."(Ruddick, 1991, p. 21)

나는 가르침이라는 단어를 더 좋아합니다

그래요, 제게 훈련은 가혹한 단어입니다. 그것이 과거 영국의 소년원(Borstal Training Centers)에서 청소년들에게 주어졌던 치료의 혹독한 이미지를 떠오르게 하기 때문일까요? 그곳의 사회복지사였던 저는 몇몇 성인들이 그들 앞에 서 있는 아이의 '나쁜 점을 막고' 싶어 하면서 다모클레스의 칼(the Sword of Damocles)[3]과 같은 말을 사용하는 것을 들었습니다. 어머니의 일과 연관지어서, 대부분의 어머니들이 그것은 일이라고 증언하겠지만, 저는 가르침이라는 단어를 사용하는 것을 더 좋아합니다. 어떤 사람들에게는 이 말이 중립적으로 들리지 않더라도 말입니다. Ayers(1993) 또한 훈련이라는 단어를 싫어했습니다. 훈련과 교육을 대조하면서, 그는 다음과 같이 분명히 밝히고 있습니다. "훈련은 노예, 충신, 다루기 쉬운 고용인, 열렬한 소비자, 복종하는 군사를 위한 것이다. … 훈련은 완전히 가시철조망이다."(p. 138)

교사는 교육자입니다. 마찬가지로 어머니도 교육자입니다. Ayers는 교육의 가장 완전한 공명을 위해 교육의 실존적 질을 자세히 기술하는 데에 기여했습니다.

> 교육은… 대담하고, 모험적이며, 창의적이고, 생생하며, 명확하다.

---

3) 역주: 기원전 4세기 전반 시칠리아 왕 디오니시오스가 그의 측근인 다모클레스를 호화로운 연회에 초대하여 한 올의 말총에 매달린 칼 아래 앉혔던 일화에서 유래하였으며 위기일발의 상황을 강조할 때 사용하는 말.

> 다시 말해서, 교육은 삶에 대해 자기 활성적인 탐험가를 위한 것이다. 운명에 도전하려는 사람들, 행동가들, 실천가들, 시민들을 위한 것이다(p. 138).

Van Manen(1986)은 교사, 그리고 어머니와 아버지를 모두 교육자(pedagogues)로 부릅니다. 그는 교육을 사려심과 재치가 요구되는 '복잡하고 미묘한 일'이라고 설명합니다.

> 사려심과 재치는 우리가 무엇을 하는가만큼이나 우리가 누구인가와 많은 관련이 있는 고유의 특성이다. … 교육적 사려심은 특정한 종류의 보기, 듣기, 반응하기에 의해 지속된다(Van Manen, p. 12).

우리가 함께 나눈 대화에서 당신들이 했던 이야기들은 당신들이 아들들과의 삶에 의미를 부여하고 있었을 때의 그 사려심을 전달하는데, 그 사려심은 제가 당신들의 이야기들을 재방문할 때에도 그 이야기들에 스며들어 있습니다.

카니발, 그리고 나는 정당한 목소리를 가지고 있는가

지난 여름 저는 뜻밖에도 Bakhtin의 전기를 찾아냈습니다. 레나, 저는 그것을 읽으면서 우리가 함께 요란스럽게 웃었던 시간들이 강하게 떠올랐습니다. 당신이 말했던 것과 그것을 말했던 방식들이 저의 늑골을 간지럽혔습니다. 생각해 보니, 우리가 함께 공유한 가벼운 웃음과 큰 웃음의 전복적인(subversive) 성질을 이제야 이해할 수 있을 것 같습니다. 우리 둘 다 서로의 내부에 있는, 그리고 우리의 상호작용 에너지 안에 있는 실천 능력을 인식했다고 생각합니다. '제도권 사람들'의 목소리, 모습, 말투와 암시에 대한 모방을 당신은 '아주 잘' 해냈습니다. 저는 저녁에 다음과 같이 썼습니다.

> 레나가 자신의 이야기에서 보여 준 억양과 음역의 뉘앙스와 미묘함, 그리고 사람들에 대한 묘사는 매혹적이다. 그녀가 아들 올리버의 불평하는 모습을 얘기할 때는 투덜대는 아이에 대해 어머니가 할 수 있는 모든 반응을 보여 주었다. 후에 레나가 행정가의 경고를 거친 목소리로 흉내 냈을 때 나는 위협을 느꼈으며 할 말을 잃었다. 그녀는 자신에 대한, 올리버에 대한 참을성을 보인다. 우리는 둘 다 그녀의 전달 방식과 내용에 대해 웃고 또 웃었다.

Bakhtin은 다음과 같이 썼습니다.

> 중세의 패러디 작가에게는 예외 없이 모든 것이 희극이었다. 웃음은 진지함만큼이나 보편적이었다. 희극은 전 세계를, 역사를, 모든 사회를, 이데올로기를 겨냥했다. 그것은 모든 것으로 확장되었으며 어떤 것도 빼앗기지 않은, 세계의 두 번째 진실이었다. 이를테면 그것은 모든 요소에 있어서 전 세계의 축제적 측면이었고, 연극과 웃음에서 밝히는 세계에 대한 두 번째 폭로였다(Quantz & O'Connor, 1988, p. 100에서 재인용).

때로 우리의 웃음은 제게 카니발의 축소판을 보여 주었고 당신들(레나와 루이사, 그리고 캐롤라인과 조앤)과의 모든 대화에서 들렸습니다. 지난 몇 달 동안 우리는 둘씩 만나서 이야기해 왔습니다. 저는 그룹 상황에서 당신들의 이야기를 듣는 것은 생각해 보지 않았다는 것을 이 내러티브의 앞 부분에서 설명했습니다. 그러나 당신들의 이야기와 우리의 관계가 전개되고 발달되어 감에 따라, 이 내러티브가 쓰였을 때 같이 공유한 것을 축하하기 위해 함께 모이자는 아이디어가 제 안에서 강하게 자라났습니다. 우리는 편지에 대해, 그리고 그 모든 편지가 어떻게 모든 사람에게 보내지게 될 것인가에 대해 이미 의견을 나누어 왔으며, 제가 함께 모이자는 생각을 제기했을 때 당신들은 관심을 나타냈습니다. 하나의 이미지가 재빨리 제 마음속에 들어왔습니다. 호화스러운 식사를 준비하고, '재빨리 음식을 차리고', 이어지는 축제행사는 영화 〈Babbette's Feast〉(1989), 〈Como Lagua Para Chocolate〉(1993), 〈Eat, Drink, Man, Woman〉(1994)의 혼합이 되는 것입니다. 이 세 편의 영화에서 음식은 관계를 위한 낭만적이고 에로틱한 은유가 됩니다. 우리는 그냥 낭만적인 것에만 머무를 것입니다! 우리가 마음이 편안하고 몸이 나른해지면 Bakhtin이 제 시야로 들어옵니다. 저는 우리의 미래 연회를 기대하고 어떤 이야기들이 만들어질까 궁금해합니다.

Bakhtin의 삶, 생각, 관계와 대화에 대한 그의 연구들에 대해 쓰면서 Quantz와 O'Connor는 카니발레스크(carnivalesque)와 그것이 권리를 박탈당한 목소리의 분출에 중심축이 된다는 그의 신념에 대해 이야기합니다.

> (그럼에도 불구하고) 비합법적인 목소리의 표현을 허용하고 격려하기까지 하는 공동체 생활에는 중요한 점들이 있다. 그런 하나의 시점이 바로 가장 자유롭게, 가장 민주적으로, 가장 사회적인 형태로 대중문화의 진수를 보여 주는 (장르인)… 중세 카니발의 현대적 유물인 카니발레스크다. … 진정한 카니발적 삶은 현대에 왜곡되어 이해되어 왔던 것처럼 주변적인 집단에 대한 질이 낮고 냉소적이고 부정적인 조소가 아니라 모든 사람을 겨냥하여 활기를 되찾게 하는, 낙관적이고 긍정적인 조소다. 가장 일반적인 의미로 이해될 때, 카니발은 사회적 표출에 대한 민주적이고 해방적이며 변화를 추구하는 장르를 제공한다(p. 100).

Quantz와 O'Connor는 정당화되지 못한 목소리에 대한 방어벽에 대해서도 말합니다. "강력하게 유지된 합법적인 목소리들의 공동체 내에서 비합법적인 목소리를 내는 일은, 사회적 대화에서 표현에 영향을 미치는 역사적이고 이데올로기적인 힘 때문에 어렵다." (1998, p. 100)

정신과 의사가 로저의 학교로부터 "다른 아이들이 로저 때문에 위험에 처해 있다."는 편지를 받았을 때, 캐롤라인, 당신의 목소리는 어디에 있었는지 궁금했습니다. 당신은 제게 아이의 행동이 교실에서는 좋은데 "교실 밖에서는 아주 공격적"이라고 말했습니다. 당신은 그것을 걱정했고 아이가 다른 사람의 입장이 되어 생각해 보도록 도와주려고 했습니다. 당신은 당신의 목소리를 저와 공유했고 저는 당신의 걱정을 들었습니다. "정말 실망스러워요. 교무실에 앉아 있었을 때, '아! 또 시작이야.'라고 생각했어요. 그리고 가장 곤란한 것은, 역시 그 아이가 약을 먹는다는 것이에요." 그것은 단순히 약물에 대한 당신의 양면적 감정이 아니라 당신이 그 당시 겪고 있던 극심한 재정적 곤경 때문이었습니다. 전문가들이 그러한 중요한 점들을 이해합니까? "글쎄요. 우리는 블루크로스 건강보험을 가지고 있지 않아요. 지금 어떤 보험도 없어요. 보험을 들 형편이 안 되기 때문이죠. 블루크로스는 처음 신청할 때 156달러를 내야 해요. 지금 우리는 그걸 낼 수가 없어요." 당신의 어머니가 얇은 지갑에서 51달러를 내서 당신을 도울 수 있었지만 그건 계속되는 재정적 곤란에 대한 미봉책일 뿐이었습니다. 로저의 약을 살 돈을 구하는 일뿐만 아니라, 라이언이 현재 다니는 학교로부터 약을 사기 위한 의료보험 혜택도 곧 만기가 될 것이고 그러면 보장받아야 할 청구서가 두 개가 되는 것이었습니다. 조앤도 처방전을 얻기 위해 돈을 지불하는데 비슷한 어려움에 처했습니다. "저는 40달러가 없었어요. 그래도 어떻게 구했어요. 제 모든 신용카드에서 마지막 40달러를 썼어요. 은행에서 얼마나 당황스럽던지요."

누가 어머니들의 이야기를 듣는가

당신들 모두가 '강력하게 유지된 합법적인 목소리를' 가진 자들과의 경험을 이야기했습니다. 레나, 당신은 학교에서 대립적인 입장으로 궁지에 몰렸었습니다.

그들은 그저 아이가 배우고 싶어 하지 않는다고 생각했어요. 아

> 이가 나쁘게 굴고 그들을 힘들게 하는 것을 즐긴다고 생각했어요. 그러나 여러 해 동안, 갈수록 제가 더 궁지에 몰린다고 느꼈어요. 거의 올리버와 제가 그들에게 반대하여 맞서게 되는 것 같았어요.

당신은 부모교육 코스를 수강하라는 말을 들었지요.

> 실례합니다만, 저는 부모교육 코스를 가르쳐 왔어요. 그래요. 그러나 당신은 분명히 여기에 해당되지 않습니다. [그게 메시지였나요?] 네. [… 명백히 말인가요?] 네. 교장선생님과 상담가가 그랬어요. 그리고 저는 일주일에 이삼일 학교에 가서 교실에서 자원봉사를 하고 있었습니다. 그래서 그들이 보았을 겁니다. 네! 저는 식견이 있는 사람이었어요. 제 아이에게 책을 읽어 주었습니다. 아이가 버릇없이 굴 때마다 고함치거나 때리지 않았어요. 그렇지만 제게 함부로 굴도록 완전히 내버려두지도 않았지요.

제가 강조한 부분은 당신이 그들의 근시안을 약간 조소하는 듯하는 말투로 이야기를 공유하면서 강조한 것들을 나타냅니다.

당신이 제게 '교실 관찰'에 대해 이야기했을 때, 저는 학교라는 그 특정한 '정당화된 목소리'가 궁금했으며 그것이 교사로서의 어머니를 어떻게 지각하고 어머니들의 앎을 어떻게 인식하는지 궁금했습니다.

> 그 교실에서 좀 어려움이 있었어요. 그래서 선생님과 학교 상담가에게 그것에 대해 이야기하려고 했어요. 교실이 너무 무질서했

어요. 아이들이 8시 45분에 와서 교실을 비롯해 온갖 곳을 다 뛰어 다녔어요. 착한 아이들은 책을 집어 들고 책상으로 갔지만, 올리버는 자기와 완전히 똑같은 애들 세 명과 교실에 있었어요. 그 조그만 녀석들이 시작 시간까지 옷걸이 주변에서 서로 밀치며 싸웠어요. 그러고 나서 이야기 나누기 시간이었는데 아이들은 계속 싸우고 있었어요. [당신은 몸짓으로 이 소동을 흉내 냈습니다.] 모두 그러고 있었어요. 저는 교실 뒤편에 앉아 있었고 9시 15분쯤 아이가 갔어요. 아이가 어떤 것이든 배울 방법은 없었지요. 그는 신체적으로 격앙되어 있었어요. 저는 계속해서 더 조직적인 교실 구성을 요구했어요. 그러니까 그게 바로 그 애에게 필요한 것이기 때문이죠. 교실에 들어오면 책상으로 가는 거죠. 빈둥거리면서 놀고 책상으로 가고 싶지 않은 5분이 없는 겁니다. 그런 것들이 아이의 문제를 악화시키고 있다고 생각했어요. 그러나 우리는 변화를 협상하는 데 있어서 그다지 발전적이지 못했어요. 그들의 유일한 대답은 "아니요! 올리버는 학습 도움실(resource room)[4]로 가야 합니다." 였어요.

당신은 가정과 교육 정책 간에 존재하는 불평등한 힘의 관계를 강조했습니다. 이러한 힘의 관계는 어머니들의 목소리를 들었을 때, 그리고 무력함에 대한 그들의 느낌에 대해 들었을 때 다른 사람들도 알게 되었던 것입니다. 당신 앞에 있는 다른 사람들과 마찬가지로 교사로서 당신은 다음과 같은 것을 깨달았습니다.

---

4) 역주: 특수교육이 요구되는 아동들이 일반학급에서 교육을 받다가 시간제로 개별적 또는 소집단으로 특수교육 서비스를 받는 별도의 공간.

부모가 되는 것은 다른 사람들이 자신의 아이 또는 자신을 판단하려고 할 때 경험하는 상처받기 쉬운 감정, 권위를 가진 사람들과 맞닥뜨렸을 때 생기는 느낌, 복잡한 체제에 부딪힌 개인의 무력함 등을 교사들이 더 잘 이해하는 데 도움이 된다(Atkin et al., 1988, p. 82).

그러한 복잡성을 통해 자신의 방식을 들춰내는 일은 종종 어렵습니다. 그렇지요, 조앤? 로이드가 유치원에 다녔을 때, 조앤 당신은 상처받기 쉬운 감정, 무력함과 같은 느낌 등을 갖고 있었습니다. 비록 당신이 그 행정가가 '극도로 가혹하고 로이드 같은 아이들에 대해 틀림없이 아무것도 모른다'고 생각했어도, 그가 "그 애는 최악의 아이예요."라고 언급하고 일주일 동안 정학을 내린 것으로 당신은 겁에 질려 있었습니다. 당신은 로이드가 유치원 교실에 지장을 줄 수 있다는 것을 알고 있었습니다. "저는 그걸 이해했습니다. 그러나 교장선생님이 그날 통제 불능이었던 정도가… 교장선생님은 통제 불능이었어요." 후에 당신은 여러 사람이 경험했던 대로 학교 협의회에 불려 갔습니다. "대략 여섯 사람 정도였어요. 교사들, 상담가, 심리학자, 그리고 교장선생님. 저는 그걸 대단히 싫어했습니다." 거기서 당신은 전문가들이 말해야만 했던 것을 들었습니다.

제 자신이 벌 받는 아이 같은 느낌이 싫어요. 그래서 아이 아빠와 제가 불려 왔을 때—또다시 마치 아서왕의 원탁의 기사들 같았어요. 이 모든 전문가들과 거기에 앉아 있는 거죠. 그들은 제 아들에 대해 평가를 하고 그들이 생각하는, 아이가 가야 할 방향을 말하고 있었어요. 그건 부모로서 받아들이기 어려운 일이죠.

아들의 평가 결과를 논의하기 위한 회의에 참석할 것을 통지받은 동료가 떠올랐습니다. 그녀의 이름은 나타나 있었지만, 상대방의 이름은 나타나 있지 않았습니다. 협의회 탁자에 둘러앉았던 전문가들은 여전히 익명이었습니다. 회의는 신속히 진행되었고 그녀는 너무 겁이 나 그 회의에 참견하지 못했습니다. 루이사, 당신도 당신의 목소리가 전혀 들리지 않는다는, 똑같은 느낌이 들었지요.

저는 그 당시 스물일곱 살 아니면 스물여덟 살쯤밖에 안 되었어요. 그래서 교사 또는 교장선생님의 권위가 아주 겁이 났습니다. 특히 처음에는, 이 사람들에 대해 어린 시절에 가졌던 똑같은 종류의 느낌을 여전히 지니고 있기 때문이에요. 많은 경우에 우리는 너무 많은 종류의 권위를 그들에게 부여하며 그들을 너무 올려다본다고 생각해요. 그렇게 하지 말아야 하는데 말이에요.

후에 당신과 조앤에게 정황이 바뀌었지요. 당신은 학교와 교사들이 지지가 되고 도움이 된다는 것을 알게 되었습니다.

그래서 우리는 네이트를 3학년으로 보냈어요. 아! 아이는 훌륭한 선생님을 만났습니다. 그녀는 기막히게 좋은 선생님이었어요. 그녀는 네이트에게 너무 좋은 분이었어요. 선생님은 모든 것을 시도했습니다. 그저 우리를 위해 모든 노력을 기울였어요. 그래서 저는 일주일에 한 번쯤 선생님과 이야기하러 학교에 갔고 우리는 보통 무엇인가를 해결할 수 있었어요.

그 지지는 "아이를 다른 학교의 특수학급, 소위 행동장애반이라고 부르는 반으로 보낸" 때인 몇 달 후에 끝이 났습니다.

레나, 많은 "멋진 일"들이 일어난 올리버의 "근사한 여름"을 당신이 제게 설명했을 때, 당신은 Atkin이 언급한 무력감을 다시금 느꼈습니다. 안타깝게도 올리버는 학교가 시작된 몇 주 후 아팠으며 심한 감기와 기침이 떨어지지 않았습니다. "의사에게 몇 번이나 데려갔고 의사가 아이에게 약을 좀 주었습니다." 당신은 아이가 결석하는 이유를 대면서 학교에 알렸지만, 그것이 충분하지 않고 의사의 확인서를 내야만 한다는 말을 들었습니다. 당신은 제게 어떻게 집에 갔는지, 그리고 "이것에 대해 얼마나 마음을 졸였는지" 말했습니다. "이 모든 것이 또다시 일어나고 있어요." 당신은 마음속으로 생각했습니다.

> 네. 새 교장선생님. 그녀는 아마도 엄청나게 두꺼운 아이의 파일을 읽었을 겁니다. 아이와 저에 대해 이야기되었던 모든 것들을 읽었을 겁니다. 그리고 그녀는 아마도 제가 아이를 학교에 보내는 것에 신경 쓰지 않는, 술 마시며 빈둥거리는 태만한 부모라고 생각할지도 모릅니다. 속이 울렁거렸습니다. 전에 일어났던 모든 것에 대한 기억이 되살아났어요.

거의 일 년 반 동안 떠나 있던 고통의 무게가 당신의 삶에 다시 찾아왔습니다. 당신은 "그러나 제가 과잉반응을 보였을지도 모릅니다."라고 했지요. 당신이 진료예약 확인을 위해 의사에게 갔을 때 그녀는 신뢰를 담은 말투로 위로를 표했습니다. "아! 제 아들도 아파서 여러 날 학교를 못 갔어요. 이 감기는 떨어지지 않는 것 같아요." 당신이 대답했습니다. "그렇지요. 하지만 당신은 의사이고 당신의 아들은 행동장애반이 아니에요."

한 가닥 희망은 무엇인가: 닭이 먼저냐 달걀이 먼저냐의 문제

저는 수없이 많은 여러 학교에서 일해 왔고 운 좋게도 헌신적이고 창의적인 교사, 교장, 상담가들을 동료와 친구로 많이 알았습니다. 청소년들이 그들의 행동 때문에 분리학급에 배치되는 것은 단순히 상황과 관련된 것으로 보인다는 것에 우리는 자주 동의했습니다. 조단은 Ms. Z 학급에서 '천사'처럼, Mr. X 학급에서는 '악마'처럼, 그리고 Mrs. Y 학급에서는 '중간'으로 행동합니다. 각 학교에는 수많은 조단이 있을 것입니다. 우리는 가능한 영향력을 여러 가지 논의했습니다. 어느 것이 중요한지 알기는 어려웠습니다. 똑똑하지만 항상 지루했던 아이가 조단이었나요? 모든 여성들에게 아니면 반대로 모든 남성들에게 화가 났던 아이가 조단이었나요? 성적 학대를 당했던 아이가 조단이었나요? 이 학교가 지난 삼 년 동안 일곱 번째 학교였던 아이가 조단이었나요? '허용될 수 있는' 빈곤선 아래서 잘살고 있었던 가족이 조단의 가족이었나요? 거의 읽을 수는 없었지만 생각을 이야기했을 때 개념을 잘 이해하고 있음을 보여 주었던 아이가 조단이었나요? 부모가 알코올 중독이었던 아이가 조단이었나요?

우리는 끝없이 계속할 수 있었습니다. 우리는 또 다른 방향을 취하면서 그렇게 했습니다. 이 전문가는 또 다른 사람의 관점과 의견보다 한 명의 교장, 가족, 상담가, 교사 또는 의사의 관점을 더 수용하는 것 같았나요? 만약 그렇다면, 모든 중요한 종이에 서명이 되었나요? 종이 한 장은 단순히 더 많은 금전을 위한 열쇠였나요? 이는 학생들이 인정된, 그리고 필요한 도움을 받을 것이라는 의미였나요? 만약 비슷한 행동을 하는 또래들이 있는 학급에 학생이 배치되었다면, 또래 상호작용을 더 성공적으로 이끌 방법들의 모델링을 위해 어떠한 기회가 있었나요? 그 성공은 어떤 모습처럼 보였나요? 그리고 만약 그의 상황이 학교 안팎으로 여전히 똑같다면 어떻게 되나요? 그의 뇌에 있는 신경전달물질은 어떤가요? 일종의 단어를 말할 때 또는 단어들의 수준을 고정시키거나 결정할 때, 그러한 신경전달물질이 변동을 거듭하거나 변할 수 있었나요?

'닭이 먼저냐 달걀이 먼저냐'의 이슈를 논쟁할 때, 그리고 낙타의 등뼈를 부러뜨린 최후의 결정적인 지푸라기 한 가닥이 무엇이었을까를 궁금해하면서 우리의 은유를 혼합했을(이는 무거운 죄임!) 때 우리의 토론은 활발했습니다. 그런데 낙타는 누구였을까요? 교사 아니면 교장, 심리학자 아니면 정신과 의사, 주치의, 엄마 아니면 아빠, 아니면 행동장애로 낙인 찍힌 아이였나요? 그런 민감한 상황에서 조단의 목소리가 완전히 들렸나요? 여자아이 조단은 어디에 있으며 행동장애 발견에 왜 그렇게 커다란 성차(남자아이 92%, 여자아이 8%)가 있었나요?

레나, 우리가 그것을 서로 다른 시간에 논의했기 때문에, 제가 '닭이 먼저냐 달걀이 먼저냐'를 이야기하는 겁니다. 당신이 제게 보여 준 산더미 같은 평가보고서 복사본을 읽는 일은 아주 충격적이었습니다. 관찰된 또는 보고된 무절제한 행동들이 여러 쪽에 문서화되어 있었지요? 3주간의 관찰을 위해 올리버가 입원했던 병원의 정신과 의사가 작성한 가장 최근의 문서에서, 올리버는 IQ 면에서 우수 범위와는 거리가 있는 학생이며 '심각한 학습장애'를 가진 것으로 판명되었습니다. 당신이 받은 보고서를 인용해도 좋다고 제게 허락하였지요.

> 학교에서 주의력결핍장애와 반항장애의 가장 명백한 증상이 학습장애다. 학교 체제에서 성공하려면 그가 특수 학습문제들을 가지고 있다는 것이 언급될 필요가 있다.

당신은 이것을 내내 직감해 왔습니다, 그렇지요? 당신은 올리버가 똑똑한 아이라고 알고 있으나 왜 읽기와 쓰기를 어려워하는지 이해할 수 없었습니다. 올리버는 '배우는 것에 매우 동기부여가 되어 있지만 이제까지는 배우려고 시도할 때 대부분 좌절했었다.'는 것을 알고 용기를 얻었나요? 올리버의 장애의 심각성이 '어느 정도 신경학적 문제에 기인하며 단순히 동기 부족이 아니라는 것'을 앎으로써 아이와 함께 살아가는 당신의 삶이 달라졌나요? 당신은 지금 옴짝달싹할 수 없는 상황에 있는데, 학교 교육청이 올리버의 심각한 학습장애에 대해 학업 도움을 받기 위해서는 문제행동이 없어야만 한다는 것을 요구하고 있기 때문입니다.

조앤, 로이드 역시 아주 똑똑한 아이로 평가받아 왔으나 당신이 걱정하는 학습장애를 경험하고 있습니다. 당신은 로이드가 읽기를 왜 그렇게 어려워하는지 이해하지 못합니다. 당신은 그저 로이드가

'학습장애일 수도 있다.'고 알고 있으며 필드크레스트의 의사들이 당신을 도와줄 수 있기를 바라고 있습니다. '결국' 당신은 제게 "로이드가 거기에 2년 동안 다니고 있어요. 의사들이 제게 무엇인가를 말해 줄 수 있어야만 해요."라고 말했지요. 당신은 로이드가 분리된 환경에 있을 때의 교육과정에 대해 걱정했습니다.

> 우선 저는 그것에 반대합니다. 제가 학교에 다닐 때의 '옛날의 특수학급'을 생각하기 때문이에요. 그 반 아이들은 항상 따돌림을 당했어요. 그 아이들은 학교에서 웃음거리였지요. 제 아들에게 그런 오명이 붙길 원하지 않아요. 그러나 그들은 제게 지금은 다르다고 말했어요. 제게는 로이드가 따라갔으면 하는 교육과정이 아직도 있어요. 저는 아이가 공부 때문에 고통받지 않았으면 좋겠어요. 그 아이의 사회성 기술에 초점을 맞추려고 애쓰고 있기 때문입니다.

아이들이 학습자로서의 자신들에 대한 인식에 좌절감을 느꼈기 때문에 무절제한 행동들이 악화되지 않았는지 당신과 레나 둘 다 계속해서 궁금해했지요?

이제 교육 분야의 제 동료들과 했던 논의로 되돌아갑니다. 우리가 비슷한 생각을 가진 경향이 있었을 때, 우리의 경험과 그런 경험에 대한 우리의 생각과 느낌에 기반을 둔 대체적인 의견은—만약 교사가 필요한 지원을 제공한다면—격리보다는 통합이 학생들을 위해 가장 좋다는 것이었습니다. 물론 우리는 또한 통합이 도덕적으로 옳다고 믿었습니다. 그러나 '필요한 지원'이 우리 모두에게 대단히 중요합니다. 그 말은 제가 여러 해 전에 8명의 학생들이 있는 분리학급을 방문했을 때를 생각나게 합니다. 그곳은 위에서 말했던 지원의 성격을 갖고 있었습니다. 차분하고 배려심 많은 여자 보조교사가 있었는데 그녀는 학생들의 차이를 존중하고 이해하는 사람이었습니다. 담임교사도 비슷한 성품의 사람이었습니다. Martin(1994)이 언급한 세 가지 C, 즉 돌봄(caring), 관심(concern), 그리고 연결(connection) 간의 관계를 보여 주는 많은 다른 이들을 저는 알고 있습니다.

학교에서 저는 통합/분리의 현실에 계속 부딪힙니다. 첫 번째 플래그 풋볼(flag-football)[5] 점심시간 활동에 대해 큰 소리로 교내 안내방송을 하고 있을 때 분리학급을 방문했던 일을 기억합니다. "제가 가도 되나요?"라고 아홉 살 된 아이가 간절히 물었습니다. 허락은 되었습니다. 저는 곰곰이 생각했습니다. 심한 무절제 행동으로 면밀한 관찰과 '엄격한 제한'이 시행되었던 학생이 있었습니다. 그가 이제 거친 신체활동과 경쟁으로 신경이 날카로워지게 되는 대집단 스포츠에 참여하려는 참이었습니다. 많은 사람들이 열광적으로 참여하는 풋볼게임을 오직 한 명의 교사가 지도했습니다. 8주 후에 저는 지도교사에게 상황이 어땠냐고 물었습니다. "아주 잘 적응했어요. 전혀 문제가 없었습니다. 그와 같은 아이들이 더 있어야 할 정도였어요."

조앤, 당신도 아이스하키 코치로부터 비슷한 말을 들었지요. 우리는 로이드의 신경질적인 기질에 대한 당신의 관찰과 느낌, 당신이 보

5) 역주: 미식축구와 마찬가지로 타원형의 공을 사용하며, 공을 가진 선수가 허리에 매달려 있는 가늘고 긴 깃발을 빼앗기지 않으면서 상대 진영에 자신의 공을 들고 들어가는 게임.

았던 초기 공격성과 "세상을 다 가지려는" 외견상의 동기 등에 대해 이야기하고 있었습니다. 로이드가 아이스하키 게임을 할 때 당신이 보았던 것을 좀 더 말해 달라고 했을 때 처음에 당신은 망설였지요.

> 실제로 로이드는 아주 잘해요. 그 애로 하여금 발동이 걸리게 하는 데는 오래 걸리지 않아요. 그러나 아이스하키를 하던 첫 해에 로이드는 아주 공격적이었습니다. 남자아이라면 모두가 자기들이 웨인 그레츠키라고 생각하기 때문인데 실제로 그들은 스케이트를 타지도 못해요. 그러나 코치가 즉시 통제를 했어요. 로이드는 빙판 위에서는 공격적이지 않아요. 사실, 로이드가 운동장에서는 갑자기 (공격적으로) 변할 수 있기 때문에 가끔 전혀 다른 아이를 보고 있는 것 같아요. 그러나 제가 알아낸 것은 그들의 욕구불만 내성이 아주 낮다는 것입니다. 그들은 이러한 피해망상을 갖기 가장 쉬운 아이들입니다. 그래서 예를 들어, 만약 빙판 위에서 그에게 부당한 어떤 것이 행해졌다고 생각하면 로이드는 안절부절못하고 스틱으로 얼음을 내려치고 삐죽거릴 겁니다.

당신은 빙판 위에서 작은 사건 후에 무슨 일이 일어났는지, 그리고 코치가 그것을 어떻게 다루었는지를 보고 "아들을 다룬 훌륭한 방법"에 대해 그를 칭찬했습니다. "코치는 웃으면서 말했지요. '그게 뭐든 로이드에게 꼬리표가 붙었을지도 모릅니다. 하지만 그 애는 다른 아이들과 다르지 않아요. 그 애들 모두가 규칙을 배워야 합니다.'" 저는 당신에게 코치가 어떤 꼬리표를 언급한 것이냐고 물었습니다.

그들 모두 로이드가 주의력결핍 과잉행동장애아라는 것을 알아요. 그 외에 다른 것은 몰라요. 그러나 저는 로이드가 아주 반항적일 수 있다고 되풀이했어요. 코치는 "글쎄요, 그들이 붙인 꼬리표가 무엇이든, 정말로 로이드는 20년 코치 생활에서 보았던 아이들과 하나도 다르지 않습니다. 아이들이 다 그렇지요."라고 했어요.

그래요, 아주 겁날 수 있습니다

꼬리표가 붙었을 때의 치명성을 항상 염두에 두는 배려심 많고 사려 깊은 선생님인 카린은, 교실 문이 열리고 새로운 학생이 안내되어 들어올 때 그녀의 반응을 저와 함께 나누었습니다. "그 아이는 행동장애로 재정지원을 받았어요. 지금 우리는 더 이상의 정보가 없습니다. 그의 누적 기록이 곧 도착해야 해요."라고 그녀는 말했습니다. 그녀의 따뜻한, 환영하는 미소가 활짝 펼쳐지기가 무섭게 한 남자아이가 근처 책상 쪽으로 쏜살같이 달려가서 가위를 움켜쥐었습니다. 두 다리를 벌리고 가위를 높이 쳐든 채 꽥 소리를 질렀습니다. "가까이 오지 마!" 그녀는 아이의 분노를 진정시킬 수 있었지만 그녀를 가장 화나게 만든 건 그녀 자신이 가졌던 최초의 내적 반응이었습니다. 행동장애에 대해 그녀가 들었던 모든 고정관념이 불현듯 생각났고 그 순간 그녀는 그 아이를 하나의 인격체로 볼 수 없었습니다.

안전과 보호의 문제들이 무엇보다 중요한 위기의 순간에서, 우리의 반응은 깜짝 놀랄 정도라는 것을 알았습니다. 갑작스런 분노가 학생을 압도하여 저 또는 동료교사가 물어뜯기, 발로 차기, 또는 주

먹으로 치기 등으로부터 우리 자신을 보호해야 했던 때를 저는 기억합니다. 그러한 때에 우리 자신의 두려움과 분노가 단단히 자리 잡은 고정관념과 섞여 가장 두드러지게 표면화되는 것 같습니다.

> 아이들의 강한 부정적인 감정으로 인해 교직원들은 달아나기만 하거나, 때리거나, 거짓말하는 아이에게서 물러나거나 비이성적으로 과도하게 관여할 수 있다. 교직원의 반응은 분노, 무력감, 수치심, 죄의식, 그리고 자신들의 약점에 대면하는 것을 포함하여 강한 감정 범위에서 다양하게 나타날 것이다(Cotton, 1993, p. 260).

대부분의 경우, 저는 위기가 없는 상황에서 아이들을 만날 기회를 가졌기 때문에 행운아였습니다. 우리는 대화에 참여할 수 있었으며 그런 감정들을 표면화시키도록 허용되었기 때문에 저는 아이들이 자신들에 대해 하는 이야기를 들을 수 있는 특권을 누렸습니다.

Cotton의 말을 읽었을 때, 저는 교직원의 다양한 반응들 또한 부모들의 반응과 행동장애 꼬리표가 붙은 아이의 반응에 대해 침착하기도 하고 침착하지 못하기도 한 다양한 감정들이었음을 깨달았습니다. 정신과 의사이면서 영향력 있는 이야기꾼인 Robert Coles는 많은 아이들의 삶의 복잡성을 기술한 자신의 책 *Children of Crisis*로 퓰리처상을 받았습니다. Cotton이 쓴 책의 서문에서 Coles는 분노에 찬 공격적인 어린 소년의 이야기를 하는데, 그 소년이 했던 말들은 그에게 많은 것을 생각해 보도록 했습니다. "당신은 자신이 아주 중요한 인물이라고 생각하겠죠. 하지만 저는 당신을 훤히 들여다볼 수 있어요. 당신은 그저 저처럼 겁쟁이일 뿐이에요!" 그 말이 맞다는 것을 깨달은 Coles는 자신의 생각을 Cotton이 책 제목으로 정한 *Lessons from the Lion's Den*과 연결시켰습니다. 이 책에서 그녀는 아동정신질환 입원환자동 책임자로서의 경험을 훌륭하게 이야기하고 있습니다. 그뿐 아니라 책을 읽어 보면 그녀와 그녀의 모든 동료들이 어린아이들을 돌보면서 보여 준 지혜와 연민, 인내심, 그리고 이해가 사자 굴의 암설을 뚫고 빛납니다(p. 98). 그들의 아이들은 다음과 같습니다.

> 아이들은 운동장과 유아기 교실에 있는 단절되고 슬프고 화가 난 사자들이다. 우리는 우리가 그들을 위해 만들어 내는 치료 상황과 전략 안에서 그들이 사자의 강인함과 열정, 공격성을 간직하기를 원한다. 우리는 그들이 내부의 사자를 버리는 것이 아니라 그것과 친구가 되고 그것을 길들이기를 바란다(p. 33).

우리의 아이들이 폭력적이고 공격적이기를 원하는 사람은 거의 없습니다. 교실과 운동장에서 끊임없이 계속되어 왔으며 깊이 자리 잡은 공격성으로 인해 공격자를 포함하여 모든 아이들이 위험에 노출됩니다. 캐롤라인, 당신은 운동장에서 나타나는 로저의 공격성에 대해 들었을 때 화가 났습니다. 그러고는 당신과 행크 둘 다 로저가 자신의 감정에 대해 이야기하도록 도우려고 했지만 그가 "마음을 터놓을 수" 없었던 것 같아 어려웠습니다. 루이사, 당신은 네이트가 수영 강사의 말을 들으려 하지 않았기 때문에 레슨을 중단시켰을 때 제게 말했습니다.

따뜻하고 화창한 어느 여름 날이었어요. “좋아.”라고 말했지요. “공원에 가서 놀아라.” 그러고는 집에 있는 모든 문과 창문을 잠궜어요. 한 시간 반 동안 저는 나가 있었습니다. 집에 돌아와 보니 앞 창문이 마치 덧창처럼 떨어져 나갔어요. 네이트는 집에 들어가 있었는데, 친구들과 있었어요. 그 애가 칼로 벽 모퉁이를 자르고, 심지어 냉장고까지 잘라 놨어요. 냉장고 옆을 이만큼 깊게 잘라 놨어요. 제 말은 제가 떠나기 전 크게 싸우지도 않았고, 그런 종류의 반응을 일으킬 만한 분노도 없었다는 거죠.

루이사, 분노가 급락하는 깊이를 정확히 추정하기가 얼마나 어렵습니까? 우리는 자주 함께 네이트의 분노의 근원이 어디에 있는지 궁금해했습니다. 당신은 네이트가 공격적이지 않다고 말했습니다. “네이트는 정말로 신체적으로 공격적인 아이가 아니에요. 아니, 그 애가 사건을 좀 일으킬 수는 있어요. 하지만 다른 사람을 해치지는 않을 겁니다. 네이트는 그런 아이가 아니었어요.” 그 대화 녹음의 전사 내용을 읽은 후 당신은 우리의 대화에 대해 더 많이 썼습니다. “제 생각으로는 그게 정말로 네이트의 장점들 중 하나입니다. 사람들이 상처받는 것을 그 애는 좋아하지 않아요.” 당신은 “집이란 당신이 소중히 여기며 함부로 대하지 않는 곳”임을 네이트가 알기를 바랐지만, 수용시설에서 돌아온 후에도 변한 것은 없었습니다. 네이트가 복수하려고 한다고 당신은 느꼈지만 그게 무엇인지 확실치 않았습니다. 저도 확실히 알 수가 없었고 우리는 그 일에 대해 더 이상 깊이 파고들지 않았습니다. 훨씬 뒤 또 다른 대화에서, 그 일에 대해 여러 이야기를 나누고 난 후에 우리 둘 다 그 이야기를 쓰지 않고 남겨 두기로 결정했습니다.

조앤, 당신은 특히 운동장에서 로이드의 충동적이고 공격적인 반응을 걱정했습니다. 후에 당신은 이렇게 썼습니다. "로이드는 운동장에서 엄청나게 성숙해졌다. 이제 나는 로이드가 다른 아이들이 주도하는 것을 따르며 경기에 참여할 수 있다고 본다. 로이드는 어렸을 때만큼 그렇게 공격적이지 않다." 저는 당신이 안도의 숨을 쉬는 것을 느꼈습니다. 당신은 로이드의 장점이 남아 있기를 바라고 아이가 다른 사람들의 느낌에 대한 민감성을 발달시키도록 도우려고 애썼습니다. 레나, 당신도 똑같이 느꼈지요. 큰누나가 연극에서 비난을 받는 역할을 하는 것을 본 올리버가 얼마나 화를 냈는지를 말했을 때 저는 당신이 올리버를 자랑스러워하는 것을 보았습니다. 올리버는 당신에게 누나가 상처받는 것을 보고 싶지 않다고 말했지요. 그럼에도 불구하고 당신은 아이에 대해, 그리고 결과에 대한 걱정 없이 곧바로 일을 시작하는 그의 열정에 대해 걱정합니다.

> 지금 제가 걱정하는 한 가지는 올리버 친구의 형인 조의 문제인데, 조는 십대 소년이에요. 조는 폭력을 묘사하고 있는—새디스트적인—포스터를 많이 가지고 있어요. 그 애는 거친 친구들이 많아요. "조에게는 총을 갖고 있는 친구들이 있어요."라고 올리버가 말했어요.

올리버가 당신에게 그 사실을 말했을 때, "아슬아슬한 아이"가 되기 쉬운 그의 성향을 아주 잘 알기 때문에 당신은 "우리 집 근처에서 더 놀아라." 하고 그를 격려했습니다. 당신은 계속해서 그에게 말했습니다. "올리버가 정말로 느끼기 때문에, 그래서 오늘 아침에 한 번 더 작은 칭찬을 해 주었어요. 올리버가 옳은 것을 하려고 정말로 노력하고 있거든요. '어머나, 잘했어. 계속 그렇게 하자.' 제가 계속 이야기하지요. 올리버는 거짓으로 칭찬하는 것을 참지 못하기 때문이에요." 당신은 대부분의 아이들이 즉시 알게 되는, 약간의 가식이 새어 나오는 거짓 칭찬을 지나치게 나긋나긋한 어조로 과장해서 말했습니다.

Cotton은 "문제가 많은, 그리고 문제를 일으키는 아이들"과 일하는 데 의사소통이 갖는 주요 위치에 대해 이야기합니다. "그들이 느끼고 기억해야 할 것은, 우리가 계속 전달할 어떤 개인적인 메시지가 아니라 아이들의 이야기를 듣기 위한, 그리고 아이들로 하여금 우리의 이야기를 듣도록 하기 위한 우리의 바람에 대한 의사소통이다." (원저자 강조)(1993, p. 88).

당신들의 아이들이 강점을 유지하도록, 그리고 "모든 감정—긍정적인, 부정적인, 그리고 양면적 감정—의 타당성을 인정하도록, 그래서 그들이 감정, 공상, 그리고 행동을 구별할 수 있도록"(p. 88) 당신들 모두가 열심히 도왔습니다.

> 사자를 길들이는 일은 사자를 존중하는 것에서 시작한다. 그것에는 기술, 인내, 그리고 사랑이 필요하다. 환자들이 그들 자신이 될 수 있을 때까지 우리는 교사이자 임시적인 사자 사육자로서 환자들에게 헌신한다(p. 2).

열정과 분노의 강도가 아주 심각할 수 있으며 우리 대부분은 실제로 그것들을 경험했습니다. 그것들의 장점들을 유지하면서 그러한 열정과 분노를 길들이는 일은 특별한 아이들의 개화(blossoming)를 돕기 위해 예민한 이해력과 책임의식을 필요로 합니다.

전문가들에게 인내심 갖기

제 눈높이에 붙여 놓았던 암갈색 포스트잇을 보고 '삶을 사는 것은 만남이다.' 라는 문구가 떠올랐을 때, 저는 '만남' 이라는 단어를 썼습니다. 이 말은 철학자 Buber(1958, p. 11)의 말입니다. Buber는 신(God)과 남자와 여자가 서로서로 나-그것의 관계로부터 나-너의 관계로 옮겨 갈 필요가 있다고 썼습니다. 이러한 이동이 이루어질 때 우리는 또 다른 인간 존재와 직접적인, 상호호혜적인 관계로 들어갑니다. 이러한 상호호혜성과 진실성으로, 우리는 또한 '다른 쪽' 의 관점을 경험합니다.

조앤, 당신은 지난 2년 동안 Buber가 언급한 상호호혜적인 관계의 질을 경험했습니다. 그 결과, 당신은 지역사회의 측면이 지지가 될 뿐만 아니라, 로이드를 지원하는 당신의 방식을 존중하고 감사히 여긴다는 사실을 알았습니다.

> 정말이지 그곳에서는 누가 누군지 다 잘 알아요. 제가 학교에 가면 모든 사람이 제가 누군지 즉각 알아요. 아마 300명쯤 될 거예요. 학교에서는 모두들 서로 돌보려 합니다. 심지어 로이드가 좋아하는 관리인 아저씨까지도 그러시답니다. 정말 훌륭해요. 거의 가

족 같지요. 아무것도 가진 것이 없고 너무 많은 고통을 겪은 다른 사람들에 비해 제 아이를 위해 제가 받았던 도움과 지원을 생각할 때 저는 행운아라고 느낍니다. 제가 가진 것이라고는 많은 전문가들로부터의 지원뿐이었습니다.

그것이 로이드에 대한 당신의 반응을 완화시켰습니다. 당신은 그것이 때때로 어렵다고 제게 말했었지요. 특히 피곤할 때, 당신도 차분함을 잃고 그의 수준에서 반응했을 수도 있습니다.

전문가(professionals)와 전문화(professionalization), 그리고 그것이 우리 모두에게 의미하는 바를 다른 학생들과 이야기하면서 불가피하게 전문가(expert)와 전문성(expertise)에 대한 토론에 이르렀습니다. 우리가 이야기할 때 그것들의 차이가 불확실한 상태로 계속 머리 위를 맴돌았습니다. '전문가(professional)로서…'는 때때로 아주 독단적인 의견으로 시작할 때 자주 사용하는 도입입니다. 저는 왜 그런지 궁금했습니다. 많은 학생들에게 있어서, 대학 졸업 후 희망하는 목표는 새로운 일을 시작하는 동안 전문 직종에 속하고, 비슷한 노력을 기울이는 다른 사람들에 합류하고 동료 간 협조를 경험하는 것입니다. 그러나 독단적인 사람으로 생각되기를 바라는 사람은 아무도 없습니다.

Strike(1991)에게 있어서, 전문직은 소수만 아는 지식 기반의 소유, 입문을 위한 상당한 훈련, 직업을 위한 권위를 이야기하는 전문적 조직, 윤리강령, 상당한 자율성, 그리고 고객의 안녕 지향이라는 특성을 지닌다(Howard, 1994, p. 135).

일찍이 전문직에 대한 정의에는 세 개의 학술 전문직으로서 신학, 법학, 의학이 포함되었으며, 군인이 전문 직업으로 이 목록에 추가되었습니다. 역사상 이것들은 가부장제의 '신분'을 나타내는 전문직이었습니다. '직업적' 전문직의 현대적 범위는 컴퓨터 프로그래머와 레크리에이션 치료사로부터 미용사와 동물 사육자에 이르기까지 광범위합니다. 최근 〈전문가(The Professional)〉(1994)라는 영화에서는 '청부 살인자'까지도 전문가로 묘사된 바 있습니다. 배제의 불안과 거리 두기가 여전히 남아 있으며 마지막에 언급한 전문직과 관련하여 저는 감사하게 생각합니다. (지금은 더 광범위한) '신분'의 전문직에 여성들을 마지못해 포함시키는 일이 아주 느리게 다양한 속도로 계속해서 진행되고 있습니다. 오해받지 않도록 저 또한, 도움이 필요한 특정 분야에서 제가 지식과 경험이 없을 때 전문가를 찾으며, 다른 사람들에게도 마찬가지로 그렇게 하라고 조언합니다. 그러나 저는 신중해져야 한다는 것을 배웠습니다. 모든 것에 대해 "질문 뒤에 숨겨진 질문"(Jaffé & Zeitner, 1993)을 합니다.

그러나 최초의 발견자에게만 허락되는 사적이고 비밀스러운 정보 혹은 소수만 아는 지식을 소유하는 것이 전문가임을 보장합니까? 라틴어 Experiri는 '경험하는 것'을 의미하며 '전문가(expert)'는 '(~에 대한) 경험을 갖는 것', 그리고 '실천에 의해서 훈련된 또는 기술을 갖춘'을 의미합니다. 그런 정의들을 보건대, '전문지식'은 전문가됨의 특성입니다. 그런 의미들을 찾으려고 했을 때, 그리고 '자질'과 '실천'이라는 단어들을 들었을 때 아마도 저는 전문성의 거리 두기와 배제적 측면들에 대한 불쾌감을 버리고, 새로운 지식의 생성을 위한 그것의 힘을 인식하고, 그것의 대화와 관계에 초점을 맞추어야 할 것입니다. 저의 불쾌함이 내부에 있는 사람들에 의해 경계 밖 앎이 묵살당하고 인지되지 못하는 것에서 오는 것인지 궁금합니다.

> 모든 전문화(professionalization)는 전문성(expertise)이 존재함을 전제한다. 전문지식(expert knowledge)은 전문화된(specialized) 지식을 말하며 연구하는 현상으로부터 사회적 거리를 두는 능력을 나타낸다. 특수화(specialization)는 또한 특정한 초점을 취하며 '특수하게' 되기 위해 이 지식은 고유성을 가지고 있어야 하며, 다른 특수성들로부터 구별 가능한 차이점들을 가지고 있어야 한다(Sullivan, 1984, p. 121).

많은 비전문가들은 전문가의 태도에서 "저는 전문직에 있습니다. 저는 전문가입니다. 난 알아요."와 같은 메시지를 읽습니다. 저는 '누구의 지식인가, 누구의 실천인가?'라는 질문들을 다시 해 봅니다. 교직, 간호직, 사회복지 업무는 예외는 있지만 역사적으로 여성이 주축이 되어 온 직업들입니다. 그 세 가지 분야에서, 대부분의 행정과 경영직은 현재 남성들이 차지하고 있습니다. 이들은 심지어 그 분야에 늦게 들어와 올림픽 루지[6]의 강력한 힘을 가지고 그 분야에 이르러 그런 직위에 '휙 날아든' 사람들입니다. 자신들의 앎과 교수 지식에 대해 교사들 자신이 수행한 연구들이 학자들에 의해 인정받고 있으며 심지어 그들의 전문적 등급으로 인정되어 왔습니다. 반대로, 모성의 속성이라고 생각되는 감상주의와 희생이라는 사회적으

6) 역주: 한 사람이 타는 경주용 썰매.

로 구성된 덮개를 지니고 있는 어머니들의 지식은 반은 막힌 귀를 지닌 사람들의 속단의 여과장치를 통해 흔히 '지나가는 말'로 들립니다.

이 단락들이 전문가들과 당신들의 관계에 대한 저의 장황한 도입 같습니까? 마치 제가 우리의 대화를 이야기할 수 있기 전에 저의 불확실성을 명확히 해야 하는 것처럼 말입니다. 저는 내러티브 탐구의 미묘한 차이와 세부 사항들에 친숙하지 않은 채, 공동연구자로서 연구를 시작했습니다. 밖에서 일했던 몇 년 동안, 여러 해 동안의 공부와 경험에도 불구하고 저는 전문가로 평가되기를 원하지 않았습니다. 제 자신을 한 번도 전문가라고 보지 않았기 때문입니다. 이러한 '보지 않는 것(not seeing)'은 각각의 만남을 새롭게 맞이하는 데 도움이 되었으며, 제 자신의 이야기의 커튼이 젖혀지기도 하고 닫히기도 하고 창문을 과거와 미래로 향하게 하면서 새롭게 듣는 데 도움이 되었습니다. 저의 배경을 알고 있는 당신들 모두가 저를 '전문가로 못 박은' 것은 불가피한 일이었다고 생각합니다. 저의 초기 교직생활과 이후 아이들과 가족들과의 여정에 대한 저의 이야기를 공유했던 것 또한 그랬습니다. 당신들의 경험을 당신들과 함께 알아내기를 원했던 공동연구자인 조이-루스로서의 저와 당신들이 당신들의 이야기를 공유할 수 있도록, 저는 그 못들을 없앨 필요가 있었습니다.

우리는 당신들의 이야기들이 속상함과 부정적 느낌 또는 상호작용을 포함했던 경우에 당신들 모두에게 일어났던 딜레마를 논의했습니다. "그리고 그것은 심각했지요. 아주 심각했어요. 그들은 물론 즉시 학교 심리학자에게 전화하기를 원했습니다. 너무 심각하게 받아들이지는 마세요." 루이사, 우리 둘 다 여기서 웃었습니다. 그리고 제가 “아니에요. 아니에요. 심각하게 받아들이지 않을 거예요. 걱정 마세요!”라고 말했을 때, 우리는 좀 더 웃었지요. 당신이 그런 관계들을 어떤 식으로 경험했는지 제게 알려 주는 것에 대해 자신 있어 한다는 것을 저는 확신했습니다. 당신은 또한 “제가 말한 것은 무엇이든 당신이 받아들였으면 좋겠습니다. ‘글쎄요. 아마 제가 겪은 경험을 이렇게 이야기하는 것이 제게 필요할 겁니다.’ 그래서 당신이 이것을 받아들이기를 너무나 바라는 겁니다.”라고 제게 말했습니다.

“물론이지요.” 저는 대답했습니다(제 자신이 문화적으로 이렇게 길들여진 것을 피할 수 없었습니다!). 그러고 나서 제 자신을 위해서, 다른 엄마들을 위해서, 교사들을 위해서, 학교와 대학의 모든 이들을 위해서, 그리고 모든 전문가들을 위해서 저는 ‘알고 싶은 정직한 바람’을 반복했습니다. 당신이 당신의 걱정스러운 참여에 대해 말할 수 있을 것이라는 저의 느낌은, 나중에 당신이 우리의 대화가 점점 더 솔직해지고 있다는 간결한 평을 써 주었을 때 확인되었습니다. 당신에게는 교사 이외의 사람들과의 만남이 부정적이었던 경우가 많았습니다. “그리고 우리는 한 달에 한 번 계속 만났습니다. 아주 지루했어요. 무슨 뜻이냐 하면, 우리는 매달 회의에 가서 똑같은 것들에 대해 말하고 집에 갔어요. 아무것도 해결된 것이 없었어요.”

“아무것도 해결된 것이 없다.”는 말 속에는 당신 자신뿐만 아니라 당신의 아들을 위해 고통과 분노를 완화하려면 변화가 필요하다는 메시지가 숨겨져 있습니다. 당신은 ‘왜, 무엇을, 어떻게’를 알고 싶어 했습니다.

> 그들에겐 답이 없었기 때문이에요. 심리학자들 말이에요. 정신과 의사들뿐만 아니라 심리학자들에게도 문제가 있어요. 지난 5년 전까지만 해도 정신과 의사들과 심리학자들과 함께 쳇바퀴를 돌았을 뿐이에요.

그러고 나서 당신은 그전 주에 조앤도 말했던 무엇인가를 말했습니다. 조앤과 저는 질적 연구와 그것의 '특정한, 개인적인' 결과에 대해 이야기하고 있었습니다. "저는 그것이 연구를 해서 인간성을 되돌려 놓는 데 대단히 흥미로운 주제(어머니들에게 있어서 '행동장애' 경험)라고 생각해요."라고 조앤이 말을 보탰습니다. 루이사, 당신은 당신이 함께했던 마지막 심리학자에 대한 느낌을 표현했습니다.

> 이러한 전문적인 것들에 익숙해지는 많은 경우에, 모든 것의 인간적인 부분을 잃게 된다고 생각해요. 제 느낌은 그래요. 모든 것이 분석되어야 하고, 자세히 검토되어야 하고, 분해되어야 합니다. 제가 이 지점에 있었어요. 너무 힘들었습니다. 분석되는 것에 질렸어요. 그것으로 족했습니다. [여전히 힘드세요?] 네. 그럼요. 더 이상 분석되고 싶지 않아요.

레나. 정신과 의사, 심리학자, 선생님, 교장선생님들과의 만남과 참여에 대한 당신의 이야기는 다양했습니다. 올리버가 저학년이었을 때 당신은 학교 상담가와 접촉했습니다. "저는 그녀가 저를 믿는다고 생각했어요. 몇몇 문제들에 대해서. 적어도 어느 정도, 최소한 저는 반은 괜찮은 사람이라는 인정을 어느 정도 받았습니다." 이러한 상황은 당신이 청했던 상담 기간 중에 겪었던 특별히 끔찍한 경험 후에 변화되었습니다.

> 글쎄요. 그때까지는, 저는 정말로 전문가들에게 질려 있었습니다. 그들은 문제가 무엇인지를 정확히 간파하지 못하는 것 같았습니다. 그들은 평범한 접근과 공식을 사용하고 있었으며 그것은 들어맞지 않았어요.

레나, 당신의 말을 타이핑하면서, '모든 이를 위한 프리사이즈' 라는 팬티스타킹 광고가 마음속에 불쑥 떠오릅니다. 우리 모두가 알고 있듯이, 그것은 '정말 사실이 아닙니다!' 당신 아들과의 삶을 통해, 그리고 당신 자신에 대한 앎을 통해 당신은 그것이 사실이 아님을 알았습니다.

> 그때까지 이렇게 두꺼운 파일이 올리버 앞에 있었습니다. 모든 진단과 함께 말이죠. 우리가 프로파일에 놓이는 것, 추적을 당하고 있다는 것을 저는 알았습니다. 그러나 저는 혼자서 생각했습니다. 하느님, 이것이 올리버나 제게 무슨 의미가 있을까요? 프로파일을 다시 읽는 것, 그래서요? 그들은 이미 읽었던 것과 똑같은 결론으로 다시 돌아올 겁니다.

당신이 그것을 보았을 때 당신은 올리버에게 반응해야만 했습니다.

올리버는 전문가, 의사, 테스트, 이상하게 취급되는 것, 그리고 예외가 되는 것에 신물이 났어요. 지금까지 그 애는 학교도, 자기 자신도 아주 싫어했습니다. 이제 그는 의사와 심리학자라면 질색을 합니다. "또 다른 의사한테 다시 가지 않을래요. 약 먹는 게 너무 싫고 왜 약을 먹어야 하는지도 모르겠어요."

올리버가 병원에 잠시 입원했던 이후에, 그리고 그가 병원을 떠난 후에 당신이 의미 있다고 느끼고 올리버와 당신 둘 다의 목소리가 들린다고 느꼈던, 그런 관계를 발달시킬 수 있었던 정신과 의사와 당신들이 만났을 때, 당신과 올리버 둘 다에게 변화가 일어났습니다.

캐롤라인, 전문가들과의 회의와 상호작용 또한 당신의 참여 맥락에 따라 다양했습니다. 50분이 거의 다 될 때까지 전문가에게서는 한마디 말도 없이 처방만이 흘러나왔던, 그래서 당신의 이야기가 블랙홀에 빠지는 것 같았던 첫 모임은 우리 모두에게 남아 있습니다. 반대로, 추천받은 치료센터인 필드크레스트에서 당신은 신뢰를 형성할 수 있었던 전문가들을 만났습니다. 유일하게 운이 없었던 일은 당신이 편안함을 느끼고 통찰을 공유함으로써 혜택을 얻고 있다고 생각하자마자 그 특정한 사회복지사가 센터를 떠난 것입니다. "네, 그녀는 정말 이야기하기 좋은 사람이었어요. … 저는 세상을 그런 식으로 전혀 바라보지 못했던 것 같아요." 그러나 똑같은 세부 사항을 '이야기하고 다시 이야기하기'는 지치고 힘든 일입니다.

때때로 저는 몇몇 다른 사람들을 만나야 하는 약속이 있었습니다. 그리고 한 사람씩 모두 개별적으로 이야기해야 합니다. 그러고

> 나면 피곤해집니다. 이제 막 이 사람과 이야기를 끝냈는데, 그냥 그 사람한테 계속 들었으면 좋겠어요. 제가 똑같은 이야기를 다시 하지 않아도 되게 말이죠. 다음 약속으로 가서 했던 이야기를 또다시 되풀이해야 하거든요.

어떤 것을 빠뜨리지 않았는지 또는 세부 내용을 혼란스럽게 만들지는 않았는지 걱정하면서 같은 정보를 반복해서 되풀이하는 일은 분명히 지루할 수 있습니다. 그리고 많은 엄마들이 당신의 말 속에서 그 자신들의 모습을 볼 것이라고 생각합니다. 캐롤라인, 당신이 레나의 이야기를 읽을 때 당신의 반응이 어떨까 궁금합니다. 레나는 자신이 도움을 구했던 장소에 자신 앞에 놓여 있는 '두꺼운 파일'을 갖고 이야기하기보다는 자신의 이야기를 새로이 말하고 싶어 했습니다. 그러나 당신은 정해진 그릇 안에 넣어지는 느낌을 갖지 않았습니다. 그리고 아들에 대해 당신이 말했던 당신이 이해하고 있는 바를 제가 물었을 때 "글쎄요. 정확히 무엇이 잘못됐는지 알아내고, 그것에 대해 조치가 취해지니까 훨씬 더 안심이 돼요."라고 했어요. 라이언의 과거와 현재 발작에 대한 확고한 과학적 증거는 그것을 통제하기 위한 약을 받는 데 도움이 되었습니다.

학교 체제의 안팎에서, 의료제도에서, 공공과 민간에서 당신들이 가졌던 모임, 경험, 그리고 전문가와 함께하기에 대한 이야기들이 우리 모두로 하여금 보고 느끼도록 공개되고 공유되어 온 지점에 이 편지가 이르렀다고 저는 느낍니다. 확신하건대, 우리는 상세한 묘사와 그것들의 재현을 깊이 생각해 볼 것이며, 존재 방식과 경험 방식에 대한 다른 가능성들을 생각해 낼 것입니다. 당신들 각자가 모두 알고 있듯이, 당신들이 제게 말했으며 이 자리에 있을 수 있는 다른 이야기들도 많이 있습니다. 이것이 바로 제가 내레이터로서 얼마나 무서운 책임감을 갖는가에 대한 이유입니다. 제가 이야기를 잘 사용해 왔다고 당신들이 생각하기를 바랍니다.

안녕히 계십시오.

조이-루스 올림

Chapter 4

앎: 어머니들의 방식

10월/11월/12월

레나, 캐롤라인, 루이사, 그리고 조앤 씨께,

우리가 처음 전화로 이야기하던 날 저는 제 목소리가 흥분으로 가득 차 있는 것을 알았습니다. 함께 연구하는 일에 대한 저의 바람과 생각, 그리고 당신들의 질문, 의견, 기대를 우리가 토의했을 때, 저는 당신들의 목소리에서 열의를 느꼈습니다. 우리가 대화하면서 보낸 시간은 벌써 마감이 가깝지만 저에겐 감동과 흥분이 여전히 남아 있습니다. 저는 당신들 모두와 함께 감동과 흥분을 느꼈으며, 우리가 가졌던 관계가 역동적이고 활기 있게 느껴집니다. 저는 의도적으로 '활기 있게'라는 단어를 사용합니다. 그 단어의 의미는 라틴어의 동사 vivere, 즉 사는 것(to live)에서 나왔습니다. 저는 이 활기가 우리의 마음과 삶 가까이에 있는 어떤 것을 이해하려는 우리 공동의 노력에서 비롯된다고 저는 믿습니다. Steinem(1992)이 애팔래치아의 여성들에 대해 이야기했을 때처럼 우리는 우리의 마음과 정신을 사용해 왔습니다. "마음을 몸으로부터, 생각과 감정, 지력을 감각으로부터 절대 분리시키지 않도록 배웠기 때문에, 그들은 자신들의 경험을 신뢰하였습니다."(p. 137). 우리도 우리 자신과 경험 둘 다를 신뢰하였습니다. 그리고 우리 자신과 경험에 부여할 의미를 구성하고 재구성할 새로운 경험에 관한 이야기를 우리가 항상 추가하게 될 것을 알면서, 우리의 이야기들을 독자들에게 위임하였습니다. 이 편지에서, 저는 당신들의 이야기와 저의 이야기로, 여성/어머니들의 앎의 방식을 살펴봅니다.

돌봄, 관심, 그리고 관계

저는 관계라는 단어를 선택했습니다. 그리고 저의 수년간의 실무에 영향을 받아 그것을 활력 있는 삶의 질과 연관시켰습니다. 초임교사 직무를 시작하면서, 그리고 그 이후 여러 해 동안 저의 신념은 더 강하게 자라났습니다. 만약 아이들과 그 가족들, 그리고 동료들과의 관계가 맺어지지 않았다면, 상황은 변하지 않은 채로 남아 있었을 것입니다. 교수와 학습이 거의 일어나지 않았을 겁니다. 그리고 대안적인 존재 방식들에 대한 개방은 닫힌 채로 남아 있었을 겁니다. 초임교사 생활의 이야기에서 저는 제가 돌보던 아이들 집단을 '나의 작은 집'으로 불렀습니다. 그리고 당신들에게 쓴 편지에서 저는 "어머니로서의 교사와 교사로서의 어머니"를 여러 번 언급했습니다. 저의 어머니께서는 제가 열세 살 때 마리아 몬테소리(Maria Montessori)에 대해 이야기해 주셨습니다. 저는 그녀가 쓴 책과 그녀에 대한 책을 찾기 위해 지역의 도서관에 갔던 것을 기억합니다. 그런 책들은 무척 많았습니다. 저는 그 책들을 읽고 나서 학습과 평화로운 삶을 위한 필수 사항으로서 집과 같은 환경을 만드는 것에 대한 그녀의 신념을 배웠습니다. 그리고 마리아 몬테소리를 알려 준 어머니께 감사했습니다.

Martin은 *The Schoolhome*(1992)이라는 책에서 우리에게 몬테소리의 철학과 실천, 그리고 그것들이 우리가 오늘날 학습 환경을 조성하는 데 갖는 중요성을 상기시켜 줍니다.

> 개개인과 환경 사이에 '조화로운 상호작용'이 있을 때, 그때에만 아이가 정상적으로 발달하고 사랑이 충만할 수 있다고 그녀는 말했다. 몬테소리가 마음에 두었던 종류의 사랑은 시와 소설 속의 로맨틱한 사랑도 아니고 서구 문화가 어머니들의 책임으로 돌리는 자기희생적인 종류의 사랑도 아니었다. 그것은 영원하며 이기심이나 소유욕과 상관이 없고, 모든 살아 있는 생물, 사람들, 그리고 사물을 향한 것이었다(p. 20).

Martin은 인본적인 사회를 위해 반드시 필요한 생각들과 학습실천을 더 자세히 설명합니다. 필수적인 수직적 요소들로서 돌봄, 관심, 관계라는 세 가지 C를 강조하면서, 그녀는 '가정의 평온'과 '전쟁의 폐지'에 대한 몬테소리의 신념을 우리의 교육과정을 위해 명료하게 표현된 철학적 태피스트리와 엮고 있습니다. 몬테소리는 소년 소녀들을 위해 올바른 교육과정을 설계함으로써 전쟁이 폐지될 수 있다고 믿었습니다. Martin은 '새로운 형태의 시민권'을 가르쳐야 할 필요성 때문에 Schoolhome[1]이 지금까지 해 왔던 일을 지속하기 힘들어졌음을 알고 있습니다. "우리의 아이들이 세상을 서로 다르게 볼지라도 그들이 똑같은 세상에 살고 있다는 것을 이해하고, 함께 살아가기 위한 교육을 그들에게 제공할 결의를 다져야 합니다."(p. 203). 비록 기술, 색깔, 디자인에 있어서 창의적일지라도 전쟁과 파괴를 묘사하고 있는 옛 베이유 태피스트리(Bayeux tapestry)[2]와는 달리 Martin의 태피스트리는 포함, 협력, 평화의 이야기를 말하고 있습니다.

Martin이 우리에게 알려 주듯이, 몬테소리는 "모든 가정이 안전하고 애정적으로 채워져 있지는 않다는 것을 잘 알고 있었습니다."(p. 12). 여기서 저는 이 철학자들의 말과 당신들의 말을 연결시키고 싶은데, 의역에 의해 환원시키지 않으면서 그들의 말의 중요성을 반추하려고 노력하고 있기 때문입니다. 당신들의 앎으로 인해 당신들은 당신들과 아이들에게 어려웠던 결정을 내릴 수 있었습니다. 불확실성으로 가득 차 있었으며 경제적 안정이나 사회적 승인의 가능성이 거의 없는 그런 결정들이었습니다. 당신들의 아이들이 좀 더 평온하고, 애정 어리고, 안전한 환경 또는 세상에 존재하기 위한 다양한 학습 방법들을 가능하게 하는 환경에서 성장할 기회를 가질 것을 알기 때문에 당신들은 어려움을 헤쳐 나갔습니다. 그리고 당신들은 그 어려움을 사랑과 용기로 헤쳐 나갔습니다.

---

1) 역주: Jane Roland Martin이 학교의 개념과 집이라는 은유를 연결시킨 '가정 같은 학교'를 의미함. 가정 같은 학교는 인간애, 민주적 사회 유지를 위한 시민적 덕목 등을 고양시킴.

2) 역주: 프랑스 베이유 미술관에 소장된 벽걸이.

과감한 결정들

루이사, 당신과 캐롤라인은 아이들을 위해 임시적인 대안적 주거 방식에 동의하는 과감한 결정을 내렸습니다. 캐롤라인, 당신은 당신과 두 아들을 위해 폭력적이고 안전하지 못한 집과 관계를 떠나야만 했습니다. 라이언이 상당히 어려움에 처해 있을 때, 당신은 그 당시 아이가 필요한 환경을 당신이 제공할 수 있다는 것을 알았습니다. 당신은 아이에게 욕을 많이 했다고 말했습니다. "라이언이 그것을 어디서 배웠는지 놀랄 일이 아니에요. 어디서 배웠는지 저는 알아요! 엄마한테서죠." 그리고는 우리 둘 다 웃었습니다. 많은 어머니들이 욕을 하고, 만약 우리 아이들이 욕을 하지 않도록 하려면 우리 자신의 언어가 '참으로 깨끗해야 한다.'는 것을 알았기 때문입니다. 그러나 당신은 자신에 대해, 그리고 당신의 좌절감으로 라이언에게 상처를 심하게 줄 가능성에 대해 걱정했습니다. 이에 있어서도 역시 당신은 혼자가 아니었습니다. 우리 안에 파도치는 절망감이 우리를 두렵게 하고, 그것들이 분노, 이전의 메시지, 경험 등과 결합될 때 그 절망감은 두 배가 됩니다. Ruddick은 '어머니의 일에 대한 통상적인/예외적인 즐거움과 고통'에 대해 쓰고 있는데, 많은 여성들에게 어머니의 일은 "그것이 포함하고 있는 양가감정과 분노에 의해 파괴되지 않는 지독히도 열정적인 사랑에서 시작"(1989, p. 29)됩니다. 캐롤라인, 당신이 거의 '참지 못할' 지경에 이르렀을 때 당신은 용감하게 도움을 요청했습니다. "와서 라이언을 데려가세요." 당신은 라이언의 조부모에게 전화를 했습니다. 당신이 라이언을 막 해칠 것만 같았기 때문입니다. 어머니로서의 실천에 근거하여, 당신은 그 당시 당신의 감정과 의도로부터 라이언이 보호되어야 한다는 것을 알았습니다.

루이사, 당신은 네이트의 행동에 대한 당신의 반응을 걱정했습니다.

> 제 자신을 통제하지 못할까 봐 두려웠어요. 네이트를 때리기 시작할까 봐 두려워서 가족복지기관에 갔어요. 이 애를 때릴까 봐 두려웠어요. 저는 정말로 제가 끔찍한 사람이고 지독한 엄마라고 생각했어요.

'좋은 어머니'에 대한 사회의 대본은 어머니로서의 일, 그리고 어머니에게 하루하루 계속 요구되는 일과 일치하지 않습니다. 그래서 구두로 또는 인쇄로 전달되는 많은 위선적 메시지들 때문에 어머니들은 죄책감을 갖게 됩니다. 루이사, 당신이 '계속되는 사이클'이라고 불렀던, 아들들의 문제행동을 매일 끊임없이 떠올려야 하는 것이 당신들 모두가 경험하고 있었던 스트레스의 한 원인이 되었습니다. 당신들의 삶과 관계없는 사람들, 그리고 심지어는 관계가 있는 사람들의 감시 대상이 될 것이라는 것을 알았기 때문에, 당신들은 당신들 자신과 아들들을 보호하기 위해 용감한 결정을 내렸습니다. 당신들이 이미 느꼈던, 그래서 다른 사람들로부터의 강화가 전혀 필요 없는 비난과 실패라는 망령을 아주 얄팍하게 가리는 그런 감시 말입니다.

레나, 당신이 선택했던 상담 경험들은 당신을 아주 화나게 만들었습니다. "난 힘들고, 피곤했어요. 아주 신물이 났지요." 올리버는 당신과도, 아빠와도, 가족 모두와도 상담을 받으러 가고 싶어 하지 않았습니다. 몇 번이나 당신은 "상담을 가기 위해 올리버의 목덜미를 움켜잡고 차에서 끌어내려야" 했습니다. 그런 일이 일어났을 때 올리버는 "정말로 과잉행동장애를 보이려고 했습니다." 상담 과정이 비디오로 녹화되고 일방경(one-way mirror)으로 관찰되었습니다.

> 그러나 저는 너무 엄격하게 보이려고 하지 않았습니다. 제게 '잠재적인 학대 엄마'라는 꼬리표가 붙어 있었기 때문이지요. 그래서 저는 가서 그 애를 잡으려고 하지 않았어요…. 그래서 저는 상담 장소에 들어가는 순간 잡았던 목덜미를 놓았어요. 형사처벌을 받고 싶지 않아서였지요. 올리버는 내 말을 들으려 하지 않았기 때문에 걷잡을 수 없이 달아났습니다. 저는 무능한 엄마예요.

다음 번에 거기 갔을 때, 당신은 올리버를 통제하는 방법을 배우게 될 것이라는 말을 들었습니다. 그것은 곧 올리버를 제지하는 방법을 배우는 것을 의미했습니다.

> 두세 살쯤에, 그것이 바로 올리버를 벌꺽 화나게 했던 것이지요. 그래서 올리버가 시끄럽든 또는 어떤 것이든 부정적인 것을 하기 시작하는 순간에, "자, 레나 씨, 올리버에게 그렇게 하면 안 된다고 말하세요."라고 하고 올리버가 대들면 "이제 그 애를 꽉 잡으세요."라고 말하게 되는 거예요.

당신과 올리버 둘 다에게 대단히 충격적이고 끔찍했던 이 경험에 대해 당신이 다시 이야기해 주었으면 좋겠습니다. 당신이 나에게 그것을 말하고 있었을 때, 우리의 고조된 감정을 분명히 볼 수 있었으며 당신을 휩싸고 있던 신체적 떨림이 되돌아와 우리가 이야기하고 있던 내 부엌 식탁에 다시 나타났습니다.

> 제 인생에 가장 끔찍한 경험들 중 하나로 끝이 났어요. 그들이 제게 올리버를 잡고 데리고 있도록 했기 때문이었어요. 저는 제지하는 방법, 뭐 그런 걸 알고 있어요. 제가 수년 동안 그걸 해 왔고 모든 과정과 워크숍에 참여했어요. 그들은 계속해서 이렇게 말했지요. "계속 하세요. 계속 하세요!" 글쎄요, 그게 올리버를 화나게 했어요. 우리는 의자를 넘어뜨렸어요. 그들은 계속해서 말했습니다. "올리버를 계속 잡고 있어요! 계속 잡고 있어요!" 올리버가 내 머리카락을 한 웅큼 잡아 뜯고, 제 안경은 날아갔습니다. 제 의치가 빠지고 부서졌어요. 그래도 그들은 계속 "더 힘껏 잡아요! 더 힘껏! 올리버, 네가 멈추자마자 엄마가 너를 놓아주실 거야."라고 말했습니다. 끔찍하게 긴 시간이었어요. 이 모든 게 일어난 것이, 우리 둘 다 이 방 온 데를 날아다닌 것이 한 30분쯤은 됐었을 겁니다. 제 머리카락이 날아다녔고, 제가 피를 흘리고 있었는지, 제 안경이 부러졌는지도 몰랐습니다. 결국 올리버가 힘이 다 빠지고 나서야 끝이 났습니다.

그저 말없이 조용히, 그 모든 것의 의미를 찾는 방법을 알아내려고 노력하면서 앉았을 때, 우리 둘 다 힘이 다 빠져 있었습니다.

끈질기게 되풀이되는 것들

저는 당신들의 이야기에 몰두해 있었습니다. 당신들이 받는 스트레스의 주된 부분들이 들춰지고 얼음 파편처럼 드러났습니다. 그들의 주장이 당신들의 가슴을 찔렀던 것처럼 제 가슴을 찔렀습니다. 당신들은 신뢰를 주었습니다. 제가 당신들의 말로 되돌아가는 것은 신뢰의 윤리를 가지고서 그렇게 하는 것입니다. 저는 당신들 모두가 밝히고, 너무나 깊이 느꼈던 스트레스 요인들의 혼합물로서, 아말감[3]으로서, 처트니(chutney)[4]로서 당신들께 이것을 바칩니다. 이것은 과거에 발표된 것이고, 어떤 부분은 이제 '옛날이야기' 입니다. 우리는 그 이야기들이 그저 그렇게 옛날이야기로 남아 있기를 기원합니다. 원래 복수의 목소리였던 이 스트레스 요인들을 통합하여 저는 하나의 목소리로 이야기합니다. 그리고 다른 말과 이야기들이 나오고 제가 그것들과 그것들의 미래를 경청해 왔다는 것을 알고 있습니다.

사이클이 오고 가고 오고 또 가고 또 오고
악몽이 다시 시작된다. 맥박이 다시 뛴다.
우리의 삶은 페이지들이 떨어져 나간, 완전한 새 책이다.
분노가 치민다. 매일매일 빠르게 상승한다. 처음으로 돌아가는
것이 더 낫지 않을 수도 더 나을 수도 있다.

3) 역주: 치과에서 사용하는 수은과 다른 금속의 합금.
4) 역주: 과일, 식초, 설탕, 향신료로 만드는 차가운 소스로 고기나 치즈와 함께 먹음.

내 목소리가 괴성을 지르고, 내 손이 올라가고 있나? 내가 떨고 있다.
더 이상 참을 수가 없고 심지어 알약들도 흘린다. 얼룩을 지울 수 없다.
일도 돈도 없다.
배신당했다.

내 귀, 내 귀, 내 귀, 깜깜한 밤에 고통의 신음소리는 더 심해진다.
내 몸에, 내 마음속에, 내 영혼에, 내 지갑에(청구서도 아무것도 없다), 피가 뛰는 내 심장에 되돌아오는 고통에 찬 내 비명소리
신용카드도 사라졌다. 두려운 타이레놀조차 사거나 가져올 수 없다. 공허하게 웅얼대는 목소리
해지된 은행계좌.

내 귀, 내 귀, 내 귀, 내 귀.
마실 것도, 먹을 것도 없다. 반송된 부도 난 수표로 모두 사야 하고, 게다가 아이는 침대 위에서 뛰었고 벽에 구멍을 냈다.
경찰이 잡아 간다.
메아리는 남아 있고
방에서는 잡혀 간 아이의 냄새가 사라진다.

짜증, 짜증, 짜증, 짜증, 짜증, 짜증, 짜증, 으아아악!
초인종을 누른다. 눌렀다가 뗐다가, 눌렀다가 뗐다가, 눌렀다가 뗐다가, 눌렀다….

아아아!

저속한 관리인이 지르는 괴성. 모든 것을 감독하는 여자가 쫓아낸다. 내가 지고 있는 이 짐, 짐, 짐을 누가 들어 줄까? 어깨는 쳐지고, 죄책감에 사로잡힌다. 마법사 블루제이스(Blue Jays)[5]처럼 만반의 준비를 하지만, 왜 즐겁지 않은 걸까? 좋은 일들은 거의 일어나지 않는다. 그가 옳고 내가 틀렸다고 말할까 봐 정말 두렵다.

너를 너무 여러 번 좋아하지 않을 때, 너무 여러 번 싫어할 때, 너를 향한 아무 느낌도 없을 때 내가 죄책감을 느껴야 하니?

아들아, 내 아들아. 내게 보여 줘…. 내동댕이쳐졌을 때 사랑하기가 참 힘들다. 내가 때때로 보는, 다른 사람들이 말하는, 내 아들임을 보여 줘.

사랑한다, 내 아들아.

아들아, 우리는 우리 아들을 원한단다. 그래 그렇단다. 사랑한다.

이것들이 당신들의 스트레스 요인들이었고, 제가 당신들의 이야기를 들었을 때 저의 스트레스 요인들이었습니다. 그리고 글을 쓰는 동안 그것들이 다시 제 심장을 찔렀습니다. 그러나 그 스트레스들 안에서, 그리고 그것들 주변에서, 경험이 "지식의 가장 확실한 저장소 중의 하나"(Goodrich, 1993)임을 당신들은 알아냈습니다. 앎은

5) 역주: 미국 메이저리그 소속의 캐나다 프로야구팀.

내부로부터 우리를 부르며, 당신들이 그 원천에 다다랐을 때 행위자와 실천을 위한 힘을 방출해 왔습니다.

우리의 관계와 당신들의 이야기에 몰두함으로써, 저는 여성/어머니들의 존재/앎의 방식의 강점을 발견했습니다. 그러고 나서 저는, 이것이 "개인적 · 실천적 지식이 구현화된 본질"(Johnson, 1989)이라는 것을 알았습니다. 여성으로서, 어머니로서, 당신들에게 구현화된 본질 말입니다. '기쁨과 가치, 의심과 신뢰'를 말하고 있는 Goodrich의 이야기와 같은 이야기와, 희망에 대한 자신들의 이야기로 당신들은 이러한 앎의 방식들을 보여 주었습니다.

여성/어머니들의 존재/앎의 방식

조앤, 로이드가 막 18개월을 넘겼을 때 당신은 그 아이에게 예방주사를 맞히기 위해 동네 보건소에 데리고 갔었지요. 거기서 당신은 다음과 같은 말을 들었습니다. "아시지요, 만약 아이를 다른 방식으로 돌봤다면 거의 키우지 못했을 거예요." 우리는 힘을 더해 주는 간호사의 말을 깊이 생각해 보았습니다.

> 저는 그 말을 제 방식대로(간호사는 다른 의미로 그렇게 말했을지도 모르지만) 해석했어요! 저는 간호사가 저를 칭찬한 것이라고 생각합니다. 간호사가 제게 했던 말은 제가 아이를 다룰 줄 알았다는 것이었습니다. 저는 조용하고 일관성 있었고 정말로 애정이 있었으며 로이드를 너무 잘 알았어요. 아마 분주한 아이들을 둔 엄마

는 주의 산만에 통달하기 때문인가 봅니다.

우리는 회피의 기술에 대해 이야기를 나눴습니다.

조앤, 정말로 무기력하고 모든 것이 무너져 내리는 듯했을 때, 당신은 조치를 취할 수 있을 만큼 충분히 당신 자신을 잘 알고 있었습니다. "징징거리고, 침울해지고, 그러면 저는 제가 '작은 고장'이라고 부르는 것을 앓게 되지요. 30분 정도 울면 제 자신이 가여워져요. 그리고 나면 정신을 차리고 새로 시작하지요." 그리고 당신은 다른 사람들에게 이렇게 말할 만한 고집이 있었습니다. "봐요! 당신보다는 제가 제 아들을 더 잘 알아요." 당신 자신뿐만 아니라 어머니와 할머니의 어린 시절의 상처에 대해 말하는 것과 당신이 "세대 간 기능장애"로 보는 것을 당신은 "중단하기로" 마음먹었습니다. 당신은 과거에 대해 말했습니다.

> 지금은 오래된 영화예요. 기본적으로 모든 사람들을 위해 춤추며 자랐는데 더 이상 춤출 수 없는 지점에 다다른 한 여성에 대한 영화예요. 우리가 이전에 가지고 있던 세대 간 문제들은 계속되지 않을 거예요. 저는 어머니의 인정과 사랑을 얻으려고 더 이상 노력하지 않을 겁니다. 항상 모자라는 것 같기 때문이죠. 어린 딸을 갖고 싶지만 딸이 있었다면 순환 고리를 끊기 위해 제가 훨씬 더 많은 책임을 졌어야 했을 것이라는 생각이 아주 강하게 들었어요.

당신은 "경계선을 설정했다."고 했으며 "소유권을 취했다."고 주장했습니다. 루이사, 네이트가 여섯 살이었을 때, 당신과 당신 남편은 "스스로 무엇을 하고 있었는지 알지 못했던" 때가 있었습니다. "우리는 이리저리 궁리하며—더 많은 책을 읽고 또 읽고—알아내려고 노력했습니다." 네이트의 성질을 다루는 하나의 방법으로 어떤 의사는 매트리스를 제외한 모든 것을 그의 방에서 없애라고 충고했습니다. "우리는 그렇게 해 본 적이 없어요. 그렇게 하지 않았어요. 그건 옳지 않았어요. 정말로 웃기는 일이라고 생각했어요." 당신은 나중에 그의 충고를 따랐지만 당신과 가족에게 성공적이지 못했습니다. 네이트에 대한 당신의 앎은 그가 "적응을 아주 잘할 수 있는 아이이고 어떤 상황이 그 앞에 펼쳐지더라도 적응하며 어떤 도전이 그에게 주어지더라도 잘 대응할 것 같다."는 것이었으며, 그것은 지금도 여전히 그렇습니다. 저는 이러한 적응력의 특성이 계속 변화하는 세상에서 살아가기 위한 커다란 가능성을 보장하며 많은 사람들이 이러한 도전에 대응하는 데 필요한 에너지를 열망한다고 생각했습니다.

당신은 이 뒤늦은 깨달음의 가치를 언급했습니다. 그리고 그것을 아이들의 차이를 이해하고, 깨닫고, 인정하기 위해 걸리는 시간과 연결시켰습니다. 실습은 실습을 필요로 합니다.

> 무슨 말인가 하면, 만약 네이트가 학교에 늦는다면 아니면 학교에서 집에 늦게 온다면, 얼마나 끔찍해요? 네이트가 교실에서 누군가를 밀친다면, 그건 그렇게 끔찍한 일은 아니에요. 둘째 아이에 대해서는 여전히 좀 긴장했어요. 셋째 아이에 대해서는—1에서 10까지의 눈금 위에 놓고 생각해요.—그렇게 하는 것이 일을 다루기에 훨씬 쉬워요. 그게 훨씬 편해요. 그러나 그 모든 것을 하룻밤

에 배울 수는 없어요. 그래서 저는 네이트에게 많은 경우 우리가 정말로 과잉반응을 했다고 생각합니다.

우리 둘 다 당신이 가지고 있다고 말했던 "높은 기대"에 의문을 가졌습니다. 네이트가 "그의 모든 장난감을 마루 한가운데 던졌을 때" 그것이 신경 쓰였기 때문에 당신이 네이트 방의 장난감 선반 위에 피셔 프라이스[6]사의 사람 모형들을 질서 정연하게 정리하는 것에 대해 말했을 때, 제가 미소를 지은 것은 그런 일 중의 하나가 기억이 났기 때문입니다.

그래서 저는 방에 들어가 다시 제자리에 놓곤 했지요. 저는 정리하는 것을 개의치 않아요. 실제로 저는 작은 선반을 정리하는 일을 좋아하지요. 하지만 도처에 항상 너무 많은 것들이 있어요. 네이트는 그저 그걸 치우고 싶어 하지 않아요. 그 애는 어지럽히고 거기서 놀고 그게 좋았던 거예요. 그러나 치우는 건 정말로 어려운 일이었어요.

우리는 걸음마기 아이에게 어떻게 그런 질서 정연함을 기대할 수 있었는지 궁금했습니다. 그리고 그것들을 '정상적인 것이 무엇인가?'라는 당신의 질문과 연결시켰습니다. 우리는 "당신에겐 단정함이 내게는 어수선함을 의미할 수도 있고 그 반대일 수도 있음"을 논의했습니다. 당신은 "제 집은 한 번도 정돈되었던 적이 없었어요. 지

6) 역주: 미국 완구용품의 상표.

금도 제 집은 깔끔하지 않아요."라고 말했습니다.

> 하지만 제가 배우지 못한 것들도 있어요. "이걸로 게임하자."와 같은 것 말이죠. (네가 이걸 하면 나는 이걸 할게. 이제 네 차례고 이제는 내 차례지?) 그래요. 저는 그것을 아직도 배우지 못했어요. [그리고 당신은 즉각적인 복종을 기대합니까?] 저는 그렇게 생각해요. 네! 그래요. 저의 부모 노릇은 그때의 그것과는 너무나 다릅니다. 막내아들은 물건들을 그다지 잘 치우지 않아요. 전혀 치우지 않아요. 하지만 이것 또한 지금은 그때처럼 큰 문제가 아니에요. 아세요? 그게 후회가 되요. 그렇지만 저도 그저 다른 사람들과 같고 어떻게 해야 하는지 배워야만 한다는 것을 이해하고 있어요. 그냥 배워야 합니다.

배움을 위한 우리의 능력은 성찰과 함께 향상됩니다. 그렇지요? 당신들은 당신들의 이야기로 우리에게 그러한 향상을 보여 주었습니다. 각자 자신의 아들에 대한 고유한 경험과 서로 다른 존재 방식을 기술하면서 당신들 모두가 공유했던 차이들에 대해 생각할 때, 그것은 당신들의 구축된 지식이 당신들의 실천에 근거하고 있다는 것을 제게 확인시켜 줍니다.

캐롤라인, 당신은 로저 개인의 보물에 대한 사생활과 보호를 위한 그의 바람과 요구를 이해했기 때문에 이에 따라 행동했고 그것들이 안전하도록 보장해 주었습니다. 당신은 "들어 보세요! 다시 도움이 필요해요. 제가 한 번 가도 되나요?"라고 언제 말해야 하는지 알 만큼 라이언을 충분히 잘 이해하고 있었습니다. 집단 상담을 제안받았을 때, 당신에게는 집단 상담이 적합하지 않다고 말할 만큼 당신은 자신을 충분히 잘 알고 있었습니다. 캐롤라인, 당신은 모욕적인 관계를 떠났을 때 자신감이 생겼고, 능력 있고 실천적이며 보살피는 여성과 어머니로서의 자신에 대한 확신이 확고해졌습니다. 당신은 자신과 아이들을 위해 안전한 가정을 꾸렸고, 직장도 얻었으며, 재정문제를 해결했으며, 당신 그리고 당신의 아이들과 함께 일하는 전문가들에게 협력했습니다.

> 일들이 다시 산산조각 나고 있을 때… 제가 얼마나 빨리 모든 것에 즉각 뛰어들었는지 몰라요. 복지센터에도 가야 되고, 이것도 해야 되고, 수표도 돌려받아야 하고, 두 주 안에 모든 것을 끝내야 했어요. 셀 수 없이 약속이 많았어요. 첫 번째보다는 두 번째가 더 쉬웠어요. 첫 번째에 저는 일종의 풋내기였지요.

당신은 신나는 편지를 제게 써 보냈고 저는 다음번 편지에 그 이야기를 포함시키는 것을 허락해 달라고 당신에게 요청하려고 합니다. 앞서 당신은 제게 당신의 삶이 지금 더 순조롭게 진행되고 있고 더 안정되었으며 모든 것이 이전과 같지 않을 것이라고 말했습니다. "온갖 어려움을 겪은 후, 이제는 이렇게 말하기가 아주 쉬워졌어요. 참지 않을 거야." 당신은 또한 자신과 로저를 위해, 관계에 있어서의 신뢰가 성찰과 행동의 에너지를 가져다줄 어떤 것임을 알고 있습니다.

Le Guin(1989)은 그녀의 에세이 *The Fisher Woman's Daughter*에서, '책과 아기의 신화(books or babies myth)'의 정체를 폭로합

니다. 이 신화는 여성들이 예술가가 되면서 동시에 아이를 가질 수 없다고 말하며, "(여성들이) '어머니 역할'을 수용하는 것은 공적, 정치적, (또는) 예술적 책임감에 위배된다는 이론"(p. 235)입니다. 그녀는 또한 "이성애자 여성들이 페미니스트가 되는 것은 사실상 불가능하다고 계속 주장하는"(p. 234) 부류의 페미니스트들의 배타주의적 입장에 반대합니다. Le Guin에 의하면, 그들은 이에 대한 근거를 "우리 사회가 이성애자 아내, 특히 어머니에게 부여하는 물질적 혜택과 사회적 승인이 이런 혜택을 덜 받는 여성들과의 연대를 막는다."(p.235)는 데 두고 있습니다. 반대로 Le Guin은 "아내/어머니 역할에 억류된" 여성들에게 페미니즘이 "목숨을 구하기 위해 불가피한 일"임을 알았던 것은 그녀의 경험으로부터라고 말합니다.

> 우리 사회가 가정주부-어머니에게 부여하는 특혜와 승인은 실제로 무엇으로 이루어지는가? 끝없는 광고의 대상인가? 감상적인 말썽꾼들은 가정주부-어머니를 집에서 사과파이나 만들고 있는 사람으로 취급하는 반면, 심리학자들은 어머니에게 아이들의 정신적 안녕에 대한 전적인 책임을 부여하고, 정부는 아이들의 복지에 대한 전적인 책임을 부여하고 있지 않은가? 내가 아는 모든 여성들에게, 사회적 '역할'로서의 어머니 역할은 다른 모든 사람들이 하는 모든 일에 더하여 아이를 키우는 일까지 떠맡는 것을 의미한다(Le Guin, p. 235).

그녀는 이것이 그녀 자신이 아닌 사회의 요구이자 기대라고 주장함으로써 그녀가 '슈퍼우먼 증후군을 지지하고' 있다고 말하는 사람들에게 응답합니다. 그녀는 여성들이 아이를 가지면서도 창의성을 발휘할 수 있다고 믿습니다.

슈퍼우먼 증후군은 도달하기에 어려운 것이기도 하지만, 누가 그것을 원하겠습니까? 레나, 당신이 원했습니까? "높은 평가를 받지는 못하지"만, 학교가 부를 때를 대비해 집에 있을 자유(?)와 올리버가 5일 동안 정학을 받았을 때 집에 남아 있을 자유(?)를 주었던 직장을 위해 단정한 옷과 좋은 급여의 행정직을 포기했을 때, 당신은 이미 슈퍼우먼/어머니였으며 집에 남아 있던 사람이었습니다. 다시 반복해서, 캐롤라인, 매서운 바람이 불고 눈이 내리는 아침, 슈퍼마켓 출납원 일을 가기 전에 아이 둘을 탁아소에 데리고 가기 위해 두 팔에는 라이언을 반쯤 안고 달래고 로저를 질질 끌면서 버스 정류장으로 가던 그런 날들에, 자신이 슈퍼우먼/어머니였다는 사실을 당신은 알았습니까? 그리고 슈퍼우먼/어머니였고 일을 했든 안 했든, 학교 협의회, 의사 약속, 수영레슨, 하키게임, 보이스카우트, 동생들, 그리고 끝나지 않는 목록들을 계속해서 지켰던 조앤과 루이사, 당신들은 어떻게 생각하는지 궁금합니다. 루이사, 당신이 아이와 상호작용하는 방법을 관찰하러 일주일에 두 번 당신 집에 왔던 '멋진 남자'가 당신이 '정말 훌륭하게 하고 있기' 때문에 자신이 도울 수 있는 일이 없다고 말했을 때, 그 감시가 끝난 후에 당신은 슈퍼우먼처럼 느꼈습니까? 제가 생각하기에 당신들은 항상 당신들이었고, 현재도 당신들 자신이며, 미래에도 당신들 자신이 될 것입니다.

*Heroines*에서 Goodrich(1993)는 과거 여성 주인공의 삶을 바탕으로 하는 오페라, 소설, 영화를 만들기 위해 그들의 삶이 어떻게 다시 이야기되어 왔는가를 보여 줍니다. 그녀는 그들의 "독특한 문제들"에 대해 이야기하며, 비록 그들이 우리를 즐겁게 해 줄지라도,

"만약 우리가 그들을 잊을 수만 있다면 그렇게 하도록" 그들이 얼마나 자주 우리에게 요구하는가를 말합니다. "카르멘은 우리에게 무엇입니까?"라고 그녀는 묻습니다. 그러나 만약 카르멘이 무대 밖으로 나와서 그녀 자신의 목소리로 우리에게 말했다면, 그녀는 "우리의 거짓된 자신감을 책망할 것입니다."

> "당신은 직장에서 경쟁자를 만난 적이 없습니까?" 그녀는 물을 것이다. "큰 도시에서 혼자서 독립생활을 해야만 한 적이 없습니까? 아주 매력적이지만 가치가 없는 사람과 사랑에 빠져 본 적이 없습니까? 단 한 번의 속도위반 딱지도 받아 본 적이 없이, 극히 사소한 위반조차 저지른 적이 없습니까? 사랑하는 사람에게 그가 당신의 얼굴을 때렸기 때문에 다시는 당신 곁에 오지 못할 것이라고 말해야만 한 적이 없습니까? 망신을 당하고 잊어야만 한 적이 없습니까?" 여주인공들은 그랬었다고 카르멘은 말할 것이다. 그들은 굴욕, 차별, 패배를 견뎌 내는 방법에 있어서 우리에게 연달아 교훈을 준다(p. xvi).

제가 그 단락을 읽을 때 당신들은 누가 생각났습니까? 제가 당신들의 삶을 반추했을 때 용기라는 단어가 제 입가에 여러 번 맴돌았습니다. 당신들은 위에 열거된 그런 부정적인 명사들을 알았습니다. 그리고 우리 모두는 당신들로부터 많이 배울 수 있었습니다. 당신들의 아들들이 고유하고 서로 다른 것처럼 당신들의 실천적 앎으로부터 자라는 강점도 고유하고 서로 다르기 때문입니다. 그러한 강점들은 당신들의 실존적 자아와 당신들의 삶, 그리고 그것들에 대한 당신들의 이야기와 성찰을 통해서도 생겨납니다. 저는 당신들의 자아감을 지속시키고 타당하게 만드는 모든 경험들을 우리를 위해 강화하고 싶습니다.

캐롤라인, 당신은 당신 삶의 폭력적인 긴장과 인연을 끊을 수 있었습니다. 천천히, 천천히 당신 내부에 쌓아 왔던 것이, 폭력 행동의 가능성을 응시할 수 있도록 했던 것이 분노였습니까? 당신이 상상하고 마음속에 그려 보았던 것에 대해 제게 이야기했을 때 우리 둘 다—다소 심하게—웃었습니다. 그리고 저도 마음속으로 똑같은 생각과 상상을 했었음을 당신과 공유했습니다. 그러나 그런 생각들이 당신 존재에 떠올랐을 때, 당신은 떠나야만 한다는 것을 알았습니다. 그리고 당신은 그랬습니다. 친숙한 것에서 낯선 것으로 옮겨야 했던, 그래서 불확실성과 복잡한 관료체제를 헤치고 나아가야만 했던 사람들은 그렇게 하는 데 얼마나 많은 노력과 에너지가 필요한지 압니다. 당신의 핸들 조정은 당신이 떠났던 남편에 대한 범죄수사, 소송, 그의 투옥이라는 백색 소음[7)]을 동반했습니다.

후에 당신이 사람들과의 관계들에서 주기 어려웠던 신뢰가 새 파트너에 의해 무너지고 그래서 그와 헤어졌을 때, 당신은 복잡한 약속과 활동들을 통해 한 번 더 자신의 자리를 찾았습니다.

> 그가 너무 불쌍했어요. 하지만 한편으론 그런 일이 일어난 게 기뻤습니다. 모든 게 너무 스트레스였어요. 저는 항상 걱정했습니다. "오, 이런, 오늘 밤 이 사람이 얼마나 많이 마시려고 하는 거지?" 이제 모든 게 끝났어요. 저를 놀라게 했던 건 이 모든 것들을 제가

7) 역주: 텔레비전 · 라디오의 주파수가 맞지 않을 때 나는 것과 같은 소음.

너무 쉽게 잘 이해했었던 것이지요. 그냥, 그렇게 되었어요.

당신은 5일 동안 다섯 개 이상의 약속이 있었습니다. 그리고 그 약속 장소는 모두 당신이 살고 있던 곳으로부터 멀리 떨어져 있었으며 당신은 모든 어려움을 잘 이겨 내고 나아갔습니다. "맞아요. 아이 한 명이 더 생겼는데도, 혼자서도 저는 잘했어요."

당신의 자신감은 상반되는 두 가지 사이에서 약해졌습니다, 그렇지요, 루이사? 네이트가 집에 왔던 주말에 일어났던 일들과 당신이 경험한 그와의 상호작용이 어땠는가를 부모 그룹과 토의했을 때, 당신은 그들이 다음과 같이 말하는 것을 들었습니다. "와! 정말 잘했어요." 당신은 아이디어의 교환이 도움이 된다는 것을 알았습니다. "그런 모든 기술을 배우는 것은 당신에게 엄청나게 많은 자신감을 가져다줍니다. 그 도구들로 당신은 자신감을 찾는 것을 배웁니다." 그런 배움과 당신의 반응에도 불구하고 당신은 "이 시점에서, 여전히 우리가 무언가 잘못된 것을 하고 있다는 느낌"이었고, "저는 여전히 그렇게 느껴요."라고 했습니다. "이 시점에서"란—마치 당신이 "잘못된 무언가"를 하고 있었던 양—여전히 "그런 것처럼" 느꼈을 때인, 우리가 대화하기 2년 전을 말합니다. 네이트가 아기였을 때 일하는 것에 대해 당신이 어떻게 느꼈고 그것이 "너무나 어렵다"는 것을 어떻게 알아냈는가를 제게 말했을 때, 저는 억울한 감정에 대해 당신에게 물었습니다.

저는 그런 사람이 아니에요. 그보다는 훨씬 더 수용적이라고 생각하는데요? 일하러 가기 하루 전날에는 억울해했는지도 몰라요.

일하러 가는 날에 저는 이게 제가 하고 있는 일이라고 받아들였어요. 하지만 잠재의식 속에서, 그리고 깊이 어딘가 감춰진 곳에서는 아마 억울해했을지도 몰라요. 그렇지만 제가 억울함을 의식하고 있었다고는 생각하지 않아요.

저는 "수용은 굉장한 능력입니다. 당신은 여전히 그걸 가지고 있습니까?"라고 물었고 당신은 다음과 같이 답장했습니다. "네, 그래요. 어느 정도는요. 그렇지만 이제 저는 더욱더 변화를 줄 수 있을 것 같다고 생각해요. 저는 시도하는 것에 대해 더 자신감 있고 힘이 있다고 느낍니다. 일이 제 맘에 안 들면 가만히 못 있어요."

1년 후, 당신에게 여러 변화가 있었습니다. 그런 변화들 중 몇몇은 네이트, 그리고 가족과의 관계에서 당신이 중요하다고 생각하는 것들입니다. 이제 네이트는 "분리학급이 더 이상 존재하지 않는" 고등학교에 들어가서 생활하고 있습니다. '누구 또는 무엇이 존재하지 않는지' 우리는 서로에게 물었습니다. '분리학급인가? 또는 문제 행동을 지닌 학생들인가?' 요구와 범주들이 얼마나 불가사의하게 사라지는지 참 흥미롭습니다, 그렇지요? 누가 또는 무엇이 그렇게 사라지도록 몰고 갔는지 저는 궁금합니다. 이제 당신은 풀타임 학생입니다. 이것은 수평선에 솟아오르는 엄청난 분수령 같은 것입니다. 당신에게 있어서의 이러한 변화는 이전과는 다른 방과 후 학교 시간 편성과, 최근 당신이 제게 설명했듯이, 만약 당신이 수업이 있으면 남편이 네이트의 시간표와 학업 상황을 논의하기 위해 학교에 가야 하는 것을 포함하여 가족 스케줄의 재편성이라는 결과를 가져왔습니다. 당신은 "이 모든 것이 우리 집의 역학을 영원히 바꿔 놓았어요."라고 말하고, 잠시 쉬었다가 "어떻게 말해야 하나요? 이제 좀 다르게 접근해요. 걱정하거나 조바심 내지 않아요. 저는 이제 어떤 게 중요하고 중요하지 않은지를 잘 알아요."라고 말했습니다. 당신 말투의 음색이 자부심과 자신감을 완전히 깨닫게 되는 미래를 보장했습니다.

조앤, 우리가 처음 만났던 저녁에, 당신은 제게 "저는 사람들과 어울리기를 좋아하는 사람이고 말하기를 좋아해요."라고 했습니다. 그러고 나서 우리 둘은 함께 많은 이야기를 나누었고 이야기가 끝나기 전에 녹음 테이프가 끝났습니다. 우리는 계속 이야기했습니다. "제가 상황을 잘 읽을 수 있다면, 사람들이 필요로 하는 것을 주는데 아주 빨리 적응할 수 있어요. 저는 아주 빨리 즉각 생각할 수 있어요." 당신은 당신의 직장 상황을 말하고 있었지만 제가 당신이 말한 것을 생각했을 때, 그리고 당신의 이야기를 더 들었을 때, 당신이 '사람들과 어울리기를 좋아하는 사람'이라는 능력과 로이드와의 삶을 통해 '즉각 생각하는' 능력을 의미했다는 것을 알게 되었습니다. 그렇게 해서 당신은 문제 상황으로부터 배울 수 있었으며 그러한 문제들 때문에 당신의 자부심이 약화되지는 않았습니다.

당신은 경제적으로 전략적이어야 했고 하숙인에게 두 개의 방을 세 줌으로써 집에서 사생활을 다소 잃게 되었습니다. 당신은 "고지서를 납부하고 로이드를 위해 일관성을 유지하기 위해서" 일을 했을 뿐만 아니라, 방을 세 주었습니다. 당신은 로이드가 세상에서 존재하는 고유한 방식을 이해하고 있었으므로 일관성은 로이드의 삶에서 그의 안녕을 위해 중요하다고 느꼈던 하나의 요소였습니다. 당신은 또한 생활방식 측면에서 하향세를 보이는 여성들의 통계 수치를 나타내는 데 일조하고 싶지 않다고 강조했습니다. 당신의 현재 파트너는 당신의 "판단을 믿습니다." 그리고 당신은 운이 좋게도 당신이 지니고 있는 여성/어머니의 앎을 알아보고 당신의 요구를 성찰할 시간과 공간을 주는 가족 주치의와 정신과 의사를 찾았습니다. 정신과 의사는 당신에게 다음과 같이 말했습니다. "그 '약' 에 대한 의견을 듣고 싶으면 언제든지 오세요. 당신의 결정을 대신 내려 주기 위해 제가 여기 있는 것은 아닙니다." 당신은 당신의 관점에 대한 세심함을 보여 주는 그에게 감사했습니다. 당신이 앞서 제게 말했듯이, 당신은 항상 많은 전문가들뿐만 아니라 친구와 아버지를 포함한 "훌륭한 지원체제"로 축복받았습니다. 그리고 당신이 말했듯이, 당신의 자기이해는 "내면의 자아"를 포함하며, 당신은 "아주 강하고 아들이 계속 살아가도록 하기 위해 강해져야만 합니다."

레나, 당신이 제게 매일 전문적 활동들을 어떻게 이행하는가를 기술했을 때, 지금은 전남편인 아이들의 아버지가 "집안 살림을 도맡기 위해 노력하면서" 아이들과 집에 머물렀던 반면, 당신의 성취는 빛을 발했고 당신이 해 왔던 일들을 자랑스럽게 생각하게 되었습니다. 당신은 특정 집단의 성인들과 함께 일한 경험에 근거하여, 그들 개개인의 요구를 충족시키는 대학 교재 시리즈를 집필했고, 대륙을 횡단하면서 그것을 발표하고 다녔습니다. 당신의 전문직에 대한 만족은, 당신이 이후에 기술하였듯이, "수년 동안 상승했던" 패턴과 계속해서 병치되었습니다. 그 패턴은 "교실에 들어가기를 거부하고 책상을 엎으려고 하며 그룹 프로젝트의 일원이 되기를 거부하고 선생님들에게 상당히 자기주장이 강한" 어린 아들을 두는 것이었습니다.

그 애는 점점 더 어려움이 많아졌어요. 다른 아이들은 읽고 쓰는 것을 배웠는데 그 애는 그렇지 못했기 때문이죠. 하지만 그 애는 한 시간에 100마일 정도는 가는 엄청난 작은 두뇌를 가지고 있었어요. 그리고 변태니 나비니 그런 것들을 말하고 싶어 했어요. 그 애는 '멍청한 그룹', 그 애 말로 '멍청한 아이들'인 점점 더 수준이 낮은 그룹으로 가게 되었지요.

당신은 그 애가 자기비하하는 어조를 쉽게 흉내 내며 그가 한 말을 제게 툭 던졌습니다. 자신들을 '멍청한 아이들'로 생각하는 그런 어린아이들이 비슷한 배제를 당한 자신들의 처지를 애통해하는 이구동성의 목소리가 먼 배경에서 내 귀에 들려 왔습니다.

연극에 대한 당신의 관심이 또한 당신의 아이들에게도 보였습니다. 큰딸은 여러 지역사회 제작 연극에 참여해 왔고 올리버는 열렬한 관중입니다. "정말 흥미로워요. 올리버는 배역들을 모두 알고 싶어 해요. 그리고 그들은 모두 올리버를 좋아합니다. 그 애가 조숙하고 흥미롭고 말을 잘하기 때문이죠." 공연물의 녹음테이프로부터 올리버는 즉석에서 장면을 만들어 냅니다. "올리버가 너무 좋아해서 그것들을 상연하고 우리가 함께 노래를 부른 이야기들이 몇 개 있어요." 작년 여름, 올리버는 "〈한 여름 밤의 꿈〉을 두 번, 아니 세 번을 끝까지 앉아서 봤어요." 또 다른 연극 공연에서, 관중석에 앉아 있는 올리버의 정신과 의사를 본 것에 대해 당신은 말했습니다.

그녀는 참 좋은 사람이에요. 저는 정말 그녀가 좋아요. 무슨 말이냐 하면, 우리는 이 커다란 짐을 어깨에 지고 있었고 시간이 좀

> 걸렸지요. 저는 제가 연극에 관여하고 있고 그 일을 참 좋아한다고 그녀에게 말했는데, 그때 그녀가 극장에서 걸어가고 있는 올리버를 보았어요. 올리버는 극장을 소유한 사람처럼 걷고 있는 것이 아니라 그저 자기가 이미 만났었던 많은 다른 출연자들과 아주 편안하게 이야기하고 있었어요.

당신은 올리버에게 그녀에게 가서 "안녕하세요?"라고 인사를 하라고 했습니다. 그리고 올리버는 그렇게 했고 당신은 "우쭐한 느낌"이 들었습니다. 당신은 그것이 당신을 한 인간으로서, 가족으로서 입증해 주었다고 느꼈습니다. "그래요. 저는 진흙탕에서 뒹굴고 있지 않아요. 그렇게 스트레스 받지 않지요. 저는 그저 그 극장에 갑니다." 레나, 당신은 처음에 올리버에게 요구했던 것으로 되돌아옵니다. "친구들과 놀고 있는 올리버의 비디오를 가지고 올게요. 이웃에게 이야기해야 하지 않나요?"

이 편지는 여성/어머니들의 뼛속에 스며들어 온 그들의 앎의 모든 부분들에 열려 있습니다. 과거가 현재였을 때 과거가 불확실했던 것처럼 미래도 불확실하다는 것을 이해하기 때문에, 그리고 우리가 알아낸 강점들 덕분에 자신들을 소중하게 여기기 때문에, 당신들은 당신들이 경험한 일들의 스트레스를 견뎌 내고 있습니다. 저의 다음번 편지에서는 많은 것들을 성찰해 볼 것이며 당신들과 그것을 공유하기를 기대합니다.

안녕히 계십시오.

조이-루스 올림

Chapter 5

성찰과 미래

11월/12월

조앤, 레나, 루이사, 그리고 캐롤라인 씨께,

저는 지금 이 편지에서 무엇을 말하고 싶은지 생각하고 있습니다. 제가 공동연구자들인 당신들과 함께 연구에 참여하면서 이 탐구가 제게 무엇을 의미했는지에 대해 이야기한다면, 눈망울을 굴리며 크게 웃고 한숨 지을 당신들이 떠오릅니다. "저런! 또 시작이군요." 당신들이 맞아요. 저는 그것을 여러 편지에서 몇 번이나 말했습니다. 그렇지만 일 년 이상이나 매일 제 삶에 당신들을 품었던 것이 어땠는지 아시는지요? 당신들은 저의 또 다른 자아 같았습니다. 제 자신의 양심뿐 아니라, 네 명의 양심을 속이는 일은 제게 어려웠습니다! 당신들은 이렇게 이의를 제기했지요. "어떻게 그 부분을 생략할 수 있어요? 그건 그 당시 제 인생에서 중요했어요." 그리고 물었습니다. "당신은 왜 내가 정말 그렇다고 생각했지요?" 그리고 농담했습니다. "오! 조이-루스, 당신 잘못 알았어요!" 그리고 계속해서 우리의 대화에 몰두하면서, 당신들은 대답했습니다. "네. 그렇게 말했었지요. 하지만 지금 들으니 그때만큼 그렇게 중요하게 생각되지 않아요. 우습지요?" 그리고 "지금은 좀 다르게 느껴요." 이 모든 것이 당신들에게 뜻밖인지 궁금합니다. 아마도 아닐 거예요. 최근의 대화들에서, 당신들이 제 삶의 구석구석에 있었다고 제가 말했기 때문입니다. 제가 전화를 할 때마다 당신들은 우리가 함께 모일 날짜를 정하고 제게 말했습니다. "그런데 말이에요, 저도 당신을 생각하고 있었어요. 그리고 당신이 아마도 곧 전화를 할 것임을 알았지요." 상호호혜와 공감의 느낌이 너무 좋았습니다.

제 내러티브에서 이 편지가 공식적으로는 마지막이 될 테지만, 우리가 함께 나누는 대화가 끝나는 것은 아닙니다. 우리의 축제 날이 거의 정해졌기 때문이지요. 12개월이 넘는 동안 제가 적극적으로 몰입하여 해 왔던 것을 한 번 더 할 시간입니다. 그것은 당신들의 이야기와 제 이야기를 생각하고 그 이야기들이 모두 공동연구자들인 당신들과 제게 의미하는 바를 성찰하는 것입니다.

성찰에 대한 성찰

성찰의 과정에서 저는 제 자신, 당신들, 아들들과 함께한 당신들의 삶에 대해 많이 배웠습니다. 이 성찰에서 제가 알아낸 것이 단순히 우리가 발전시켜 온 감정적 관계 때문에 얻어진 '생각과 느낌이 아니라', 제 자신의 '비판적' 인식을 통해 걸러진 것임을 당신들과 우리의 독자가 '믿고 싶어 한다.'는 Schon(1992)의 주장을 저는 염두에 두어야 합니다. Schon은 제 자신의 이야기 때문에 제 이해가 당신들의 이해와 다르거나 당신들의 이해에서 확장될 가능성을 이야기합니다(p. 356). 우리는 함께 그런 몇몇 차이점들을 알아냈고, 저는 우리의 대화를 확장시켰던 질문을 당신들에게 던졌습니다. Schon은 "모든 연구 결과는 실재를 누군가가 구축해 놓은 것"임을 제게 상기시켰습니다. 그리고 저는 그 실제의 서로 다른 이야기들에 목소리를 부여해야만 합니다. 저는 이 편지에서 그런 차이점들, 그리고 유사한 점들을 공유할 것입니다.

Dewey(1938)는 성찰의 행위가 그 자체로 탐구의 형태라고 믿었습니다. Greene(1994)은 Dewey가 Hegel의 연구와 사상을 접하고 우리의 앎의 방식에 대한 그의 철학으로부터 상당히 영향을 받았다고 말합니다. "Hegel은 Dewey에게 능동적이고 적극적인 유기체와 환경 간의 복잡하고 역동적인 교호작용의 시각을 제공했다." (Greene, 1994, p. 433). 이러한 영향으로부터 Dewey는 "앎의 행위에 상호작용적이고 상호교호적인 지향"(Greene, 1994, p. 433)에 근본이었던 철학적 접근의 재구성을 추구했습니다. 그러한 철학자들의 영향력 있는 말과 우리가 함께 보낸 시간에 얻은 것 간에 커다란 차이가 있습니까? 저는 그렇지 않다고 생각합니다. 우리는 상호작용적인 교호작용에 몰두했었고, 앎의 방식을 알아내려고 노력하는 데 솔직했습니다.

제 공책과 메모지는 물음표로 가득합니다. 종종 이른 아침에 애를 먹이는 문제들에 대한 깨달음을 얻기도 하는데, 제 동료들은 자신들도 이런 경험을 한다고 말합니다. 지금은 새벽 4시입니다. 이 탐구를 시작할 때 제가 던졌던 질문은 마치 반투명한 얇은 천이 바람에 이리저리 휘날리는 것처럼, 머리 위의 도처에서 맴돕니다. 질문은 항상 거기에 있었습니다. 행동장애를 가진 아들과 함께 살아가는 경험이 당신들에게 무엇을 의미합니까? 저는 당신들의 이야기를 일반화시키지 않을 것이지만, 유사점과 차이점을 이야기할 것입니다. 저는 이런 것들을 우리의 성찰이 계속되었던 이전의 편지들에서 언급했습니다. 더 곰곰이 생각하면서, 이제 제가 새로운 앎에 대한 새로운 관계를 알아내야 할지 고민하고 있습니다. 그리고 나서는 제가 그렇게 해야 하고, 제 관점으로부터 이전에는 숨겨져 있던 패턴들을 끌어내야 한다는 것을 깨닫습니다. 이렇게 하는 것이 이 탐구의 정신과 일치할 것입니다. 탐구와 성찰은 지식을 생성합니다.

Lyons(1990)는 Nussbaum의 이러한 주장을 인용합니다. 그녀는 이야기를 표현하는 우리의 방식이 "인간의 이해에 대한 관점을 표현한다."고 믿습니다. Nussbaum은 소포클레스의 연극 〈Antigone〉에서의 합창 가사를 언급하고 있습니다. 이 인용문의 처음 두 단어를 저는 '우리들의 이야기'로 대체하고 싶습니다.

> 가사(우리들의 이야기)는 구체적인 단어와 이미지, 사건들에 대한 지속적인 관심과 (재)해석을 통해 일어나는 성찰과 (자기)발견의 과정 둘 다를 우리에게 보여 주고 불러일으킨다. 우리는 사건을 일반적인 규칙 아래 포함시키거나 그것의 특성을 고상한 과학적 절차의 용어에 동화시킴으로써가 아니라, 우리가 그것을 더 진실하게 보고 더 풍부하게 기

> 술하도록 할 이미지와 연관성들을 찾아내면서, 특정한 것의 깊이를 파고듦으로써 사건에 대해 성찰한다…(Lyons, 1990, p. 159에서 재인용).

이제 제 자신에게 던지는 질문은, "당신들의 이야기에서, 당신들이 제게 말하고 있는 것이 무엇입니까?" 입니다. 저는 당신들과 독자들이 지루해서 죽을 정도로 반복함으로써, 중언부언하게 될까 봐 두렵습니다. 마지막 구절은 친숙하게 들립니다, 그렇지요? 이 내러티브 초기에 제가 당신들에게 그러한 말을 썼습니다. 그러고 나서 저는 목차의 제목들이 우리의 관계, 패턴, 주제들을 반영하고 있지 않나 궁금했습니다. 제 대답은 진심으로 "네." 입니다. 몇몇은 의미가 표면에 드러나도록 직접적으로 반영하고 있으며, 다른 것들은—탐구의 과정을 재차 분명하게 하면서—푸는 노력을 요구하는 크로스워드 퍼즐의 힌트와 같습니다.

*Peripheral Visions*라는 책에서 Bateson(1994)은 "경험으로부터의 학습 방식을 제시하기 위해" 이야기와 성찰을 함께 엮습니다.

> 이야기가 어디에서부터 오든, 그것이 친숙한 신화이든 개인적인 기억이든, 다시 이야기하기는 하나의 패턴을 또 다른 패턴과 연결시키는 전형적인 예가 된다…. 우리 같은 종(species)은 은유로 생각하고 이야기를 통해 배운다(p. 11).

저는 처음에, 당신들의 이야기 패턴과 관계들을 가지고 작업하기 위한 공간을 제게 허용했던, 큰 칠판에 대해 말했습니다. 그리고 저는 그것들이 어떻게 여기저기 또는 또 다른 공간에 들어맞을까 생각했으며, Bateson이 비슷한 경험에 대해 쓴 것을 찾아냈습니다. 그녀는 계속 다음과 같이 쓰고 있습니다.

> 때때로 어떤 범주에 맞을 것 같은 내러티브가 또 다른 범주로 바뀐다. 이런 모든 것들이, 자신과 세상의 실제가 상대적이고 맥락과 관점에 달려 있다는 것을 다양한 경험을 접하고 비교함으로써 학습하는 방식들이다. 우리는 변화와 다양성의 세계에 살고 있기 때문에, 오직 주변적으로(peripherally) 볼 때만이 다양한 관점들로 들어가게 되는 특권을 받는다…(p. 12).

당신들의 이야기를 다시 들을 때 길이가 계속 길어져서, 대강 적는다는 것이 긴 목록이 되었습니다. 저의 '비판적 인식'이 만족할 만한지 걱정입니다. 측정 은유라는 유령이 다시 나타났을 때 저는 심지어 틱-택-토 판[1] 같이 생긴 좀 우스운 그림을 그리기도 했습니다. 처음, 중간, 끝에 체크와 가위표를 하고, '네/아니요/아니요/아니요' 또는 '네/네/아니요/네'에 동그라미를 그렸습니다. 모든 것이 '아들의 심각한 읽기 문제' '전문가와의 신뢰적 관계' '아들의 약물치료', 그리고 '어머니의 강인함' 같은 제목하에 포함되었습니다. 그것을 하면서 웃었는데, 그런 단선적인 과정에 몰두했을 때 그것이 무엇을 의미하는지 저는 알고 있었기 때문입니다. 그것이 일 년에 걸친 우리의 우정뿐 아니라 당신들의 이야기로부터 나온 앎이라는

1) 역주: 두 명이 번갈아 가며 O와 X를 3×3판에 써서 같은 글자를 가로, 세로, 혹은 대각선상에 놓이도록 하면 이기는 놀이.

것을 저는 직감적으로 확신했습니다. Connelly와 Clandinin(1993)은 이러한 종류의 앎에 관해 다음과 같이 주장합니다.

> Connelly: 우리는 이야기와 내러티브의 관점에서 접근하면서 특별한 방향에서 성찰적인 실천을 하고 있는 우리 자신을 봅니다. 우리가 그 이슈를 볼 때, 우리는 사람들의 개인적이고 전문적인 지식에 담겨 있는 것이 무엇인가 묻습니다. 그것은 그들이 통과한 테스트 종이 한 장에 적혀 있는 것과 같은 것이 아닙니다. 그것은 그들의 감정과 가슴 속, 그들의 뼛속 깊이 담겨져 있는 것과 같은 것입니다. 그것은 어떤 일이건 그것을 특정한 방식으로 해 온 긴 역사에 근거하여 반응합니다…(p. 5).

특별한 어머니들, 당신들은 모자이크의 각기 다른 조각입니다

당신들의 이야기로 향상된 저의 앎은 당신들의 아들들이 그런 것처럼, 당신들 역시 특별하고, 당신들의 경험 또한 특별하다는 것입니다. 몇몇 이야기에서는 당신들의 경험과 그것들에 대한 이해가 비슷합니다. 다른 이야기들에서는 전혀 그렇지 않습니다. 제가 외숙모가 모아 둔 단추를 분류했던 일, 그리고 양극성을 감소시켰지만 여전히 차이점을 확인했던 유사점과 차이점의 미묘함이 다시 떠올랐습니다. 캐롤라인, 조앤, 루이사, 제가 당신들의 아주 초기 경험을 생각했을 때, 외로움과 소외감, 이사한 가족이나 혼돈 등이 그러한 초기 경험을 말해 주는 패턴으로 드러났습니다. 캐롤라인, 심한 폭력과 마약과 술의 남용으로 흐릿해진 의식 등이 결혼 초기와 아이들이 어렸을 때 당신 삶의 참혹한 배경이었습니다. 조앤, 지나친 음주가 당신의 결혼 첫해의 패턴이었습니다. 그리고 그러한 이유들로 인해 당신과 캐롤라인은 그런 관계를 떠났습니다. 레나, 당신의 전남편이 "집안 살림을 도맡아 했다(keeping the home fires burning)"는 은유에서 불이 꺼져 갔듯이,[2)] 당신은 결혼생활의 불화를 "조화를 이룰 수 없는 차이" 탓으로 돌렸습니다.

경제적 어려움은 다양한 시점에서 당신들 모두의 삶에서 이어졌으며, 예측하지 못한 뜻밖의 일이 일어났을 때 여전히 심각하게 문제가 됩니다. 조앤, 당신이 세입자의 부도 수표에 대해 제게 말했을 때 우리는 빈 냉장고의 현실을 함께 살아냈습니다.

> 제가 말했지요? 방들을 세 줘야 했다고. 그들 중 한 명의 월세 수표 400달러가 부도처리되었어요. 그 달에 제가 지출해야 하는 돈인데…. 저는 열심히 노력했고 잘되고 있었는데 그가 수표를 부도낸 거예요. 물론 제 수표가 은행으로 들어가면 은행에서는 마이너스 통장을 갚도록 수표를 압수하지요. 그래서 저의 아버지께서 오실 때, 냉장고에 먹을 게 하나도 없었어요. 아무것도 없었어요.

조앤, 캐롤라인은 먹을 것이 자주 바닥났고, 잔돈이 몇 푼밖에 없었으며, 숨겨 둔 2달러를 도둑맞고, 고지서와 방세를 내지 못하는

2) 역주: 가정 생활이 계속되기 어려운 상황을 뜻함.

것과 같은 일들이 일어나는 빈도가 잦아지는 시기를 겪었기 때문에 당신이 어땠는지 압니다. "그의 부모님이 고지서를 내주었던 시점에까지 갔었어요. 시부모님이 음식을 가져다주시고 방 값을 내주셨지요." 이것이 당신들의 삶에 가져온 난기류는 루이사와 레나, 당신 둘 다 언급했던, 결혼에 대한 문화적 기대와 "하얀 담장의 예쁜 집"이 허위였음을 보여 주었습니다. 그리고 "좋은 어머니"는 어때야 하는가에 대한 역사적이고 일반화된 메시지도 말입니다.

루이사, 당신의 의사는 당신이 집에 있어야 한다고 말했고, 그래서 당신은 "해고되면서" 몇 개의 직장을 잃었습니다. 어린 네이트가 몸이 아팠을 때 당신이 집에 있어야 했기 때문입니다. 레나, 당신은 일하고 있을 때 계속해서 전화가 걸려 오고, "와서 아이를 데려가라"는 소리를 듣는 것을 견뎌 내지 못했습니다. 조앤이 우리에게 말해 줄 수 있는 것처럼, 직장에서 그런 전화를 받는 일은 화가 나는 일이지요?

> 저와 같이 일하는 여자 친구들, 우리는 모두 시계를 쳐다보고 있으려고 해요. 매일 3시까지, 선생님이 하루도 빠짐없이 전화하는 시간이 있어요. 선생님이든, 상담가든, 교장선생님이든 말이죠.

그런 스트레스 요인들에 더하여, 특별한 아들과 함께 사는 것과 그래서 마음속에 일어나는 모든 의구심들은 당신들 모두에게 현실입니다.

저 또한 이제는 저입니다. 제발 제 이야기를 들어 주세요

당신의 목소리가 들립니까? 당신들의 목소리가 복수로 들리지 않았다는 것을 알기 때문에 저는 이 질문에서 2인칭 단수를 사용했습니다. 공적이고 사적인 체제와 기관, 그리고 그 안에서 일하는 전문가들에게 당신의 목소리가 들렸습니까? 이 커다란 조직은 교사, 상담가, 교장, 심리학자, 사회복지사, 주치의, 정신과 의사, 치료사 등을 포함합니다. 그리고 주제는 관계 및 포함/배제라는 미묘하기도 하고 그다지 미묘하지 않기도 한 패턴을 포함하고 있습니다. 이 주제와 밀접하게 관련되어 있으며, 종종 여기에 더해지는 것이 진단과 치료 중 하나입니다. 저는 당신들의 반응을 공유하면서 이 둘 사이를 오고 갈 것입니다. 당신들의 반응 중 많은 것들이 그런 경험과 관계의 본질을 증류시킬 것입니다.

레나, 당신은 "일반화로 둘러싸여" 있는 것 같다고 말했습니다. 제가 추측하건데, 당신은 이 말을 실험적 방법에 대한 은유로 사용하고 있습니다. 당신이 치료를 위해 올리버를 데리고 갔을 때, 당신이 걱정하기로는, "엉터리 치료계약서에 의해 모든 것이 미리 결정되어 있었다."고 계속 말했기 때문입니다. 당신은 또한, 당신의 이야기를 "거기서" 말할 때 그것은 단지 "참여의 환상"을 충족시켰다고 느꼈고 '예측과 처방이 미리 이루어졌기 때문에 당신의 목소리가 전해지지 않았다.'고 느꼈습니다.

제가 당신들 모두가 전문가들과 가졌던 관계의 특징을 가장 쉽게 묘사하는 방법은, 그것이 오르락내리락했다고 말하는 것입니다. 어떤 때는 아주 불만족스럽고 차갑게, 다른 때는 아주 만족스럽고 따뜻하게 말입니다. 조앤, 돌봄과 관심의 윤리(Noddings, 1990; Martin, 1992)를 통해 당신의 목소리가 전해졌을 때, 당신이 증언할 수 있듯이, 당신은 인정받고 자부심이 솟는 것을 느꼈습니다. 당신은 당신에 대한 주치의와 정신과 의사의 존중에 대해, 그리고 돌봄 공동체 같은 로이드의 학교와 현재 당신의 관계에 대해 이야기했습니다. 당신은 또한 보살핌과 관심이 존재하지 않았던 이전 학교에서의 시간과 사건, 그리고 당신이 얼마나 무시되고 굴욕감을 느꼈는지에 대해서도 이야기했습니다. 캐롤라인, 당신에게는 이미 공유해 왔던 정신과 의사와의 첫 만남, 그리고 "거기 갔을 때 당신을 먼지처럼 하찮게 대했던 아주 유별난" 사회복지사에게 무척 화가 났던 한 번의 사건을 제외하고는, 당신은 당신의 목소리가 들리고 당신의 생각을 표현할 수도 있다고 느꼈습니다.

레나와 루이사, 당신들의 이야기를 생각할 때, 저는 마치 롤러코스터를 타고 있는 것처럼 느꼈습니다. 우리는 함께 그 은유를 사용했고 당신들은 그것이 당신들이 느끼는 방식이라고 말했습니다. 당신들은 둘 다 두 가지 극단을 경험했고 그 극단이 어느 것인지에 따라 갖은 감정들이 다 들었습니다. 당신이 수용시설에서 전문가들에게 지지받고 인정받는 느낌이 들었을 때, 루이사, 당신의 자신감과 "그것에 대처할 수 있는 우리의 능력 한도에서 이루어진 기본적인 토대가" 상승되었습니다. 반대의 현상이 일어났을 때, 당신의 자부심은 내려갔습니다. 레나, 당신이 한 번도 만난 적이 없는, 그리고 요청을 했음에도 만나서 평가에 대해 논의할 수 없었던 상담가로부터 올리버가 진단을 받았을 때, 1938년에 상영되었던 영화 〈The Lady Vanishes〉의 Dame Edna May Whitty처럼 당신은 "거기에 없고 결코 존재하지 않는 것처럼" 느꼈습니다.

이런 변화하는 경험들 내에서 당신들이 어떤 일시적인 차이들을 인식하고 있었는지, 불만족스러운 상호작용들이 당신들에게 중요한 시기에 일어났는지, 또는 당신들이 패턴을 볼 수 있었는지에 관해 우리는 논의하지 않았습니다. 저는 당신들이 기술했던 긍정적이거나 부정적이거나 혹은 중립적인 상호작용들이 사방에 있다는 것을 보여 주는, 그리고 시기는 특별히 연관 있는 것처럼 보이지 않는, 이상하게 생긴 작은 격자무늬를 그렸습니다. 당신들과 당신들의 아들들이 특별한 것처럼, 앞에서 다루었던 전문가들도 모두 특별하다고 저는 믿습니다. 이전에 대략 기술되었던 '전문성 탓으로 돌리는 것'이 모든 전문가들에게 해당되는 것은 아닙니다. 그들에게 꼬리표를 붙임으로써, 그들을 범주로 분리시키고 대상화시킴으로써 우리는 그들을 정형화시키는 몹쓸 짓을 합니다.

최초의 처치로 제공된 약물치료에 대한 당신들의 느낌은 엇갈리고, 그것에 대한 당신들의 의사표현의 목소리가 들렸습니다. 루이사, 당신은 조앤과 레나에 대한 걱정을 강조했습니다. "저는 장기적인 영향도 걱정이 되었어요." 캐롤라인 또한 걱정했습니다. 라이언의 문제들은 로저의 어려움과는 또 다른 것 같아요. 그렇지요, 캐롤라인? 당신은 라이언이 "좀 지체되었다."고 들었습니다. 그리고 (후에) 진단된 그의 발작 행동은 약물로 관리될 수 있었습니다. 그러나 향정신성 약물이 당신에게 어떤 영향을 미쳤는지 알기 때문에 당신은 계속해서 로저를 걱정했습니다. 우리는 그 약물이 로이드에게 어떤 영향을 미쳤는지 조앤이 이야기한 것을 기억하고 시행착오의 불확실성으로 뛰어듭니다.

우리는 또한 아무것도 없다는 것에 대해서도 걱정했습니다. 상담처럼 당신들의 아들들을 위해 "다른 어떤 것"도 제안되지 않은 것에 대해 말입니다. 레나, 당신은 올리버를 위한 상담을 여러 번 요청했었으나 "상담을 받아 본 적이 한 번도 없었어요."라고 말했습니다. 그리고 조앤, 2년 동안 로이드를 데리고 상담가를 만나러 다녔다고 말했을 때, 당신은 로이드가 "가장 최고"와의 관계를 통해 통찰력을 얻고 있다고 생각하는지 제가 물었던 것을 기억합니다. 당신의 대답은 친숙하게 들립니다. "그는 3개월마다 15분 동안 그를 봅니다. 그저 약물에 대해서예요. 상담은 없어요." 루이사, 당신은 만약 네이트에게 함께 이야기할 누군가가 있었다면 그가 "자신을 괴롭히고 있던 것에서 탈출"할 수 있을 것이라고 바랐습니다. 당신의 목소리가 전해졌고, 수용시설에서 네이트는 상담을 받았습니다. 그러나 아이가 집에 돌아왔을 때, 아이에 대한 당신의 경험은 "치료 전"과 같았고 당신은 상담을 해서 알아낸 것이 무엇인지 전혀 알 수가 없었습니다.

어머니들, 당신들의 앎은 중요합니다

몇몇 편지에, 저는 "어머니 역할이 요구하는 것"에 대한 Ruddick의 이론과 그 이론에 대한 비판을 조금 적었습니다. 한 가지 비판은 그녀의 이론들이 '교육받은, 부유한, 중산층의 미국 여성들과의 대화'에 기반하고 있다는 사실에 대한 우려입니다. 우리의 대화 내용을 깊이 생각해 보면서, 저는 Ruddick이 '어머니에게 요구되는 일'로 기술했던 특성들을 보여 준 많은 예가 당신들의 아들들의 삶을 통해 계속되고 있음을 발견했습니다. 우리는 당신들의, 또는 저의 사회경제적 지위를 논하지 않았습니다. 제가 연구에 몰두하고 있는 학생이라는 것을 당신들 모두가 알았던 것 외에 우리는 교육수준을 논하지도 않았습니다. 당신들은 위의 어느 위치에도 맞지 않는다고 생각합니다. 그렇지 않아요? 부자인가요? 중산층인가요? 교육을 받았나요? 미국인인가요? 중산층으로 간주되기 위해 얼마큼의 돈이 있어야 하는지 확실히 모르겠지만, 저는 당신들이나 당신들의 파트너가 스스로를 생산직 노동자로 생각하는지, 여성 노동자로 생각하는지, 사무직 노동자로 생각하는지 묻지 않았습니다. 당신들은 교육받았나요? 저는 그렇게 생각합니다. 당신들의 지식은 가치 있는 것으로 간주되었습니까? Ruddick의 이론에 대한 비판에도 불구하고, 당신들은 모두 어머니로서의 어려운 일에 몰두했습니다.

더 깊은 탐구를 통해 저는 여성/어머니의 앎의 방식을 자연스럽게 알게 되었습니다. 그리고 저는 그것을 교사로서의 여성, 여성으로서의 교사, 그리고 우리의 실천을 통한 앎과 연결시켰습니다. 당신들의 앎은 인내하기 위한 힘과 용기를 당신들에게 주었고 한 번 더 자부심을 입증하였습니다. 저는 이전의 편지에 앎에 대한 당신들의 이야기를 썼습니다. 조앤, 로이드의 성장과 존재를 통해 그를 돕기 위해 최선의 환경을 제공하고 있다는 당신의 확고부동한 신념이 이것을 보여 줍니다.

그들이 느끼는 최선은 '그것이 다소 유전적'이라는 겁니다…. 그리고 여기 모든 신체적·정서적 장점을 가졌지만, 여전히 심각한 문제들을 가진 아이가 있어요. 마음 한구석에서는 제가 집에서 아이를 키우고 사랑했어도 '달라진 건 아무것도 없었을 것'이라고 말하지요. 이런 아이들에게는 이런 환경에서 태어나는 것이 최선이에요….

Bruner와 Bornstein(1989)은 발달의 상호작용적 요소들을 논의하며 우리에게 다음을 상기시킵니다.

사회적 발달도 인지적 발달도, 문화적 전달이나 유전학적 결정론에만 기초하여 진행되지는 않는다…. 각 개인은 문화를 구축하기 위해 다른 개인들에 의해 차례차례 형성되어 온 환경의 맥락에서 발달한다 (p. 10).

그들은 '잠재적으로 중요한' 초기 영향들의 상황적 측면을 강조합니다. 그리고 "상호작용의 범주들은 서로 맞물려서… 그리고 아이의 발달적 상황과 보조를 맞추어 영향력을 미친다." (p. 12)고 말합니다. 프랑스의 정신과 의사인 Jeammet(1992) 또한 상호작용을 논하는데, 그의 신념은 다음과 같습니다.

우리가 우리의 정신적 기능에 대해 갖고 있는 생각과 무엇이 우리의 관심과 관계를 지배하는가에 대해 갖고 있는 생각이 우리의 반응을 부분적으로 결정한다. 정신적 기능과 관계 속에서의 삶, 그리고 정서적인 삶이 신체 장기의 생리학이 객관화되듯이 객관화될 수 있다는 관점은, 인간의 뚜렷한 특성은 생각하는 능력, 특히 자신이 가치의 세계 속에서 어디쯤에 속하는지를 생각할 줄 아는 능력이라는 사실을 무시하는 것이다. 유전적으로 물려받은 능력의 출발점으로부터, 어린 인간은 구체적인 상호작용에 의해서만이 아니라 그들에 대한 다른 사람들의 시각에 의해, 또한 이 시각을 내면화시키고 그들 자신을 보는 능력에 의해 형성된다(p. 469).

제게, 그리고 희망하건대 당신에게, 이 심리학자들과 정신과 의사들의 말은 가능성의 세계를 열고 꼼짝할 수 없는 느낌으로부터 탈출할 수 있도록 합니다. 희망이 그들의 말에서 넘쳐납니다.

희망

실천에 근거한 여성/어머니의 지식과 당신들의 경험과 삶에서 보여 준 힘과 용기는 제가 당신들의 이야기 안에서 강력한 주제를 발견하는 데 도움이 되었습니다. 희망이라는 주제 말입니다. 희망은 미래를 내다보며 당신들의 생각은 이것을 자세히 설명합니다. 조앤, 당신은 당신에게 보이는 "터널 끝의 빛"에 대해 말했습니다. 로이드에게도 이같이 좋았던 날이 있었습니다.

그들은 그의 하루가 어땠으며 오늘은 최고의 날이었다는 것 등을 말해 주는 짧은 쪽지를 매일 집으로 보냅니다. 선생님이 일 년

> 내내 보냈어요. 그녀는 "로이드의 오늘 하루는 완벽했어요. 그 애가 너무 자랑스럽습니다."라고 썼습니다. 그리고 거기에 서명했어요. 그게 다예요.

이런 쪽지를 매일 받지는 못하리라는 것, 그리고 대부분의 아이들이 그런 것처럼, "로이드가 좋았던 날도 나빴던 날도 있다."는 것을 당신은 압니다. 제 생각에는, 대부분의 어른들에게도 비슷한 것처럼 들립니다.

우리가 다시 만났을 때는 받은 쪽지가 거의 없었으며 당신은 "끔찍했던 지난 두 주"에 대해 말했습니다. 당신은 견디 내기 어려웠습니다. 로이드가 학교에서 욕을 하고 공부하기를 거부하며 "애 봐주는 집에서 버릇없게 굴고 아주 다루기 힘들었다."고 당신은 말했습니다. 당신이 이러한 반전에 부딪혔을 때, 최고였던 그의 지난 8주가 아주 빨리 사라졌고, 터널 끝에 보이는 빛이 일시적으로 막히는 듯 느꼈습니다. 그것을 성찰하고 충분히 생각하면서 그의 존재 방식에 영향을 줄지도 모르는 변화의 가능성을 당신의 반응에서 찾아내는 일은 희망의 길을 넓혔으며 당신에게 앞으로 전진할 자극을 주었습니다.

루이사, 당신의 희망은 네이트와 당신 자신을 위해 상상해 왔던 개인적인 성장을 지향하고 있으며, 제가 우리의 대화 전사 내용 중의 하나에 대한 질문에 답변했을 때 당신은 "개인적인 성장"이라는 말을 썼습니다.

> 제가 무슨 생각을 하는지 아세요? 언젠가 네이트가 스물다섯 살

> 쯤 되었을 때 (그에게) 말하는 건 아주 흥미로울 거예요. 그런 행동들 배후의 동기가 무엇이었던가 이해를 하려고 노력하면서 듣는 것 말이죠. 그러면 되돌아보고 이렇게 생각할 거예요. '아! 네가 왜 그랬는지 이제 이해하겠구나.'

제 질문은 네이트가 10년 후뿐 아니라 현재 자신이 이해하는 것을 이야기하는 것에 대한 것이었는데 "그렇게 하는 것은 아이에게 10년 후에 쓸모가 있을 겁니다. 개인적 성장을 보는 방식이 되겠지요."라고 썼습니다. 당신은 또한 "희망 없이는 그런 생각이 안 들어요."라고도 썼지요.

레나, 당신은 "좀 이상해요."라고 제게 말했습니다.

> 그건 복잡하고 숨겨진 장애지요. 한편으로, 이런 아이가 너무 잘하고 정상이고 심지어는 더 똑똑하고 특별한 것 같기도 하지만, 또 한편으론, 희망이 완전히 무너질 수 있어요. 그러면 모든 감정적인 것들과 추측들이 연루되지요.

성찰하면서 당신은 "이제 쉬워요. 되돌아보고 생각합니다. '내가 어떻게 그것을 겪으면서 살았지?'"라고 의아해 했습니다.

> 확실히 최근에는 지난 몇 년 동안 느꼈던 것처럼 그렇게 위기이거나 위태롭지 않았어요. 저는 앞으로 나아갈 수가 없었어요. 나아질 수 없었고 그 애도 호전될 수 없었어요. 그 애는 말을 안 들었어요. 그 애는 어려움을 겪고 있었던 거예요. 아주 화를 내기도 하구

요. 그런데 이젠 좀 바뀌었어요. 누나들이 같이 놀아 주는 작은 프로젝트를 시작했어요. 그 애는 정말로 좋은 구석이 있어요. 협력하는 거예요. 그게 점점 더 좋아졌어요.

당신의 희망은 과거 경험으로부터 얻은 당신의 생각과 당신 자신의 앎에 있습니다.

중요한 건, 그것이 우선 얼마나 긍정적으로, 부정적으로, 또는 중립적으로 보이는가와 상관없이, 체제에 압도되지 않아야 한다는 거예요. 그리고 당신의 어린아이를 먼저 하나의 인간으로 봐야 한다는 것이에요. 그들의 장점과 능력에서 즐거움을 얻어야 해요.

당신이 그저 "거기에 있는 것", 그리고 올리버와 이야기하고 그의 이야기를 듣는 것이 그가 어려운 일을 헤쳐 가는 데 중요하다고 당신은 믿습니다. 당신이 지속적인 열린 대화의 힘에 대한 희망에 대해 제게 말했을 때, 저는 Cotton의 말과 이전에 인용했던 인용문을 생각했습니다. 당신은 해방에 대한 당신의 희망을 가능하게 하는 강력하고도 낙관적인 말을 사용했습니다. "그가 배운 것, 본 것, 그리고 그의 속 안 깊은 곳에 있는 어떤 것으로 그를 다시 물러나게 하는 것입니다." 당신은 또한 "올리버와 제가 우리가 겪은 어려움들을 뒤로하기 위해 우리 가족과 학교와 지역사회 안에서 함께 노력해야만 했던 긍정적이고 부정적인 상황을 누군가가 알기를 계속해서 바랐습니다."

캐롤라인, 모든 어머니들이 그렇듯, 당신은 "건강하고 정상적인 아이"를 원했습니다. 당신은 다음과 같이 깨달았습니다. "저는 신뢰를 하는 데 문제가 있어요. 그것이 제 과거에서 온 것이라고 생각해요." 당신의 상황은 변했고 이제는 이렇게 느낍니다. "모든 일이 정말로 아주 잘되고 있어요." 당신은 우리가 마지막으로 만난 이후 당신이 제게 썼던 이야기를 루이사, 조앤, 레나, 그리고 독자들에게 보여 주는 것을 허락하였습니다. 우리는 그 이야기들을 존중할 것이며 저는 당신의 희망과 우리 모든 어머니들의 희망이 이루어지기를 기원합니다.

저는 인생에서 오래된 길을 지나 왔어요. 길고 힘든 결혼생활을 겪어 냈습니다. 살인죄로 감옥에 간 남편, 많은 문제를 가진 아들을 상대하면서요. 다른 아들 하나도 문제가 있어요. 어려운 일일 수 있지만 제가 얻은 건 희망이에요. 모든 것이 더 나아질 것이라는 희망을 항상 갖는 거죠. 지금은 딸과, 이번엔 또 음주 때문에 힘들었던 사실혼상의 남편이 있어요. 그렇지만 지금은 모든 게 우리에게 좋아요. 남편은 술을 끊은 지 일 년이 좀 넘었어요. 우리는 함께 행복하고 항상 로저와 라이언이 미래에 잘되기를 바라요. 그들을 포기하지 않습니다. 사랑과 보살핌이 많이 필요하지요.

캐롤라인, 고맙습니다.

공동연구의 경험

희망에 대한 당신들의 메시지를 이 페이지에 단독으로 그냥 놓아 두면 좋겠으나, 저는 그것을 좀 더 성찰할 필요가 있습니다. 공동연구자가 되는 것이 당신들 모두에게 의미했던 결과가 무엇인지 제가 인식했던 것을 당신들과 공유하고 싶습니다. 다행히도, 당신들은 제게 많은 것을 말해 주었습니다. 만약 제가 당신들에게 맞지 않는 어떤 것을 쓰면 우리는 또 이야기할 기회와 우리가 '옳다'고 느끼는 것을 다시 결정할 기회를 가질 것입니다.

당신들의 이야기가 존중과 신뢰의 분위기에서 경청되는 것은 당신들 모두에게 특별한 일이 아니었습니다. 그러나 우리는 이 연장된 기간 동안의 만남에서 당신들이 편안하게 느꼈던 밑바닥까지 당신들이 살아온 체험을 논의할 수 있었습니다. 당신들은 분노와 좌절, 슬픔과 고통, 걱정과 두려움, 그리고 좋은 시절의 희망과 기쁨 등에 대한 이야기를 공유할 수 있었습니다. 우리는 공유된 인식에 대해 소리 없는 웃음을 몇 번이나 지었습니다. 당신이나 제가 기억이나 상황을 다르게 보는 방법을 떠올렸을 때는 여러 번 가볍게 웃기도 했으며 배가 아플 정도의 비명도 질렀습니다.

당신들은 또한 제게 서로의 이야기를 듣기를 열망하며 "어서 빨리 모든 편지를 읽고 싶어요."라고 말했습니다. 루이사, 당신은 메모에 "저는 당신의 편지를 기다립니다."라고 썼습니다. 이 편지들이 아주 길 것이라고 말하는 것을 제가 잊었습니다. 사실, 제가 지금까지 쓴 가장 긴 편지들 중 몇 통입니다! 당신들은 모든 편지를 공유할 것이라는 제 말에 대한 답장으로, "정말로 기쁘고 저는 여전히 제가 혼자가 아니라는 것을 알 필요가 있으며 다른 사람들의 비슷한 경험들은 제게 아주 중요하다고 생각합니다."라고 썼습니다. 일 년 동안 여러 시기에 당신들은 모두 루이사의 요구—당신이 혼자가 아니라는 것을 알고 싶어 하는—를 반복했고 고쳐서 다시 말했습니다. 당신들은 모두의 이야기를 들으면서 당신들이 풍요롭게 될 것이라는 희망을 표현했습니다.

우리의 대화에서 시작되었던 성찰은 우리의 생각들의 방향이 서로 다르다는 것을 드러내 주었습니다. 캐롤라인, 앞에서 보여 준 당신의 용기 있는 메시지는 그러한 방향들을 포함하고 있습니다. 루이사, 당신이 "어렸을 때 네이트와 똑같았어요."라고 떠올렸던 삼촌을 포함한 일가친척들과 네이트가 어떤 관계를 맺고 있다고 생각하는지 제가 물었을 때, 당신은 또 다른 방향을 취했습니다. 당신은 놀라는 말투로 이렇게 말했지요. "제가 생각하기에, 네이트의 다른 삼촌들보다도 그들과 친하게 지냈어요. 저는 그 생각을 못했어요." 레나, 부모들의 형제들도 우리의 대화에 오셨고 당신은 다른 엄마들의 형제들과 시동생들에 대해 제게서 이야기 들은 것을 고마워했습니다. 우리의 대화는 개인적 성장과 새로운 통찰력의 발달을 위해 또는 이전에 충분히 했던 생각들을 강화시키기 위해 서로 다른 방향을 보여 주었습니다. 조앤, 당신이 말했던 "세대 간 기능장애"를 상기시켜 주는 이야기들은 "당신의 아이들이 어떤 아이들이건 좋은 관계를 가지려고 노력하기" 위한 의지를 강화시켰습니다. 당신은 당신의 어머니, 할머니, 증조할머니에게서 보았던 "부정적인 통제"를 언급했습니다.

저는 그렇게 하지 않을 거예요. 저는 모든 어머니가 이전 세대보다 더 나아졌다고 생각합니다. 우리는 우리가 아는 것만 할 수 있지요. 제가 나아질 수 있기를, 그리고 제 아이들은 정말로 좋은 부모가 될 수 있기를 바랄 뿐이에요. 더 나빠지는 것이 아니라 더 좋아질 수 있지요.

당신들의 이야기를 스스로 성찰하는 일은 이전에는 분명히 표현하지 못했던 당신 자신들에 있어서의 변화를 보여 주었습니다. 루이사, 당신은 다음과 같이 썼습니다.

요즈음 저는 이전과는 아주 다르게 느낍니다. 저는 똑같은 사람이 아니에요. 10년 전에 저는 어리고 순진했습니다. 너무나 달랐어요. 10년도 훨씬 전일 거예요. 어머니가 되는 것은 경이로운 일인데, 요즈음 저는 피곤하고 좌절감을 느껴요. 저는 그것에 대해 예전만큼 기쁨을 느끼지 못해요. 지금 제 아이들에 대해 똑같은 기대를 하지 않아요. 그게 그 애들에게 더 나아요.

우리는 저널을 쓰는 것에 대해 논의했고 저는 그것이 제 생각을 기억하는 데 얼마나 도움이 되었는가를 공유했습니다. 당신은 항상 대학에 가는 것을 계획했기 때문에, 저는 당신에게 몇 개의 논문을 빌려 주었고 당신은 그것들이 신입생인 당신에게 도움이 되었다고 느꼈습니다. 저는 당신에게 보낸 글에서 "새로우면서도 다른 앎의 방식을 시작하는 지점에 있다고 느끼며, 여전히 더 알기를 원합니다."라고 썼었습니다. 그리고 당신은 "동의해요. 당신이 어떻게 느끼는지 알아요. 그게 바로 제가 학교에 대해 느끼는 거예요. 더 배우고 싶은 갈망이지요. 조금 더 전진해 보겠어요. 끝이 없습니다."라고 답했습니다. 당신은 여성들과의 자원봉사 일과 당신의 계획에 대해 말했습니다.

> 저는 항상 학교로 돌아가고 싶었어요. 간호사가 되고 싶었기 때문에 수학부터 시작했어요. 그런데 제 건강이 허락하질 않았습니다. 사회복지가 자연스럽게 대안이 되었어요. 저는 주로 여성 문제에 관심이 있어요.

이후에 당신은 제게, 당신이 제의받았던 자리를 받아들이지 못하도록 막으려는 그 어떤 것도 없었다고 말했습니다. "이제 제 차례에요. 이만큼의 세월 동안 아이들을 위해 애썼어요. 아이들은 태도를 바꾸어 스스로 하기 시작할 수 있어요." Goodrich와 Code에 대한 당신의 반응이 흥미로울 것 같습니다.

조앤, 당신은 "기본적으로, 모든 사람들을 위해 춤추며 자랐습니다." 그것은 당신이 "자신의 경계"를 설정하는 데 도움이 되었고 저는 융의 관점에서 Estes가 쓴, 이야기와 신화로 가득한 책이며, 여성들의 내적 강인함을 드러내 주는 책인 *Women who Run With the Wolves*를 읽었는지 물었던 것이 기억났습니다.

> 고통당하는(tortured) 여성들은 묘한 깊이와 넓이를 지니는 일종의 찬란한 지각을 발달시킨다. 무의식의 비밀스런 자초지종을 알기 위해 어느 누구도 고통당하기를 결코 바라지 않지만, 그런 중대한 퇴행을

겪으며 살았기에 보상하고 보호하는 선물을 받는 것이 사실이다.

그러한 점에서 고통스런 삶을 살아 왔으며 고통을 깊이 생각해 온 여성은 분명히 헤아릴 수 없는 깊이를 지니고 있다. 그녀가 고통을 통해 그 깊이에 다다랐을지라도 의식에 매달리는 어려운 일을 해냈다면, 이따금 자아가 흔들린다 해도 심오하고 성대한 영적인 삶과 자신에 대한 굳은 신념을 가지게 될 것이다(Estes, 1992, p. 364).

고통에 대한 우리의 의미가 다를지라도, 당신들이 아픔을 느꼈기 때문에 저는 이 긴 인용문을 사용했습니다. 우리의 고유함과 맥락에 따라 느껴지는 고통의 특성도 다르지만, 고통은 우리 각각에게 현실입니다. 레나, 당신은 우리가 함께해 왔던 과정의 결과를 공유했습니다. 당신은 공동연구자가 되는 경험이 당신에게 어떠했는가를 설명해 주었습니다.

고통을 없애는 데 도움이 되었어요. 제가 거의 아니라고 부정했던 고통이죠. 제 자신을 거리를 두고 보는 데 도움이 되었어요. 그것은 긍정적이었어요. 극적이지는 않지만 저는 그것의 모순을 전부 볼 수 있었어요. 제 자신의 관점을 의심했어요. 아마도 그들이 성찰을 하도록 내버려 둘 때인 것 같아요.

당신이 "그들"이라고 한 것은 학교 체제 안에 있는 사람들을 말합니다. 올리버가 얼마나 훌륭한 흉내쟁이인지, 그리고 흉내 내고 즉석에서 자신만의 유머러스한 독백을 만들어 내면서 어떻게 그가 단독 코미디 같은 즉흥연기를 할 수 있는지를 당신은 일찍이 제게 말했습니다. 성인 코미디언에게는 그들을 위한 대본이 있지만, 올리버는 자신이 대본을 쓴다고 당신은 말했습니다. 당신의 간청은 이러했습니다. "누군가 그의 좋은 면을 보도록 해 줍시다. 사람들에게 올리버는 잘난 체하는 건방진 작은 녀석으로만 보일 거예요." 당신은 전에 이 간청을 했고 저는 그것이 자녀를 둔 모든 어머니들이 원하는 것이라고 생각합니다. 당신은 세상이 "부정적인 것뿐 아니라, 긍정적인 것"도 보기를 바랍니다. 왜냐하면 당신이 다음과 같이 느끼기 때문입니다.

> 우리가 본질을 잃고 있기 때문이에요. 차이는 점점 더 커지고 있습니다. 걷고, 말하고, 호기심 있는 아이가 있어요. 왜 사람들이 그의 장점을 활용하는 방법과 약점을 다루는 방법을 찾아내지 못하나요?

레나, 우리의 이야기를 말하는 것은 이야기를 살아가는 것만큼 용기가 필요합니다. 극적으로는 아니지만 부드럽게 성찰이 향기를 발산할 때, 그 향기는 상처를 치료합니다. 치유의 과정이 고통스러울 수 있고, 오래된 상처는 예상했거나 예상하지 못했던 방식으로 다시 들춰질 수 있습니다. 이렇게 상처를 다시 들춰내는 일 또한 당신들 이야기의 부분이었고 당신들은 그런 시간을 공유했습니다. 종종 우리는 또다시 시작해야 합니다. Bateson은 이렇게 하는 사람들을 '갈지자형 사람들'이라고 부릅니다. "하나의 주기에서 다음 주기로 경험을 변환시키는 것을 배우면서, 우리는 바람을 안고 갈지자형으로 나가는 돛단배처럼 오직 앞으로 나아갈 뿐입니다."(1994, p. 82)

변화와 성장은 주기적이고 순환적인 것 같지요? 당신들도 발견했겠지만, 그것들은 위쪽으로 솟구치다가도 때로는 빙빙 돌면서 빗나가기도 할 것입니다.

당신들의 이야기와 반응에 대한 저의 내러티브를 불러옵니다

우리는 12월 중순에 만납니다. 우리는 당신들의 크리스마스 계획을 이야기하고, 저는 당신들이 준비한 것을 봅니다. 조앤, 당신의 집은 화사한 색깔의 공예품 벽걸이와 불 켜진 나무로 장식되어 있습니다. 우리 둘 다 당신의 스칸디나비아 조상의 영향을 인정합니다. 루이사, 당신은 기말시험을 준비하고 있습니다. 우리 중 누구도 이번 학기가 얼마나 빨리 지나갔는지 믿을 수 없습니다. 그리고 우리는 그것이 틀림없이 우리 둘 다에게 쏜살같이 지나갔던 그해와 꼭 닮았다고 되돌아봅니다.

레나, 우리는 가족에 대해 이야기하고, 당신은 올리버가 '아주 가깝게' 지내는 아빠, 즉, 당신의 아버지와 할아버지와 보낼 계획에 대해 제게 말합니다. 당신은 먼 대륙에 있는 가족에게 크리스마스 선물로 보내려고 하는, 아빠와 당신과 '아이들'의 복사본 사진을 제게 보여 줍니다. 그리고 저는 각각의 사진에서 올리버의 간절한 표정과 반짝반짝 빛나는 눈을 봅니다. 캐롤라인, 우리는 두 아들 모두와 '특별한' 시간을 갖도록 하기 위해 당신과 행크가 준비한 '특별한 선물'에 대해 이야기합니다. 당신은 라이언을 'Ice Capades' 공연에 데리고 갈 것입니다. 이것은 당신이 처음으로 '라이브' 스케이트 공연을 보는 것이며, 우리의 이야기는 몹시 놀란 행크가 "맙소사! 당신 도대체 어느 별에서 온 거요?"라고 한 말을 당신이 인용했을 때인 이전의 그 고독한 은둔자 같은 삶과는 대조를 이룹니다.

라이언은 학교에서 아주 행복하고 저는 부엌 식탁에서 그 증거를 읽습니다. 그의 진전을 보여 주는 서류들이 학급에서 집으로 왔습니다. 당신은 이제 더 이상 로저가 약을 복용하지 않는다고 말합니다. 여름의 '약물 휴가'가 잘 끝났고 정신과 의사는 "약을 끊어 봅시다. 그리고 상황을 지켜봅시다."라고 말했습니다. 잘 되어 가고 있습니다. 저는 로저의 선생님이 보여 준 긍정적인 견해에 대한 이야기를 당신으로부터 듣습니다. 당신의 얼굴에 만족감이 보입니다. 로저는 점심을 먹기 위해 집에 와서 자랑스럽게 제게 자신의 보물 중 일부를 더 보여 줍니다. 저는 느긋하고 행복한 소년을 봅니다. 제가 당신에게 물을 때, 당신은 그가 좀 더 "마음을 터놓는다"고 말하고, 저는 그가 부드럽고 보살피는 태도로 누이동생에게 장난감을 보여 주는 것을 지켜봅니다.

루이사, 당신은 네이트의 아버지가 학교에 불려간 것에 대한 이야기를 합니다. 네이트는 학교 공부를 하지 않고 실패할 위기에 처해 있는 아이로 간주됩니다. 그는 여전히 왕성한 독서가이고, "하고 싶어 할 때" 그의 글쓰기는 훌륭합니다. 그래서 당신 둘 다 왜 아이가 계속 그대로인지 곤혹스럽습니다. 당신은 "아이는 저의/우리의 책임입니다."라는 것을 알기 때문에 이것이 얼마나 오래갈지 모르겠다고 말합니다. 아이가 열여섯 살이 되면 끝날까요? 아이에게 이제부터 스스로 해야 한다고 말할 나이라고 당신은 느끼기 시작합니다.

당신은 이렇게 말합니다. "네이트는 혼자 그 결과들을 견뎌 내야만 할 겁니다." 과거에, 우리는 미래에 대해 이야기했고, 당신은 "제가 생각하고 싶지 않은 것은 '~면 어쩌지?' 예요."라고 썼습니다. 그리고 저는 이제 당신이 자신에게 첩첩이 쌓았던 죄책감을 내려놓았는지 궁금합니다.

레나, 올리버는 그가 할 수 있었던 "선택"에 대해 생각해 왔다고 당신은 제게 말합니다. "네. 대신에 저는 그것을 이 방법으로 할 수 있었을 거라고 생각해요." 당신은 자진해서 "잘 살펴보려는" 그의 마음이 자라나고 있음을 느낍니다. 당신은 당신을 크게 책망했던 교장선생님의 이야기를 다시 합니다. "아이는 집에서 폭력적인 상황을 자주 보는 게 틀림없어요. 그러지 않고는 어떤 아이도 이렇게 폭력적일 수 없어요." 레나, 당신은 어떤 신뢰도 쌓을 수 없었습니다. "그들은 제가 부인한다고 믿었어요." 올리버의 '엉덩이'를 찰싹 때린 것도 그 교장선생님이었습니다. 며칠 전 올리버가 어떻게 말했는지를 이야기하면서 당신은 웃습니다. "언젠가 내 리무진을 타고 학교를 지나가면서 천천히 창문을 내릴 거예요. 그냥 교장선생님의 얼굴 표정을 보고 싶어요." 우리 둘 다 올리버가 그의 미래를 위한 계획을 가지고 있다는 것을 깨닫습니다. 그리고 우리는 그의 희망을 경험했습니다.

조앤, 이전 장에서 저는 집과 학교, 그리고 애 봐주는 집에서 갑작스럽게 로이드의 진전 양상이 주춤해지는 것으로 인해 당신이 최근 겪고 있는 고통에 대해 썼습니다. 이것이 당신에게 어땠는지 우리는 몇 시간 동안 이야기합니다. 저는 내러티브에 포함되어 있는 당신의 이야기와 저의 해석을 당신에게 보여 줍니다. 당신은 생각에 잠기고, 묵인하며 자주 고개를 끄덕입니다. 당신은 꾸밈없이 모아진 우리 어머니들의 스트레스 이야기를 읽을 때, 눈물을 흘리기 시작합니다. 제 심장이 당신의 심장과 함께 고동칩니다. 제가 제 글의 복사본을 당신들 모두에게 줄 것이라고 말할 때, 당신의 눈이 빛납니다. "이건 그의 유산이 될 거예요."라고 당신은 말합니다. 그리고 천천히 당신은 "그의 유산이요."라고 되뇝니다.

캐롤라인, 당신은 행크와 당신의 여자친구가 "이 글 전부"를 읽고 싶어 한다고 말합니다. 그리고 제가 당신을 위해 제본된 복사본이 있을 것이라고 말할 때 당신은 기뻐 보입니다. 루이사, 당신이 한 질문을 그다음 날 레나가 똑같이 합니다. "이제 당신의 이야기와 내러티브가 어떻게 될 건가요?" 레나, 당신은 이렇게 말했습니다. "당신의 책이 도서관 책꽂이에 그냥 얹혀만 있지 않았으면 좋겠어요. 많은 사람들이 졸업하고 나면 다시는 대학에 가지 않지요." 그러고 나서 당신은 "그건 모든 교사의 필독서가 되어야 해요."라고 주장했습니다.

우리는 공동체를 찾아냈고, 그것은 바로 우리입니다

이 내러티브에서 탐구자로서, 저의 희망은 이 단락의 제목에 포함된 '우리'와 당신들의 이야기를 공유하는 것입니다. '우리'는 어머니들과 아버지들, 그리고 매일 우리의 특별한 자아와 마주하는 이들입니다. '우리'는 학생들이며, 교사, 변호사, 심리학자, 간호사, 사회복지사가 될 수 있으며, 우리, 우리 아이들, 우리 가족과 관계를 맺기 시작할 여러 사람들입니다. 공동체는 공통의 관심을 갖고 공유하며, 다양성을 인정하고 협력의 에너지와 힘을 인식하면서 함께 실천합니다. 이뉴잇족(Inut)[3] 조각가인 Thomas Udjik은 '공동체'(1994)라는 제목의 동석(soap-stone) 조각작품에서 공동체에 대한 그의 개념을 제시합니다. 그의 조각을 담은 사진에는 13개의 형상이 단단히 결합되어 있고, 한쪽 팔을 뻗은 가운데의 이뉴잇이 다른 이들을 초대하는 것처럼 보입니다. 함께하자는 이 초대는 "공동체에서 함께할 다른 사람들, 그리고 나의 고통, 불확실함, 나의 일을 공유할 수 있는 다른 사람들과 함께할 장소"(Clandinin, 1993)를 찾는 그런 사람들에 의해 환영받습니다.

레나, 당신이 "그건 제 철학과 잘 맞아요. 제가 정말로 도대체 왜 여기 있나요?"라고 말했을 때, 당신은 공동체를 이야기하고 있었습니다. 그러고 나서 당신은 웃었고, 그것이 우리 마음에 한 번씩 왔다가는 생각이라는 것을 알았기 때문에 저도 당신과 함께 웃었습니다. 당신은 "사람들과 어울릴 것이냐 아니면 부자가 될 것이냐? 가끔씩 저는 제 자신에게 되뇌야 해요."라고 덧붙였습니다. 레나, 저도 그래요. 소유욕이 많은 사회에서 휘말리지 않기가 어렵지요? 당신은 여성과 어머니들의 집단 모임이 힘이 될 수 있다고 생각했지만, 다음과 같이 경고했습니다.

3) 역주: 캐나다 북부 및 그린란드와 알래스카 일부 지역에 사는 에스키모 종족.

그래서 서로에게 지지자가 될 수 있어요. 그래서 당신이 교장선생님을 보러 갈 때 누군가가 당신과 함께 갈 수 있어요. 하지만 그것은 조직화하기 위한 것이 아니에요. "누가 리더가 될 것인가?" "자, 이제 우리는 뉴스레터를 발간하기 시작할 겁니다."가 아니에요. 저는 이미 20년 동안 그걸 겪었어요. 어떤 문제에 대한 아주 사소한 움직임도—6개월 내에 가입하고 모금활동을 하는 것 등—제도화됩니다.

그러고 나서, 당신은 '인류애와 공동체(자연발생적 집단) 정신을 유지'하는 데 도움이 될 것이라고 생각하는 행동에 대해 말했습니다.

앉아서 징징거리는 곳이 아니라, 아세요? 그저 이런 거죠. "아, 좋아요. 저는 그 생각은 못했어요." "제가 같이 가 드릴까요?" 또는 "제가 가도 될까요? 만약 제가 거기 앉아서 그가 말하는 모든 것을 받아 적는다면, 어쩌면 그 사람이 좀 더 주의를 기울일지도 몰라요."

Greene(1994)처럼 당신은 즐거운 공동체, 인간적인 공동체를 원합니다. Greene은 교육자들에 대해, 교육자들로서 모두에게 말합니다.

중요한 것은 공통 행위에 대한, 그리고 친구와 낯선 이들과 얼굴을 맞대는 만남에 대한 새로운 희망으로, 의미를 찾기 위해 분투하고 이해하려고 노력하면서, 에너지를 확인하고 성찰에 대한 열정을 갖는 일이다(p. 459).

이 내러티브는 다양성을 말해 주며 포함과 이해를 위한 바람을 탐색합니다. 30여 년 전에 Bruner는 지식에 대처하는 우리의 능력이 "우리의 환경에 포함된 잠재적 지식에 의해 엄청나게 초과되었다."고 경고했습니다. 과부하로 인해 압도되지 않기 위해서, 우리는 상황을 '상세하게' 인식하기보다는 도식적으로 인식함으로써 그것을 다루거나, "어떤 보통의 전형적인 상황으로, 한 부류의 다양한 상황을 나타낸다."(1963, p. 65)고 그는 주장합니다. 우리를 둘러싼 세상에 대한 발견이 기하급수적으로 늘어남에 따라, 환원의 경향과 본질주의가 항상 우리 곁에 있습니다. 저의 희망은 주제, 패턴, 그리고 찾아낸 연결 내에서, 독특함과 다양성, 그리고 어머니들의 실천적 앎이 들리고 그것의 힘이 위의 모든 '우리들'에 의해 인식되는 것입니다. 이러한 일이 일어날 때, 3개의 'C'인 돌봄, 관심, 관계를 주요 절차 방식으로 하면서 독특함과 포용을 다양한 목소리로 이야기하고 경청하기 위한 공간이 허용될 것입니다. 그렇게 되면, 소외와 외로움이 단절되고 공동체의 성장을 위한 기회가 열릴 것입니다.

저의 교육과정은 결코 끝나지 않습니다

저의 탐구는 결코 끝나지 않을 것입니다. 저는 이것을 오직 임시 휴게소로만 봅니다. 제가 저의 다시 이야기하기에 몰두하듯이 당신들도 당신들의 다시 이야기하기에 몰두하게 될 것입니다. 어떤 젊은 친구가 자신의 발명품에 대해 제게 이야기하고 있었는데 우리는 저녁을 먹으라고 부르는 소리를 들었습니다. "지금 끝낼 수 없어요. 저는 당신에게 더 이야기할 것이 너무 많아요."라고 그는 말했습니다. 그가 어떻게 느꼈을지 저는 압니다. 저도 지금 바로 그렇게 느낍니다. 당신들도 모두 그렇게 하겠지만, 저도 지금 그리고 미래에 더 이야기할 것입니다. 우리가 발견한 것들이 우리의 지식과 이해에 더해질 것입니다. 이는 계속 변화하는 학습의 전경에서 빛을 내기 위해 조금씩 주워 모으는 일을 말합니다.

이 탐구 과정 동안 저는 제 자신에 대해 많이 배웠습니다. "가르치는 여성들은 교육과정을 자신들의 삶으로 불러들인다."라는 Grumet의 말을 인용하면서, 저는 가르치는 일에 대한 저의 가장 초기의 이야기로 서장을 열었습니다. 저의 교육과정은 저와 함께 그대로 있고, 제가 이 탐구의 시작에서 던졌던 질문 또한 그대로 남아 있으며, 저와 함께 저의 미래로 여행할 것입니다. 제 삶에서 관계는 중요했고, 우리의 관계에서 그것이 계속 중요하다는 것을 인식하였습니다. "관계적 앎은 느낌을 포함하는데 그것이 관계에 뿌리를 두고 있기 때문이다. 그러나 그것은 또한 사고를 포함하고 있다." (Belenky et al., 1986, p. 121). 이 탐구 동안 저는 너무 많이 생각해서 머리가 터질 만큼 지끈거렸습니다. 대리 경험들이 때로는 매도되지만, 저는 당신들의 기쁨과 승리를 느꼈던 것과 똑같이 제 존재 안에서 당신들의 고통을 깊이 느꼈습니다. 그리고 이 내러티브에서 제가 다른 사람들을 위해 그것들을 찾아내 왔기를 바랍니다. 그들도 또한 당신들의 체험을 이해하고 그 체험들에 자신들을 개방하기를 바랍니다.

여성/어머니들의 실천적 지식에 대한 인식을 통하여 저는 제 자신의 실천적 지식을 인식하는 자유를 배웠습니다. 저는 "내가 갈 곳을

난 알지."라고 조용히 홍얼거립니다. 제 마음속에, 측정의 은유와 그에 따르는 비교와 경쟁의 은유가 정착되어 있다는 사실에 유념하기 때문에 저는 조용히 말합니다. 많은 이들이 그것을 물려받았다는 것을 인정하면서, 식탁 주위에 둘러앉아 우리는 측정의 은유가 우리 마음속에 단단히 자리 잡고 있다는 사실에 웃습니다. 그러나 그 웃음은 우리의 오래된 습관과 유산을 꾸짖으며 앞으로 나아가라고 우리에게 충고합니다.

"학교는 한 번도 중립적인 장소였던 적이 없다. 수 세기 동안 학교는 몇몇 사람들의 아이들이 다른 사람들의 아이들에게 종속되도록 배우는 장소였다."(Grumet, 1988, p. 181) 제게 경쟁이라는 은유는 교육, 예술과 과학, 삶에서 어색하게 자리 잡고 있습니다. Lather(1991)가 주목하듯이, 그것은 내러티브에서 설 자리가 없습니다.

> '성찰적 이야기'에서, 나는 내러티브 대 논쟁적인 합리성을 사용한다. 후자는 승자와 패자를 만들어 내는 반면, 전자는 "주장하기보다는 설명하는"(Van Maanen, 1988, p. 122) 작용을 한다. 텍스트는 분석하기보다는 드러내 보여 주기 위해 사용된다. 자료는 다르게 사용되는데, 분석을 지지하기 위해 사용되기보다는 논증적으로(demonstratively), 수행적으로(performatively) 사용된다(p. 150).

이 내러티브에서, 만약 우리가 바뀐다면, 우리는 모두 승자들입니다. "대체로 아무에게도 들리지 않는 사람들의 생애사는 인도적 영향을 깊게 미칠 수 있다."(Langness & Frank, 1981, p. 117)

저는 제가 알았다고 생각했던 것을 배우고 다시 배웠습니다. 그러나 올바른 환경이 새로운 학습에 결정적으로 중요하다는 것을 잊어버렸음에 틀림없습니다. 일 년 전에, 저는 다음과 같이 썼습니다.

> 최근 대학으로 되돌아온 후 운 좋게도 나는 공간이 허락되는 학습 상황을 경험하였는데, 그곳에서 더 많은 독서와 내 자신의 지식에 대한 더 깊은 성찰, 그리고 내 자신의 앎에 개방되었다.

성찰이 권장되고 저의 이야기-쓰기 자아가 나타난 것이 바로 여기였습니다. 이 경험은 제게 강한 인상을 주면서 제 존재의 깊은 곳에 있던 이야기들을 드러냈고, 저는 그것들이 어떻게 그렇게 오랜 동안 숨어 있을 수 있었는지 의아했습니다. 저는 서로에게 거리감이 거의 없는 학습자들의 협력적 공동체 속에서 창조된 장소에서 제 이야기의 일부를 공유함으로써, 제 자신을 드러내기 위한 용기를 발견했습니다. 그 경험으로 인해 저는 당신들의 이야기와 그것들에 대한 저의 이야기를 분리하고 싶지 않다는 것을 알았습니다. 그리고 내러티브를 쓰기 위한 다른 방식들이 논의되고 편지 형식의 글쓰기에 대한 아이디어가 제기되었을 때, 바로 그것이라고 느꼈습니다.

웃음에서 통찰력에 이르기까지

대단히 뛰어난 이야기꾼인 Sewall(1998)은 다음과 같이 썼습니다. "우리에게 이야기를 가져다주는 것은 웃음이라고 믿습니다…. 그리고 듣기 쉽지 않을 때조차 우리를 이야기에 계속해서 묶어 두는 것도 웃음이라고 생각합니다."(p. 11). Sewall은 또한 '웃음에서 통찰력에 이르기까지'의 즐거운 여정을 믿었는데, 이것은 제가 당신들의 이야기와 우리의 웃음을 다시금 성찰해 보도록 하였습니다.

저는 책상 위 포스트잇 종이에 일찍이 적어 놓았던, "코미디: 이 세상의 두 번째 진실"이라는 인용문(Bakhtin에게 경의를 표하며)을 봅니다. 그리고 제가 코미디를 선동적인 처방과 일시적인 처방 둘 다의 의미로 사용한다는 것을 생각해 봅니다. 선동적인 처방으로서의 특성은 논의되어 왔습니다. 일시적 처방의 측면은 '웃거나 그렇지 않으면 울 것이다.'를 암시합니다. 당신들의 삶에서 경험했던 고통에 대한 슬픔의 눈물과 그것에 담긴 정치적 의미에 대한 분노의 눈물, 지금까지의 저의 무력함과 절반의 인식에 대한 슬픔의 눈물, 불확실한 윤리를 가지고 있다고 느꼈던 정치와 실천을 따르고 그렇게 하면서 마찬가지로 불확실한 제 자신의 윤리를 강조한 것에 대한 분노와 부끄러움의 눈물 등입니다. 제 여동생은 단호한 어투로 "Vot voss, voss!"를 발음하는 러시아에서 온 친구가 있습니다. 그녀에게, 이것은 과거에 일어났던 일은 과거로 남는다는 것을 의미했습니다. 현재를 위해 앞으로 나아가 미래를 볼 때라는 것입니다. 저는 그녀의 말을 생각해 봅니다. 그 말은 저를 잠시 멈추게 합니다. 자멸을 가져올 채찍질을 멈추고, 저는 줄타기 곡예사처럼 균형을 확실하게 잡습니다. 그리고 우리의 웃음과 밀접한 관련이 있는 것은 우리의 약점뿐 아니라 장점에 대한 인식이라는 것을, 그리고 활짝 웃는 웃음, 깔깔거림, 배가 아프도록 웃는 웃음 등이 새롭게 발견된 궁금증과 가능성에 필요한 에너지를 방출한다는 것을 깨닫습니다.

우리의 귀향 축제

제가 당신들과 함께 기뻐할 것이라는 것을 저는 알고 있습니다. 저는 당신들의 용기와 성취를 축하하는 춤을 추고 싶습니다. 저는 이번에는 팜팜을 흔들지는 않을 것입니다. 현대의 치어리더들은 팜팜이 정교해진 안무에 오히려 방해가 되는 것으로 간주한다는 기사(*Edmonton Journal*, 1994)를 읽었기 때문입니다. 아니! 이 춤은 Janesick이 Merce Cunningham의 경험을 기술한 것처럼 포스트-모던이 될 것입니다. "나는 몸을 신뢰하고 체험에 의지하는 것을 배웠다…. Cunningham에게 춤은 공간을 통해 움직임, 소리, 빛이 서로 만나는 기회다." (1994, p. 218)

그 춤은 당신들의 삶을 존중할 것입니다. 이 탐구를 위해 저는—무릎 관절통이 있고 나이 든 몸이지만—안무가이자 무용가가 되고 싶습니다. 당신들의 이야기를 말하는 이 특정한 방식은 제 책임입니다. 그리고 그 책임의 무게는 더 무거워지고 역동성을 허용함으로써, 저의 근육을 완전히 바꾸어 놓습니다. 예상치 못하게, 전기뱀장어처럼 모두 풀리고 생기가 넘치는 토니의 두꺼운 스웨터의 모혼방 털실이 안무를 통해 꼬불꼬불 나타납니다. 그 실은 그것이 이 내러티브에서 보여 주었던 모든 생기발랄함으로 춤을 들락거리며 짜여집니다. 레나, 당신은 올리버를 "아주 복잡한 작은 털실 뭉치"라고 묘사했습니다. 그리고 또 다른 때에 당신은 "아, 그래, 할 수 없지! 올리버가 스웨터 실을 풀지만 않는다면."이라고 했던 정신과 의사의 말을 제게 해 주었습니다. 저는 그들이 그러한 행동에 부여하려는 중요성을 정신과 의사에게 묻기 위해 당신의 허락을 구했습니다. 당신은 승낙했지만 저는 그들로부터 답신 전화를 받은 적이 없습니다. 실을 풀고자 하는, 더 알고자 하는 열의를 가진 제 정신 상태를 우려해 보아야 하나요? 이 춤에서 제가 창작하는 것은 새로운 앎의 입구를 위한 상징으로서, 꼬불꼬불한 털실에 빛과 소리, 공기, 공간을 허용하면서 그것을 느슨하게 짜는 것이라는 것을 안다면 그들의 마음이 편해질까요?

식탁에 모인 제 친구들과 동료들에게 제 편지들로부터 발췌한 일부를 읽기 시작했을 때, 그들은 당신들의 경험을 자신들의 가슴으로 느끼듯이 모두가 아주 조용해졌습니다. 그들도 역시 교사, 어머니, 그리고 여성들이었습니다. 그들은, "멈추지 말아요. 제발 멈추지 마세요!"라고 소리쳤어요. 그때 저는 제 희망이 실현되었으며 당신들의 이야기가 독자들에게 영향을 미쳤고 그들의 관심을 끌었다는 것을 알았습니다. Barbara Tuchman은 *New York Times*(1989)에 "저는 독자들이 페이지를 넘기고 계속 넘기고 끝까지 넘기기를 바랍니다."(Richardson, 1994, p. 516)라고 썼습니다. 만약 더 폭넓은 독자들이 그렇게 반응하고 당신들의 이야기를 사고와 행동의 촉매로서 공고히 한다면 얼마나 변혁적인 힘이 될까요.

"내가 경험하고 이해한 것에 대해 … 나는 내 삶으로 대답한다." Bakhtin은 이런 말을 썼습니다. 저는 그 구절을 다시 읽을 때마다, 그 말의 용기와 진한 감동이 압도적임을 발견합니다. Casey는 그 말을 *I Answer With My Life: Life Histories of Women Teachers Working for Social Change*(1993)라는 자신의 책 제목의 일부로 사용합니다. Casey(1993)의 책 제목 첫 부분의 맥락은 그녀의 책 속

표지에 전부 인용되어 있습니다. "인격의 요소들 간에 내적인 연결을 보장하는 것은 무엇인가? 책임의 통일성뿐이다. 내가 경험하고 이해한 것에 대해 … 나는 내 삶으로 대답한다." Bakhtin은 그랬습니다. 그의 전기는 용기를 줍니다. 그의 일생의 업적들은, 그 중요성과 영향력을 여전히 느낄 수 있는 많은 주요 서양 철학자들이 집필한 저술의 효시였습니다.

조앤, 레나, 캐롤라인, 그리고 루이사, 당신들을 생각하면서, 저는 제 글의 안팎에 동시에 앉아 있습니다. 그리고 수집된 편지를 읽고 서로의 이야기를 들어 온 지금, 당신들이 어떻게 느낄지 궁금해하고 있습니다. 그 이야기들은 가족과 학교와 전문가들과의 삶과 결부된 당신들 아들들과 살아가는 이야기입니다. 우리 앞에는 우리의 독자들이 있습니다. 독자들의 현실도 당신들의 현실과 저의 현실처럼 구축됩니다. 우리 모두는 이야기된 삶을 지니고 있습니다. 우리가 독자들로 하여금 듣기를 원하는 것은 바로 우리의 이야기입니다. "그 이야기들은 규칙을 거역하거나 반박하는 삶의 현실을 드러내기" (Personal Narratives Group[PNG], 1989, p. 7) 때문입니다. 우리는 때로는 사과가 나무 가까이 떨어지기도 하고 멀리 떨어지기도 한다는 것[4)]을 그들이 이해하기 바랍니다. 모든 나무가 다르듯, 각각의 사과도 다릅니다. 우리는 독자들에게 땅에서, 그리고 나무에서 사과를 줍고 따도록 요청할 것입니다. 그 사과들의 맛을 보세요. 각각의 사과가 특별한 맛의 혼합을 지니고 있다는 것을 주목하고 그것을 천천

4) 역주: 부전자전이라는 의미의 'The apple doesn't fall far from the tree.'라는 서양 속담을 응용한 문장이다.

히 맛보세요. 저는 위에서 언급한 PNG 저자들과 같은 입장에 있기 때문에, '하나뿐인 진리 또는 유일한 진리에 대해 말하지' 않습니다.

> 우리는 여러 진리들에 대해 말하고 있었다. 이것은 분명히 복수적인 개념으로서, 한 여성의 전기가 그녀가 의식하는 경험과 사회적 전경의 중요한 특성들을 드러내고 반영하며, 이 둘로부터 그녀의 근본적인 현실을 만들어 내는 다양한 방식들을 모두 아우르는 것을 의미했다(Casey, 1993, p. 14).

Casey(1993)의 연구에서의 여교사들처럼, 당신들은 이 탐구의 본래 질문을 당신 자신들의 삶에 대한 의미를 묻는 질문으로 변형시켰습니다. 그리고 당신들은 강력한 대답을 우리에게 주었습니다.

Clark과 Holquist(1984)는 저에게 Bakhtin의 생각을 풀어내 주었습니다. 이들의 말과 Bakhtin의 말을 사용하여, 저는 "종교적, 정치적, 그리고 미적 경계를 넘어서는 사람들 간의, 그리고 사람과 사물 간의 관계"(p. 348)를 깊이 탐구할 수 있었습니다. 저는 계속해서 더 깊이 천착할 수 있기를 희망하며, 그 둘에게 모두 감사하고 싶습니다. 그들은 우리에게 Bakhtin을 읽을 것을 권유합니다.

> Bakhtin이 쓴 가장 마지막 글의 종결부인 결말의 불가능성에 대한 말을 인용함으로써, 우리는 그러한 정신으로 종결에 대한 일반적 기대에 경의를 표한다. "첫 번째 단어도 마지막 단어도 없다. 대화의 맥락은 끝이 없다. 그것들은 가장 먼 과거와 가장 먼 미래로 확장된다. 심지어 가장 먼 과거의 대화에서 생겨난 의미도 결코 한 번에 파악될

수 없을 것이다. 그 이유는 그것들의 의미가 항상 이후의 대화에서 다시 새로워지기 때문이다. 대화가 일어나는 어떠한 현재 상황에서라도 엄청난 양의 잊혀진 의미들이 있다. 그러나 이것들은 대화의 이후 과정에서 어떤 주어진 순간에 다시 상기되고 새로운 삶을 부여받을 것이다. 완전히 죽는 것은 아무것도 없기 때문이다. 모든 의미는 언젠가는 그것의 귀향 축제를 갖게 될 것이다."(1984, p. 373)

당신들 아들과의 삶을 너그럽게 공유해 주셔서 고맙습니다. 당신들의 귀향축제가 곧 이루어지기를 바랍니다.

안녕히 계십시오.

조이-루스 올림

맺는말

교사 여러분께,

앞의 편지들을 통해서 여러분은 단정적인 정의들에 의해 우리 자신은 물론 다른 사람까지 가두어 버린 상자들을 살펴보았습니다. 상자, 검사표, 범주들이 낙인을 위한 보존용기로 사용되고 있습니다. 둥근 구멍 속의 정사각형 마개의 이미지가 맴도는군요. 누구의 메아리들이 지금도 울려 퍼지는지를 밝히는 것에 대해 최근에 제가 경험한 것이 있습니다.

저는 어떤 보호시설장과 이야기하기 위해 불려 들어간 적이 있습니다. 저는 즉각 사태를 감지했으며 가슴이 쿵덕거리며 뛰었지만, '아마도 무슨 일인지 알 수 있을 것이다.' 라고 생각했습니다. 별다른 이야기 없이 저는 시설장의 사무실로 안내되었고, 시설장은 "그녀가 소란스럽고 크게 소리를 지른다든지, 다루기 어렵고, 자리에 앉아 있으려 하지 않고, 정말이지 다른 사람들을 괴롭히는 등 심각한 방해가 되고 있습니다. 그녀를 다른 곳으로 옮겨야겠습니다. 이 같은 행동을 다룰 수 있는 곳이 있습니다. 아마도 당신이 담당 의사에게 전화를 해서 약을 바꾸거나 늘려 볼 수도 있을 겁니다."라고 말했습니다.

제 목에 있는 덩어리 하나가 저의 목소리가 나지 않게 하는 것 같았고, 저는 침울한 소리로 "제게 좀 더 자세히 이야기해 줄 수 있겠습니까? 그러니까 … 그녀가 무슨 말을 하고, 그게 대체적으로 언제 일어나며, 다른 사람들을 어떤 식으로 방해하는지요?"라고 말했습니다. 시설장은 "제가 거기에 직접 있었던 것은 아니지만 이야기를 들었어요…. 아니 제가 정확히 기술된 것을 읽지는 않았습니다. 어디 보자. 여기에 '소란스럽다'고 했고. 아! 아니! 때리거나 뭐 그런 건 아직까지 없었습니다. 그리고 여기에 있는 사람들이 다른 사람에 대해서는 조금 배타적이라고 말해야겠네요. 그래요! 당신이 옳아요! 단지 석 주간만 그랬었네요."

이 이야기에서 '그녀'는 몇 주 전에 보호시설에 온 83세 친척입니다. 저는 기관의 권력과 그 한 사람의 주장으로 인해 고독함과 함께 함정에 빠진 듯한 느낌이 들었습니다. 저는 또한 제 자신과 네 명의 어머니의 경험들에 대한 이미지와 정면으로 마주하게 되었습니다. 단지 일반 학교, 분리학급(segregated classes), 타임아웃 방뿐만 아니라 누가 들어가야 하고 누가 분리되어야 하는지는 모든 교과에서 종종 의문의 여지를 만듭니다. 이러한 미결점은 우리가 우리 자신과 '우리의 타자들'을 탈출의 여지가 거의 없는 코너에 집어넣기 전에 평가 준거가 불안정하다는 것과 부지런한 보살핌이 필요하다는 것을 알려 줍니다. 올리버의 어머니 레나는 이것에 대해 말해 주었는데, 그녀는 "이것이 바로 모든 것이 제도화될 때 일어나는 어려움입니다. 모든 것이 정의되고 사람들은 그러한 정의들을 충족시켜야 합니다. 그리고 우리가 거기에 적응하지 못하거나 혹은 그러한 정의들에 부합하지 않을 때, 마치 우리가 일반화에 의해 포위된 것 같답니다."라고 말했습니다.

법학, 간호학, 심리학, 심리치료, 사회학, 사회복지 등 모든 학문들이 복잡한 인간 문제들에 대한 이해를 필요로 합니다. 그리고 이전 편지에서 저는 모든 사람들에게, 그들이 어디에서 가르치고 있든, 그 어머니들의 이야기들이 전해지기를 소망했습니다. 저는 이제 이 소원을 다시 반복하는데, 그것은 일반 학교 교사뿐만 아니라 다른 모든 교과 교사들도 그 어머니들의 경험을 느끼고 그들의 이야기하기에서 확언되는 인간성을 인식할 수 있게 하기 위해서입니다.

저를 이러한 내러티브로 이끌어 왔던 것이 무엇인지에 대해 질문을 받으면 지금도 놀라고 슬퍼지는데, 여러분도 그렇게 느낄지 궁금합니다. 그리고 저는 "저에게 행동장애 아이를 찾아 주십시오. 그러면 제가 당신에게 행동장애 엄마를 찾아 주겠습니다. 당신이 알듯이 사과는 나무에서 멀리 떨어지지 않습니다."라는 인용문을 다시 언급합니다. 많은 경우, 제가 이 신화에 반박하는 말을 하기도 전에 저는 이미 이것을 묵인하는 코멘트를 듣게 된답니다. "오, 그래요! 나는 그것에 동의해요. 당신은 어느 어머니가 그 행동장애 소년의 어머니인지 항상 분별할 수 있어요." 그러고 나서 비슷한 관점에서의 의견은 다시 이야기됩니다. 교육행정가, 교수, 심리학자 등 다른 사람들도 저를 잠시 멈추게 하는 견해들을 주었습니다. 어떤 이들은,

규범에서 벗어난 행동을 하는 아동들의 경우 교사들이 성장을 도모할 준비를 할 수 없다는 것은 이미 잘 알려진 사실이라고 합니다. 이것은 저의 경험도, 제 동료들의 경험도, 그리고 이 어머니들의 경험도 아닙니다. 또 어떤 이들은 교육제도가 어머니들의 죄책감을 키운다는 것은 잘 알려진 사실이라고 합니다. 저는 궁금해집니다. 교사와 교장들은 그들이 어머니들에게 불러일으키고 있을지도 모르는 죄책감을 충분히 이해하고 있을까요? 만약 그들이 자신들의 의견이 어떤 충격을 주는지를 안다면 한 어머니에게 "당신은 진짜 Chales Manson[1)] 같은 아이에 대해 책임이 있습니다."와 같이 말할 수는 없었을 것이라고 생각합니다. 우리는 낙인을 혐오한다고 입으로는 말하지만, 그 낙인들을 여전히 지속적으로 사용하고 있습니다.

"이야기를 말하고, 듣고, 인정하는 공동체적인 행동은 한 집단이 하나의 공동체가 되어 가는 방법입니다."(Frank, 1997, p. 42) 북아메리카의 다른 지역들과 같이 우리가 사는 지역에서도 의학, 간호학, 사회복지, 심리치료, 교육 분야의 실행가들이 부모들의 목소리에 귀 기울이는 공조적 대화를 위한 개혁적인 방법들을 찾고 있습니다. 그러한 공동체 속에서 우리는 우리 자신에 대해 배우고 새로운 방법으로 보고, 생각하고, 존재하는 방법들에 대한 가능성을 열어가고 있습니다.

오늘 저는 새로 발견한 책 한 권에서 그런 가능성들의 길을 열어주는 시를 한 편 발견했습니다.

1) 역주: 미국의 연쇄 살인마.

이성주의자들은 정사각형의 모자를 쓰고,
정사각형의 방에서 생각하고,
바닥을 보면서,
천정을 보면서,
정사각형으로
자신들을 구속한다.
만약 그들이 장사방형,
원뿔형, 파형선, 타원,
반월형을 시도했더라면,
이성주의자들은 솜브레로[2)] 모자를 썼을 것이다.
(Stevens, 1972, p. 17)

생명윤리에의 내러티브적 접근에 대한 책에서 Steven의 시를 포함시킨 저자인 Lois LaCivita Nixon은(Nelson, 1997) 의대생들에게 인간학 강의를 가르치고 있습니다.

> 솜브레로는 세상이 문화적으로 복잡하다는 것을 … 그리고 인간 실체들을 다루는 직업이 무엇보다도 중요하다는 것을 비유적으로 시시하고 있다. 복잡성, 뉘앙스, 그리고 모호성과 씨름하기 위해 의술을 실행하고자 하는 사람들에게 교실만큼 안전한 곳이 어디에 있겠는가?(p. 250).

2) 역주: 스페인, 멕시코, 미국 남서부에서 쓰는, 여러 도형이 조화롭게 짜 맞추어진 창 넓은 펠트 모자.

교사로서 우리는 교실이 안전하다고 믿으며, 저는 앞에서 언급한 소망처럼 다학문적 통합으로 되돌아가고자 합니다.

우리는 네 명의 어머니 이야기들로 들어가서, 그들에 의해 변화되기를 소망합니다.

안녕히 계십시오.

조이-루스 올림

부록

제가 그것을 했던 방법은 이렇습니다

2월/9월/12월

캐롤라인, 레나, 루이사, 조앤 씨께,

우리가 처음 만났을 때, 저는 왜 제가 당신들을 만나길 원했는지, 그리고 우리가 함께할 연구와 학습에 대해 제가 어떤 소망을 가졌는지 이야기했고, 제 자신의 교육과 학습 경험의 이야기를 해 주었습니다. 제 자신의 학습은 제가 연구하고 또 연구에서 발견한 것들을 써 나가는 방법에 대해 의미 있게 영향을 미쳐 왔으며, 저는 당신들과 그런 것들에 관해 많은 이야기들을 공유했습니다. 이 편지는 제가 어떻게 연구의 길을 걸어 왔는지에 대한 이야기입니다. 저는 이

프로젝트를 내러티브 탐구로의 첫 번째 도약으로 생각했습니다.

각 장의 서두에는 그 장을 구성하는 편지가 쓰인 달이 순서대로 적혀 있습니다. 적힌 것 중 마지막 달은 또 다른 이야기 혹은 당신과 저의 추가적인 성찰을 넣기 위해 제가 그 편지로 되돌아갔을 수도 있는 달입니다. 편지의 윗부분에 달이 네 개가 기록된 경우, 편지를 쓰는 데 네 달이 걸렸다는 의미는 아닙니다. 비록 어떤 날에는 저의 글쓰기 속도가 거북이 같이 느렸지만, 그 시간은 읽고, 대화하고, 동료와 친구들, 그리고 어머니 당신들과 만나는 시간을 포함하는 것이었습니다. 또한 우리 모두가 관계되었던 '기복 있는' 그런 '다른 날들'도 있었습니다. 글쓰기가 끝나는 날이 가까워질 때, 저는 그 편지들을 다시 보았고 명료성과 일관성을 보장할 말들을 추가하였습니다. 대부분의 나머지 세부 사항들은 친숙할 것이며 저는 우선적으로 그것들을 독자들을 위해 이야기하고 있습니다. 저는 또한 내용에 대해서는 당신들이 모를 수도 있다는 것을 알고 있습니다. 그러나 그것들은 주로 다른 저자들의 말을 삽입한 것이며, 저는 '우리의 목소리들을 섞는' 과정에서 왜 그렇게 했는지를 설명하고 있습니다.

첫 번째 단계들

저는 교육심리학과의 윤리위원회를 위해 준비한 자서전적 진술에서 제 자신에 대해 추가적인 설명을 했습니다.

> 이전 논문에서(Mickelson, 1983), 나는 사회성 기술 훈련 프로그램

들과 그것이 학생의 행동과 자존감에 미치는 영향을 연구하였다. 그 연구는 사전/사후 테스트 설계였으며 나는 통계 분석을 활용하였다. 그 학생들과 관계하는 동안 활용된 실험계획안에 대한 그들의 감정과 경험이 나에게 끊임없이 영향을 미쳤다. 나는 그들의 몇몇 인식을 포함시켰으나 아직도 그 코멘트들을 포함시킨 것만으로도 그들에게 폐를 끼쳤다고 느끼고 있다. 왜냐하면 나는 충분하게 깊이 여행을 하지 않았기 때문이다….

질적 연구자들이 가진 신념에 공명하면서 Reinharz(1992)는 우리의 심리적 · 사회적 삶을 이해하기 위해서는 감정을 공유하는 이해가 필요하며 이것은 과학적 실험 방법의 분리된 객관성을 통해서는 완전하게 얻어질 수 없다고 말합니다. Reinharz는 다음과 같이 Fine과 Gordon(1989)을 인용합니다.

만약 당신이 진정 우리 중 누군가를 이해하기를 원한다면 우리를 실험실 안에 가두거나 설문지를 건네주지 말아야 하며, 우리를 집에서 따로따로 면담하는 일도 지양해야 한다. 나를 볼 때는 여자 친구들, 내 아들, 내 아들의 아버지, 내 조카, 내 어머니와 함께 있을 때 보라. 그러면 나에게서 가장 진정하다고 느껴지는 것이 무엇인지 보게 될 것이다. 내가 가장 나다울 때 나를 구성하는 바로 그 순간들은 개인이나 집단에 대한 심리학적 연구들로부터는 멀리 동떨어져 있는 것이다(p. 106).

우리는 당신들의 집과 저의 집, 친구의 편안한 사무실을 비롯한 많은 장소에서 만났고, 우리끼리 있을 때는 서로의 이야기를 공유했습니다. 그뿐만 아니라, 당신들은 아이들, 친지, 애완동물을 저에게 소개해 주었으며, 개인적으로 소중하게 여기는 물건과 가족 사진들도 저에게 보여 주었습니다. 저는 당신들의 영적 너그러움에 감탄하였으며 그것을 존경했습니다. 레나, 당신은 전문가들과 충돌한 많은 경험에 대해 이야기할 때 Fine과 Gordon의 말에 공감하였습니다. "우리 애가 친구들과 함께 노는 비디오를 가져와 볼게요. 이웃들에게 왜 이렇게 이야기하지 않지요? 그러나 그것은 결코 일어나지 않았습니다."

연구계획서를 위한 자서전적 진술문에서 저는 다음과 같이 부연하였습니다.

> 인간 경험의 이해에서 맥락적, 체계적, 전인적 접근이 무엇보다도 중요한 사회복지 분야에서의 나의 교육을 고려할 때, 나는 양적 연구 패러다임에 '갇혀 버리는 것'의 역설을 인지했었다(Mickelson, 1983).

저는 많은 학문 영역들을 관통하는 탐구의 장인 질적 탐구에 회귀하기로 결심했습니다. Denzin과 Lincoln(1994)은 현장이 "복잡하고 상호 연관된 용어, 개념, 가정의 군"으로 둘러싸여 있다고 말합니다. 그리고 그들은 현장의 역사적 복잡성이 다섯 가지 뚜렷한 시점을 가진다는 점을 강조합니다. 그들은 Richardson(1991)의 현시점(the present moment)에 관한 정의, 즉 "현시점의 핵심은 어떤 담론이 특권적 위치를 가진다든지, 어떤 방법이나 이론이 권위적 지식에의 보편적이고 일반적인 권리를 가진다는 것에 대해 의문을 던지는 것이다."(p. 173)를 인용합니다. 질적 탐구자들은 '개인의 삶에서 일상적이고 문제가 되는 순간들을 기술하는 것에 대해' 자연적 상황을 포함하는 많은 다른 방법들을 활용합니다(Denzin & Lincoln, 1994, p. 2).

저와 마찬가지로 Reinharz는 실험적(양적) 연구방법과 자연적(질적) 연구방법 모두가 우리 '지식의 저장고'의 본질적 요소라는 의견을 존중합니다. 중요한 것은, 단지 저는 인간과학에서 일반화로 인해 많은 것들을 잃어버릴 수 있다고 느낀다는 겁니다. Robinson과 Hawpe(1986)는 후자(자연적 연구)에 대해 다음과 같이 언급합니다.

> 인간은 이상하게도 일반화에 대해서 양면적인 태도를 보인다. 한편으로 우리는 일상생활의 다양성을 격언들과 경험적 법칙들의 목록으로 동화하고자 노력한다. 다른 한편으로 우리는 각 사례들의 특수성을 강조한다. 우리는 사물들이나 사건들이 서로 유사한 정도에 기반을 둔 관점에 대해 가장 편안하게 느끼는 것 같다. 앞에서도 언급했듯이, 내러티브는 독특성과 보편성 사이에서 인지적으로 효율적인 하나의 절충이다.

질문

저는 제가 탐구하고자 하는 연구문제에 어떻게 이르게 되었는지를 윤리 심사 서류에서 작성하였습니다. 연구문제에 대해 생각하면 할수록, 저는 마치 여러 갈래의 길이 필연적으로 하나의 길로 합쳐지는 과정과도 같았음을 깨닫게 되었습니다. 그리고 그 과정은 제 어린 시절부터 시작되어 제 삶을 통해 계속 지속되고 있습니다. 마치 제가 그 연구문제를 거부할 수 없게 된 것만 같습니다. 저는 그 서류에 다음과 같이 썼습니다.

> 나는 최근에 교육, 사회복지, 상담, 학교심리학과 관련된 직업으로부터 '공식적으로' 퇴임했다. 나는 많은 학급에서 문제행동들을 보인다고 들어온 아동들을 가르치고 돌보았다. 또한 나는 '통제 불능'이기 때문에 병원에 갇힌 아동들도 보았으며, 이들 중 자신의 집, 학교 기숙사, 또는 대용 수용시설로부터 떠난 아동들도 알고 지냈다. 소년, 소녀, 유아, 청소년 등 모든 형태의 학생들이 있었으며, 그들은 다양한 능력 범위, 가족 배경, 경험을 가지고 있었다. 나는 그들을 가르치고, 평가하고, 추천서를 작성하고, '고치고', 치료 프로그램을 제공하고, '가정을 바꾸는' 등 다양한 방법을 통해 교육해야 했다.

저의 연구문제 진술은 다음과 같습니다.

> 이 연구는 행동장애로 진단받은 자녀를 둔 어머니들의 체험에 관한 것이다. 나는 이 경험의 본질을 알기 원한다. 이 연구의 목적은 그것에 대해, 그리고 그것이 어머니에게 무엇을 의미하는지에 대해 더 깊이 이해하는 것이다. 나의 희망은 내가 얻은 이해를 아동들의 삶과 관계된 더 넓은 성인 공동체들과 공유하는 것이다.

여성은 아동을 돌봄에 있어서 주요한 책임을 떠맡고 있으며, 저는 저의 탐구를 어머니들에게만 제한하였는데, 그 이유는 제가 그들의 이야기를 들어 보길 원했기 때문입니다. Ruddick(1989)이 말했던 것처럼 "저는 지금 아이들에 대한 보살핌의 책임, 기쁨, 임무를 떠맡고 있는 많은 남성들을 경시하자는 뜻이 아니며"(p. xi.), 당신들 중 세 명은 그러한 보살핌을 떠맡고 있는 배우자가 이미 있습니다. 연구문제 진술을 쓸 때부터 저는 저의 희망을 확장해 왔습니다. 읽고, 학습하고, 당신들 모두를 만나는 경험이 늘어나면서, 저는 공유하는 것만으로는 충분하지 않음을 알게 되었습니다. 저는 당신들의 발견과 통찰의 결과로서 변화가 나타나길 소망하며, 이것에 대해 더욱 성찰할 것입니다.

이 연구문제는 검토되었고 윤리위원회와 교육청 행정가들에 의해 허가되었습니다.

찾기

저는 저의 학위 논문감독위원회 위원들과 어떻게 그러한 어머니들을 찾을 것인지에 관해 논의해 왔습니다. 질적 연구에서는 무작위가 필수적인 것이 아닌 반면에 실험연구 방법은 주어진 모집단에서 무작위 선정을 요구합니다. 그리고 저는 내러티브 연구를 위한 저의 연구계획에 기꺼이 귀 기울이고자 하는 어머니들을 찾고 있었고, 그분들이 나와 함께하는 것에 관심을 가지고 있는지를 판단해야 했습니다. 이 두 접근 뒤에 존재하는 서로 다른 철학은 연구의 방법을 기술하는 데 사용되는 언어에도 영향을 줍니다. 우리가 대화할 때 저는 우리 모두를 당신들과 나의 이야기에 대한 이해와 그 의미를 함께 찾기를 원하는 공동연구자들로 언급하였고, 저는 당신들의 의도를 제대로 이해했는지를 확실히 하고자 저의 해석을 가지고 다시 당신들과 지속적으로 함께하고자 함을 설명했습니다. 그러한 방식으로 당신들의 반응과 대화를 위한 기회는 지속되고, 우리는 일치와 불일치를 다 같이 분별해 낼 수 있었습니다.

저는 연구의 범위를 가정에서 거주하고, 협력교육청으로부터 행동장애 자금 지원을 받을 수 있는 기준을 충족하고, 현재 분리학급에서 교육받고 있는 자녀를 둔 어머니들로 제한하기로 했습니다. 저는 또한 이 연구를 남자아이를 둔 어머니로 한정하였습니다. 제가 이 결정을 내린 것은 북아메리카 전역에서 분리학급 학생 중 90%가 남자아이들이라는 의식에 기인하였으며, 이러한 경향성은 당신들의 아들들이 학교교육을 받는 지역에서도 마찬가지입니다. 저는 이러한 학급에 있는 딸을 둔 어머니들의 이야기들은 다음번 연구 주제가 될 것이라 느꼈습니다.

저는 협력교육청에 속한 여러 학교 교장 명부를 받았고, 그들을 통해 저의 전화를 받기로 동의한 어머니들의 이름 또한 확보할 수 있었습니다. 학교의 교장이 어머니들에게 한 요청은 간단했습니다. "조이-루스 마이클슨에게서 전화받기를 원하시는지요? 그분은 대학원생으로서, 당신에게 자신의 연구에 대해 설명하길 바라며, 당신이 그녀의 연구에 동참하는 것에 관심이 있는지 알길 원합니다. 학교 교육청은 그녀의 연구계획서를 검토하였으며 승인을 허락했습니다." 일부의 경우에는 교장선생님이 이 일을 위임했는데, 어머니들에게 요청을 한 후에 저에게 해당 교사나 프로그램 보조교사에게 왜 제가 직접 학부모들과 이 연구를 토의하고 싶어 하는지를 말하도록 요청했습니다. 그래서 저는 그렇게 응했습니다.

비난하기

제가 그들에게 이 연구계획서에 대해 이야기했을 때, 저는 이미 학교 관계자들로부터 다양한 응답을 받았다고 설명했습니다. 그들의 응답들은 자기 자신의 편견을 반영하고 있었습니다. 그 응답들 중에 저는 "그 어머니들은 당신에게서 전화받는 것을 원치 않을 겁니다. 학교로부터 전화받는 걸 좋아하지 않을 뿐이에요." 그리고 "그 어머니들은 어쨌든 당신에게 말을 건네지 않을 것입니다. 그들은 이미 충분히 책망을 들었다고 느끼고 있거든요."라고 말하였습니다. 어떤 학교 관계자는 "저에게 행동장애아를 찾아 주십시오. 그러면 그 행동장애아의 어머니를 당신에게 찾아 주겠습니다."라고 말을 더했습니다. 그리고 그다음 말은 "당신도 알고 있겠지만 사과는 나무로부터 멀리 떨어지지 않습니다."였습니다. 저는 그 고정관념으로 인해 슬퍼졌고 화까지 났습니다. 저는 책망받는다고 느껴 온 어머니들로부터 소식을 들을 수 있었고, 그 어머니들은 자녀들이 학교에 입학할 때 그러한 책망을 자주 감지하기 시작한다고 털어놓았습니다.

이것이 제가 이 탐구를 위한 저의 소망을 여러분에게 이야기해 주고 싶은 이유였습니다. 그렇게 함으로써 저는 그분들이 느끼는 책망감을 강화시키지 않을 것임을, 그리고 저의 요구가 타자에 의해 여과되지 않고 저 자신의 언어로 주어질 수 있다는 것을 확인할 수 있다고 생각했습니다. 몇몇 분리학급에서는 모든 학생들이 대용 수용 시설에서 살고 있으며, 또 다른 분리학급에서는 단지 한 학생만이 부모와 함께 살고 있는데, 그 학생은 여자아이라고 들었습니다. 전화번호 목록을 손에 들고 저는 적극적으로 공동연구자가 되기를 희망하는 분들을 찾았고, 마침내 저는 네 명의 어머니들을 얻게 되었습니다. 이들의 아들들은 모두 제각기 다른 학교에 다니고 있었고 나이가 달랐습니다. 이 어머니들이 바로 당신들이었습니다.

유목적적 표본 선정은 우리가 서로 연결되는 방법에 부과되는 이론적인 명칭이며, 이것은 질적 연구에서 흔하게 활용됩니다. 이러한 표본 선정을 활용하면서 어떤 사람들은 고의적으로 "최대 변이 표본 선정(maximum variation sampling)을 찾는데, 여기서 탐구자는 각기 최대한으로 다른 장소나 참여자를 찾고 관찰을 하기 위해 노력합니다. 이렇게 함으로써 될 수 있는 한 많은 다른 정보를 얻는 데 도움이 됩니다" (Borland, 1990, p. 165).

관계의 출발

맨 처음 전화 접촉을 할 때 당신의 목소리에서 느껴진 따뜻함은 저에게 힘을 북돋아 주었습니다. "참 좋은 아이디어입니다. 정말 좋은 아이디어입니다! 저에게 어떤 일이 일어났는지 당신에게 정말 이야기하고 싶습니다." "드디어 제가 해야 할 말을 들어 주기를 원하는 사람이 나타났군요. 이제는 제 차례입니다." 루이사, 당신은 "음… 이제까지는 제가 듣기만 했었는데…. 그러나 거기서는 아무것도 나오지가 않더군요. 이 기회는 저로 하여금 뭔가를 분명하게 분별할 수 있도록 해 줄 것입니다."라고 말했습니다.

저는 우리의 첫 번째 만남을 간절히 기다렸습니다. 거기서 저는 전화로 간단히 이야기했던 것들과 모든 연구에서 있어야 할 본질적인 통고들, 즉 고지에 근거한 동의와 기밀성에 관해 다시 언급하였습니다. 고지에 근거한 동의는 연구자들이 무엇을 할 것인지에 대해 명확히 설명하고 연구자와 협조자 모두의 책임과 의무에 대해 상술했다는 것을 의미합니다. 저는 다소 형식적인 언어는 아니었지만 그것을 완전하게 설명했으며, 당신들 모두는 언제든지 연구를 중단할 수 있으며 당신들의 이름은 물론 당신들이 언급한 사람들의 이름이 완성된 논문에서 나타나지 않을 것이라는 점을 알고 동의를 했습니다.

우리는 어떻게 익명성이 문제가 될 수 있는지 논의하였는데, 캐롤라인과 조앤 당신들에게 그것은 어떤 문제도 되지 않았습니다. 조앤 당신은 모든 사람이 '진정한 공동체'처럼 느껴졌던 로이드의 학교의 그 훌륭한 교장선생님과 교사들의 이름을 기억하길 원했습니다. 캐롤라인 당신은 로저와 라이언의 학교, 그리고 이웃에 사는 모든 사람들이 당신이 삶에서 겪은 정신적 충격에 대해 인지하고 있다는 것을 알고 있었으며, 당신이 편안하게 공유할 수 있는 이야기의 일부분만을 제가 포함시킬 것도 알고 있었습니다. 우리는 당신들의 가족 구성원들은 물론 언급되는 모든 사람과 장소들에 대해 결국에는 가명을 사용할 것을 결정하였습니다. 우리가 그러한 결정을 내린 이유는, 비록 당신들 중 일부는 자신의 실명을 사용하는 것을 편하게 느꼈더라도 우리가 허락을 얻어 내지 못한 다른 사람들이 드러날 수밖에 없다는 것을 알았기 때문이었습니다. 미래에 고소당할지도 모른다는 우려 또한 고려되었으며, 우리는 이러한 문제가 불거지지 않길 바랐습니다.

이 연구계획서에 쓴 또 다른 저의 소망은 당신들이 자신의 체험을 공유하면서 '우리가 함께 패턴, 주제, 의미를 드러낼 수 있다.' 는 점이었습니다. 저는 우리가 함께 보냈던 시간이 구조화되지 않기를 바란다고 썼고, 질문할 목록은 준비하지 않았으며 우리의 질문들이 성찰의 과정에서 생성된 대화로부터 나오기를 기대했습니다. 그때 저는 "면담의 철학적 속성은 신뢰와 상호성의 분위기 속에서 대화가 구축되는 해석학적 탐구 속에서 나타날 것이다."라고 적었습니다. 일 년 뒤, 저는 신뢰, 상호관계, 호혜성이 우리가 성취한 특성들이었음을 믿게 되었습니다. 당신들이 저에게 그렇게 이야기했으며, 우리의 상호 에너지를 통해 우리는 그러한 것들이 우리의 대화들 속에서 분명히 계속되도록 할 것입니다.

이 편지의 뒤편에서 저는 교육적 이야기들의 도덕적 설득력에 대한 Thomas Barone의 강조점과 대화의 도덕적 내용에 대한 Nel Noddings의 관점에 대한 이야기를 언급하는데, 저는 이것이 내러티브의 도덕적 설득력에 본질적인 것이라 생각합니다. Noddings는 이 관점을 도덕적 사고력, 판단, 정당화에 대한 전통적 윤리에서의 강조와 대조시킵니다.

> 보살핌의 경향성에 있어서 우리는 관계 맺기, 함께 느끼기, 표현된 요구에 대해 긍정적으로 반응하기, 그리고 보살핌의 태도가 필요할 때 이것을 불러올 수 있을 정도로 우리 자신을 잘 이해하기에 관심을 더 갖게 된다(1992, p. 13).

나는 이러한 경향성을 가지고 당신들에게 다가갔습니다. 그리고 이 내러티브 안에서 당신들의 이야기들에 대한 저의 해석이 이러한 경향성을 가지고 내내 지속되어야만 합니다. 왜냐하면 내러티브 탐구를 포함한 모든 질적 연구에서 해석은 지속적으로 이루어지기 때문입니다. 저는 다음과 같이 썼습니다.

> … 나는 처음에 녹음기를 들을 때 나의 반응을 기록할 것이며 불확실한 점들을 명료화하는 데 필요한 추가적인 질문들을 적을 것이다. 나는 그 어머니들의 내러티브를 주의 깊게 읽을 것이며, 그러고 나서 "유의미한 진술들을 추출하고" "의미를 형성하기" 위한 시도를 위해서 다시 읽기를 할 것이다(Colaizzi, 1978; Giorgi, 1987; Tesch, 1990). 내가 나의 코멘트와 성찰이 적힌 전사지를 어머니들에게 보여 주면 그들은 나에게 "아니에요! 그것은 제가 뜻한 바가 아니에요. 저를 잘못 이해했어요."라고 말할지도 모른다. 그러면 우리는 더 깊이 파헤치면서 다시 말하고 다시 이야기하고 아마도 다른 의미들을 발견하게 될 것이다. 이 의미들로부터 패턴과 내러티브적 의미들이 생성되며, 그것들은 상호적 의미를 위해 다시 공유되고 협상될 것이다.

저는 우리의 대화가 담긴 전사지들을 읽고 제가 실제로 말한 내용을 쓰면서, 그것이 내용에 있어서 너무나 이질적임을 발견하였지만, 우리 모두가 발견했듯이, 우리의 대화적 담화는 덜 형식적이었습니다.

… 저에게 어땠는지 말해 주십시오. 그러지 않으면 당신은 "네 그래요! 대략 그래요."라고 말할 수도 있습니다. 그러면 저는 "만약 당신이 할 수 있다면 조금 더 저에게 말해 주세요." 또는 제가 당신에게 "어, 나와 이야기했던 어떤 어머니들은 이렇게 또는 이렇게 이야기해 주었어요. 이것이 당신에게 더 알맞은가요?"라고 말할 수도 있습니다. 그리고 세 번째로 저는 어떤 일반적인 주제들을 가지고 다시 돌아와 "당신이 나에게 말해 준 것들에서 이것들이 진짜 핵심적인 것들처럼 보입니다."라고 말합니다.

당신들의 이야기와 말에서 내가 포함시킬 부분에 대한 최종적 거부권은 당신들이 가지고 있다는 점에 대해 우리는 합의했습니다. 우리의 대화—그것의 패턴과 주제—에 대해 이야기할 때마다 당신들은 자신의 말과 우리 서로가 형성한 상호적 의미에 대해 대체적으로 편안함을 느낀다고 말해 주었습니다. 그럼에도 불구하고 나는 이 내러티브가 그다음 날 다시 이야기될 수 있음을 알기에 이 내러티브의 마지막 단어를 쓸 때까지 당신들에게 지속적으로 물을 것입니다.

데이터에 몰입하기

저는 당신들의 이야기들에서 어떻게 패턴과 주제를 찾을 수 있을지를 고민해 왔습니다. "당신은 그 데이터를 어떻게 분석할 것인가요?"라는 질문을 저는 자주 받았습니다. 저는 경험 있는 연구자들이 쓴 많은 책들을 읽으면서 스스로 준비하려고 노력해 왔으며, 다른 사람들에게 어떻게 그 과정을 진행하였는지 물어보기도 했습니다. Tesch(1990)는 이때 취해야 할 세 가지 핵심 단계로서 "조직적 체계 개발하기, 데이터 분할하기, 관계 만들기"를 이야기합니다(Miller & Crabtree, 1994, p. 345). Miller와 Crabtree는 이 단계들을 '몰입/결정화' 속에서 와해시킬 것을 언급합니다. "몰입/결정화는 풍부한 직관을 가지고 장기간 동안 텍스트에 몰입하는 것입니다."(p. 345) 그리고 이것은 저에게 적합한 방법입니다.

저는 제 자신을 몰입시켰습니다. 저는 읽고 또 읽었습니다. 저는 우리의 대화가 담긴 테이프를 들었고 그러고는 다시 듣고 전사지의 여백과 뒤에 당신에게 보내는 수많은 코멘트를 적었습니다. 저는 제 저널에도 적었습니다. 저는 제 컴퓨터로도 기록했습니다. 저는 어디에나 기록하였습니다. 그리고 동시에 저는 제 눈과 손으로 그 관계들을 알아내야 했습니다. 저는 포스트잇 쪽지와 그것들의 선명함이 넘치는 색조에 빚을 졌다고 이야기합니다. 저는 당신들 각각에 대해 다른 색을 선택했고, 그 작은 쪽지에 전사지의 행의 숫자를 작은 글씨로 적었습니다. 그리고 거대한 보드에서, 이 쪽지들을 제가 찾아낸 패턴과 주제들 주변에 붙였습니다. 통찰이 더 떠오르면서 병치, 재배치를 놀이하듯이 즐겁고 자유롭게 하였고, 그것은 자유롭게 일관성을 찾도록 해 주었습니다. 저는 상세화된 코드북에서는 이것을 얻을 수 없다고 느꼈습니다.

내러티브 제시하기

일반적으로 논문이라고 불리는, 연구의 완성된 글은 앨버타 대학교 Herbert Coutts 도서관에 저장될 것입니다. 조앤, 저는 당신이 "이 글들이 거기에 보관되는 것이지요?"라고 말했을 때 놀라워했던 당신 목소리를 기억합니다. 그리고 저는 당신이 그 내러티브를 읽고자 하는 사람들에게 어디로 가라고 말해야 하는지 알 수 있도록 당신에게 모두 알려 주어야겠다고 메모했습니다. 제가 지금 직면하는 딜레마는 부분적으로는 제 자신이 만든 것이지만 연구 결과를 쓰는 방법을 기술한 기존의 전통에 의해서도 영향을 받았습니다. 연구 결과 제시에 대한 대안적 방법들이 허용되는데, 저는 집단적으로 그리고 개인적으로 당신들에게 편지를 쓰듯이 당신들과 나, 그리고 우리의 이야기들을 쓰기로 결정했습니다. 저는 당신들에게 개별적으로 편지를 쓸 때조차 당신들 모두와 공유하고 싶었던 반응들을 포함하고 있음을 재빨리 발견했습니다. 그 딜레마를 해결하는 한 가지 방법은 모든 편지들을 복사하고 모든 사람들이 각각의 편지들을 받았는지 확인하는 것이었습니다. 우리는 이것에 대해 토의했으며, 당신들의 허락을 받게 되었습니다. 그러나 놀랍기도 하고 당연하기도 하지만, 몇 달이 지나면서 저는 각각의 편지의 시작에서 당신들 모두를 이야기하고 있으며, 이름을 언급하면서 우리 둘 다가 부여한 개인적 해석과 반응을 강조하고 있음을 발견하게 됩니다. 저는 아직도 그 패턴의 특수성에 따라 양쪽의 길 사이를 여행하고 있는지도 모릅니다.

조앤, 당신은 계속해서 이렇게 말했습니다.

> 제가 묻는 이유는 제 자신의 관심 때문이기도 하지만 제가 근무하는 직장의 관리자 중 한 사람의 양아들이 이 모든 것을 겪어 왔기 때문이기도 합니다. 그녀는 이 모든 것들의 심리적 · 신체적 요소들에 대해 너무 잘 아는 분입니다. 그리고 그녀는 저의 참여에 대해 매혹되었습니다…. 그녀는 어머니의 입장에서는 많은 것을 바라지 않는다는 것에 저와 동의했습니다. 그리고 그녀는 마지막 결과가 무엇인지 듣길 원했었습니다. 또는 우리가 모을 수 있는 어떤 새로운 것들이 있는지를 말이에요.

이집트의 옥수수 들판에서 이삭줍기를 하는 룻[1] 같이 저는 낙관적입니다. 저는 전체에 의미를 더할 새로운 조각, 새로운 징후나 이삭, 새로운 독특함이 있을 것이며, 아마도 우리의 독특함이 타자의 지평을 확대하고 풍부하게 할 것이라 생각합니다. 그리고 제 자신에게 쓴 노트가 다시 이야기화되었습니다. 왜냐하면 시간이 지나고 마지막 내러티브의 삶이 생성되면서 그것은 당신들 모두가 할 탐구 전체에 대해 말해 주는 편지들을 구성할 것이며, 당신들은 당신들의 이야기들을 듣고 싶어 하는 사람들에게 편지를 빌려 줄 수도 있기 때문입니다.

---

1) 역주: 남편이 죽은 후 보리이삭을 주워 시어머니를 봉양하다 그 밭의 주인 보아즈와 결혼하여 살게 된, 선량하고 따뜻한 마음의 성경 속 인물.

내러티브와 이야기

이 연구는 여러 가지 형식을 취할 것이며 저는 내러티브 탐구를 선호하는 탐구방법으로서 그러한 형식을 선택했습니다. 저는 여러 가지 이유로 그 선택을 했으며, 그 이유 중 하나는 우리의 목소리들이 분명하게 들리도록 허락하기 때문입니다. 우리의 초기 대화에서 저는 '이야기'와 '삶의 이야기'라는 말을 사용했고 첫 번째 만남에서 우리는 바로 이야기를 해 나갔으며, 시간은 단지 몇 분처럼 지나갔습니다. 그러나 여기서 저는 내러티브에 대해서 보다 형식적으로 쓰고 싶습니다.

Polkinghorne(1988)은 내러티브가 결과는 물론 과정, 이야기를 만드는 과정, 이야기의 계획을 가리킬 수 있음을 말하면서 내러티브의 의미를 상술합니다. 그는 철학, 역사, 문학의 영역들에서의 내러티브의 사용을 추적하면서 인간과학, 특히 심리학에서 내러티브가 더 최근에 출현했음을 인정했습니다. 심리학자들은 19세기 중반부터 자신들의 연구를 설명하기 위해 자서전, 생애사, 사례연구를 활용해 왔습니다. 북아메리카에서 수십 년 동안 심리학 영역에서의 연구는 통계학의 비유와 함께 자연과학적 패러다임에 의해 지배되어 온 것으로 여겨집니다. 그러나 1960년대에 인본주의적 심리학과 실존적 심리학의 뒤를 이어 성격과 인간이 개인적으로, 그리고 집단에서 만드는 의미에 대한 관심이 부활하였습니다. 과학자들 역시 그들이 내러티브와 갖는 관계성을 인식합니다. *The Defense of Science* (1988)에서 Grove는 다음과 같이 진술합니다.

과학은 신화를 만들어 내는 것과 같이 일종의 스토리텔링이다. 그러나 과학은 중요한 점에서 신화 만들기와 다른데, 그것은 과학이 세계가 발견되는 방법에 적응하기 위해 끊임없이 다시 쓰이기 때문이다(p. 9).

Robinson과 Hawpe는 "우리가 이야기를 구성하는 것은 경험을 성찰하면서부터이며", 이 이야기들은 우리의 경험을 설명하고 이해하기 위한 노력들이라고 믿습니다(1986, p. 111). Hopkins(1994)는 내러티브를 이론화하는 것이라고 이야기하면서 Blum(1977)을 언급하는데, Blum은 "이론화를 통해 이론가는 자신의 자아를 찾고, 이론화에서의 그의 업적은 그의 자아를 회복하는 것이다."라고 말합니다(Hopkins에서 재인용, p. 159). 우리가 여성이기 때문에 나는 '그의'를 '그녀의'로 대체합니다. Hopkins에게 있어서

> 누군가의 이야기를 안다는 것은 내러티브적 이론화의 가장 진보된 단계들을 통해 그 사람이 창조해 온 자아를 아는 것이다. "여기에 나라는 사람이 있고 여기에 이런 방식으로 내가 된 과정이 있다. 그러나 나는 지금도 되어 가고 있다."(p. 160)

그리고 이것은 당신들이 자신에 대해, 그리고 아들들과 함께한 당신들의 삶에 대해 이론화하면서 우리가 이루어 나갈 과정입니다.

Mishler는 "내러티브의 뚜렷한 특징은 시작, 전개, 결말과 함께 행위의 의미 있고 일관된 과정들을 나타내 준다. 내러티브적 구성은 사건들의 역동적인 정렬을 드러낸다."고 상기시켜 줍니다(1986, p. 24). Theodore Sarbin은 그의 책 *Narrative Psychology: The Storied*

Nature of Human Conduct(1986)에서 내러티브는 "인간 행위를 위한 조직화 원리"(p. 9)라고 말하며 MacIntyre를 인용합니다.

> 내러티브의 형식이 타자의 행위를 이해하기에 적합한 것은 우리의 삶에서 우리 모두가 내러티브를 살아내기 때문이기도 하고 우리가 살아내는 그 내러티브의 견지에서 우리 자신의 삶을 이해하기 때문이다. 이야기는 이야기되기 전에 살아진다…(1981. p. 197).

Bruner(1986)는 이야기가 "현재에 의미를 주며 우리가 현재를 하나의 구성된 과거와 미래를 포함하는 일련의 관계의 일부분으로 볼 수 있도록 해 준다."고 말하면서 이야기들의 연관된 속성을 보여 줍니다. 그는 우리에게 "그러나 내러티브는 변하며, 모든 이야기들은 부분적이며, 모든 의미들은 불완전하다."고 상기시켜 줍니다(p. 153). 이야기와 내러티브는 우리의 지식과 이해를 성찰하고 확장하는 데 활용됩니다.

> 내러티브는 연구될 경험의 구조화된 속성을 이름 짓고, 연구에서 탐구 패턴을 이름 짓는다. 이 구분을 유지하기 위해 우리는 현상을 '이야기'로, 탐구를 '내러티브'로 칭하는 분별 있게 잘 구축된 장치를 활용한다(Connelly & Clandinin, 1990, p. 2).

저의 탐구는 위의 전통을 따릅니다. 행동장애로 분류된 아이의 어머니로서의 당신의 체험들은 이야기로, 그리고 이러한 편지들을 성찰하고 탐험하고 쓰면서 함께하는 우리의 여정을 내러티브로 인식합니다.

우리 목소리들을 섞기

저의 희망은 저의 말들이 폭넓은 독자 공동체에 공명하는 진동을 생성해 내는 것입니다. 당신들이 저에게 한 이야기들과 그 이야기와 연결되고 관련되는 저의 이야기들이 우리에게 보는 방법들을 일깨워 주기를 바라며, 이 이야기들은 다른 저자나 이론가의 말들과 연계될 것입니다. 저는 우리의 목소리들을 이러한 방식으로 제시하기로 했는데, 그것은 제가 우리의 말과 타자의 말을 각각의 장에서 분리하기보다는 상황 속에서 연계하기 위해서입니다. 이것은 그들에게 응당한 공간을 돌려줄 것이며, 제가 신뢰하는 비관료적이고 비수직적인 관계를 보완해 줄 것입니다. 그래서 그것은 보다 나은 이해의 순환이 되어 줄 것입니다. Middleton(1993)은 그녀가 교과서를 편집할 때 가졌었던 딜레마를 회피하기 위해 이 방법을 선택했습니다.

> 나는 문헌에 대한 권위적 개관으로 시작하여 해당 학문의 이론적, 방법론적 전통 안에서 그 책에 다양한 논문들을 위치시키는 일반적인 편집 전략을 고려했었다. 그러나 이 텍스트를 그러한 방식으로 편집함으로써 '나'는 스스로 체험한 세계로부터 개념적으로, 그리고 공간적으로 나 자신을 제거하게 될 것이다…(p. 44).

저는 Middleton의 딜레마에서 공명을 얻었는데, 왜냐하면 이 내러티브 탐구에서 우리의 체험적 세계는 개념적으로나 공간적으로나 분리될 수 없고 저도 그렇게 되는 것을 원하지 않기 때문입니다. 그렇게 살아온 저의 삶이 없었다면, 제가 당신의 허락을 얻어 당신들의 삶으로 들어갈 일도 없었을 것이기 때문입니다. Neumann(1992)은 비유적 사고를 다음과 같이 표현합니다.

> 다른 사람의 이야기를 듣는다는 것이 무엇인가는 나는 누구인지, 내가 무엇을 아는지의 관점에서만 알 수 있다. 그리고 다른 사람들의 경험을 다시 이야기하는 과정에서 나는 또한 거기에 있는 것이다. 그 이야기가 걸러지는 것은 나의 눈과 귀, 그리고 마음과 심장에 의해서다. 타자에 대해 이야기하는 그 이야기는 그만큼—혹은 더 많이—나에 대한 이야기인 것이다(p. 24).

그녀는 하나의 이야기나 경험을 두 개로 이야기하는 것을 강조한 Spiegelman(1991)과 Van Maanen(1988)을 지적합니다. 하나는 과거를 기술하는 화자의 경험인데, "현재 순간에만 존재하는 청자는 화자가 이미 알고 있는 과거로 다가가지 않고서는 그 이야기를 온전히 이해할 수 없기 때문이다"(Neumann, p. 23). 다른 하나는 그 이야기를 현재 말하는 화자의 경험입니다. 그녀는 우리의 이야기에서 '자아와 타자의 독특성'을 잃지 않았다는 것을 확인하고 싶어 합니다. "우리가 서로의 앎을 이해하는 능력은 서로 긴밀히 연결되어 있다."(p. 24) Carr(1986)는 "다양한 정도의 복잡성과 명시성에서 시간의 제약을 받는 이해는 … 우리에게 이야기 속의 등장인물들과 그 이야기의 화자들 모두가 시간적 이해에 의해 구성되도록 만들어 준다."고 이야기합니다(p. 95).

심지어 제가 그 편지를 쓰려고 준비하는 때조차 사태는 다르게 나타날 수도 있다는 것을 의식하고 있습니다. 그것은 내러티브가 그것의 이야기하기와 다시 이야기하기와 함께 자신의 생명을 가지고 있기 때문입니다. Steinem(1992)도 이것을 발견하고는 "그러나 즉각, 이 책은 자기 나름대로의 생각을 가지고 있었다."고 말했습니다. 저도 명료함을 위해 당신들의 말과 생각을 각각 다른 장에서 제시하는 것을 선호한다는 것을 발견할 것입니다. 저는 저의 동기가 제가 당신들에게 제안했을 때와 같이 저의 글쓰기가 용인되고 기대되는 범위를 벗어나서 거부당할 수도 있다는 두려움에서 기인하지 않았음을 확신합니다.

모두가 이해하기 쉬운 평범한 언어

저는 당신들에게 쓰는 편지가 가독성이 있기를 원하며, 우리의 이야기들이 이해하기 쉽기를 바랍니다. 저는 짧은 진술문 하나를 알고 있는데, 그러나 그것은 제가 수년 전에 속했던 공부 모임에서 지친 목소리로 공유된 일화들을 숨기고 있습니다. "저는 이 모든 것들을 읽어 왔지만 도대체 이해할 수가 없습니다. 그것들은 마치 실제 삶과 분리된 것처럼 보입니다." 또 다른 친구가 말했습니다. "언어가 그 글을 매우 비밀스럽게 만들었어요. 모든 의미가 숨어 있었어요. 그것은 마치 자신들이 쓰는 것을 당신이 이해하길 원치 않는 것과 같아요." 세 번째 친구는 비꼬면서 농담을 했습니다. "고문이에요.

정말이에요. 고문이에요! 심지어 그 말들을 발음하는 것조차, 난 할 수 없었어요." 학문적 논문에서 사용된 언어의 모호성은 많은 사람들에 의해 학계의 문제점으로 여겨지고 있으며, Diamond(1993)는 이와 관련하여 자신이 학문적 글쓰기를 버리고 사람들 사이에서 나의 개인적 목소리를 담아낸다는 것이 쉬운 일이 아님을 알게 되었다고 말했습니다. 그는 개인적 목소리의 활용이 종종 교육계의 학문적 글쓰기에서 신뢰할 수 없고, 타당하지 않으며, 하찮은 것으로 의심받았다고 말했습니다. 저는 이 연구가 하찮은 것이 아니며, 신뢰도는 질적 연구의 경계 너머에 존재하는 비유에 달려 있다고 주장합니다.

Thomas Barone(1992)은 '이해하기 쉽고, 주목하지 않을 수 없고, 도덕적으로 설득력 있는' 연구 텍스트의 생성에 대해 통찰력 있게 글을 쓰고 있습니다.

> 이해도는 엄격하게 말해서 텍스트 속에 내재된 특성이 아니고 텍스트와 독자 사이의 상호작용 안에 있는 것이다. 그러므로 특정 형태의 언어와 다른 수사적 전략들의 사용은 어떤 독자들에게는 이해될 수 있지만 다른 이들에게는 이해될 수 없는 텍스트를 생성하게 될 수도 있다(p. 23).

자신의 논문에서 그는 '속인에게 친숙한' 언어를 주장하였으며, 이 책에서 저는 이 점을 목표로 삼고 있습니다. (전문성의 증대에 대한) 그의 기술에서 어떤 것도 "우리가 더 이상 서로에게 익숙한 방법으로 이야기하지 않을 것을 제안하는 것으로 이해되어서는 안 된다."(p. 23)는 점을 염두에 두면서 말입니다. 그는 학교와 관계된 사람들의 삶에 대한 이야기들을 언급하고 있으며 저는 그러한 텍스트가 확장될 것을 바라는 그의 소원처럼 당신의 삶의 이야기를 포함시키기를 원합니다.

나의 희망

저는 어머니들의 실천적 앎, 교사로서의 어머니, 행동장애로 낙인찍힌 아들의 어머니의 다양한 가닥과 학교 관계자들의 삶을 짜서 엮기를 희망합니다. 당신들이 공유한 이야기와 아들과 살아가고 있는 삶은 학교 관계자들의 삶과 관계되어 있고, 저는 제가 접한 수많은 영향력과 학습, 경험을 기반으로 당신들의 이야기들을 주목받고 도덕적으로 설득력 있는 방식으로 학교 내러티브의 텍스트에 추가시킬 수 있도록 돕는 교육적 탐구자가 되기를 희망합니다. 저는 당신들의 강렬한 이야기에 빠져들고 때로는 산산이 부서지기도 했으며, 제가 그 이야기들을 거부할 수 없는 방식으로 다시 이야기할 것이라고 믿고 있습니다. 도덕적 설득력에 대한 Thomas Barone의 입장은 저에게 도덕적 의무로 다가왔으며, 거기에 대해 저는 유념하고 있고 대화의 도덕적 내용에 대한 Nel Noddings의 견해를 다시 언급하게 됩니다.

지난 몇 달 동안 우리가 함께한 대화들이 저에게 무엇을 의미하는지를 당신들에게 알리기 위해 저 자신을 표현하는 것이 저에게는 또한 중요합니다. 우리가 함께한 시간들이 늘어나면서 저는 우리의 유대가 더 견고해지고 의미의 해석에 대한 우리의 상호적 모험은 더 강해졌다고 믿습니다. 저는 종종 우리 텍스트의 섬세한 세공을 깊고 넓게 확장시키기 위해서 어근과 파생어를 발굴하려고 사전을 찾았습니다. 주의 깊게 듣는다면 다른 사람들도 당신들의 경험 이야기들을 들음으로써 성장하고 '행동장애'라고 낙인찍힌 아이의 어머니가 된다는 것이 무엇을 의미하는지에 대한 자신의 이해를 더해 갈 수 있으리라 생각합니다. 교사이든, 보조교사이든, 교장이든, 학교 심리학자이든, 학교 사회복지사이든 또는 학교에서 삶을 살아가거나 학생들과 그들의 가정과 관계하면서 정책 결정을 하는 많은 사람 중 한 사람이든 간에 교육에 종사하는 우리 모두에게 이것은 진실입니다. 저처럼 당신들 역시 공유된 지식은 집단적 지지를 제공하고 많은 것을 제시할 수 있음을 믿으면서 다른 어머니들 또한 당신들이 느끼고 이해한 것들을 알게 되기를 원했습니다.

저는 애초에는 한두 가지 생각과 반응을 포함한 짧은 편지들을 쓰려고 했습니다. 그런데 저는 편지가 고르지 못하고 잘 엮어지지 않으며 제가 처음에 갖고 있던 희망과 다르다는 것을 깨닫게 되었습니다. 왜냐하면 제가 원하는 목적은 일관성이었기 때문입니다. 삶의 이야기에서 짜기(weaving)의 비유는 흔히 활용되는데 저는 왜 그런지 이해합니다. '우리 삶의 직물'이라는 어구는 강력한 힘으로 남아 있으며, 제가 글을 쓸 때 제 손 아래의 컴퓨터 마우스는 실을 안과 밖으로 짜는 베틀의 북[2)]처럼 느껴집니다. 때로는 그 씨실이 당신의 것이기도 하고 때로는 저의 것이기도 합니다. 이 내러티브의 수직적

2) 역주: 베를 짤 때 가운데 홈에 실꾸리를 넣고 북바늘로 고정시킨 후 날실 사이를 오가며 씨실을 넣어 직물을 짜는 배 모양의 나무통.

실들의 일부는 우리가 이미 이야기했고 아직 이야기하지 않은 전문가들의 것일 수도 있습니다. 그 전문가들의 말을 인용하면서 저의 믿음은 우리의 이해가 확장될 수도 있으며, 입증될 수도, 그렇지 않을 수도 있다는 것입니다. 저는 또한 전문지식의 양날의 칼과 그것의 거리 두기와 객관화 능력을 주의 깊게 생각하고 있습니다. 다른 수직적 실은 어머니와 교사로서 우리 자신의 앎일 것입니다. 날실로 불리는 그러한 수직적 실은 항상 베틀에 단단히 꼬여 있으며, 그 말은 구부림, 꼬여짐을 의미해 왔습니다. 저는 '땅을 충적토층으로 덮는 것, 굵은 줄로 땅에 물을 범람시켜 비옥하게 하는 것'이라는 옛날의 항해에서 사용하던 의미를 선택합니다. 왜냐하면 미사나 풍부한 침전물이라는 내포적 뜻과 함께 그 의미는 우리 모두의 이해를 인정하기 때문입니다.

의미 찾기: 이 탐구를 통해 계속하기

첫 번째로 그리고 가장 중요하게 제가 알고 있는 것은 저의 가치관이 나온 곳에서부터 글을 써야 한다는 것이며, 그렇게 함으로써 저는 제 자신과 당신들 모두에게 정직해질 수 있다는 것입니다. 그러나 이것에 대해 성찰하고 궁금해할 때 저는 이 가치들이 저의 심장뿐만 아니라 저의 내부, 저의 직감, 저의 마음에서 나온 것임을 알고 있습니다. 그 가치들은 이들 모두의 혼합물로부터 나온 것입니다. Taylor(1992)는 가치관이 자신의 자기 정체성의 일부분이라고 말하며, Bruner(1990)는 "삶의 방식들에의 헌신에 내재된 가치들과 가치들의 복잡한 상호작용 속에서의 삶의 방식들이 문화를 구성한다."(p. 29)고 언급합니다. 이 편지의 시작에서 저는 의미를 해석함에 있어서 우리의 상호적 탐구에 대해 말했으며, 저는 자주 당신에게 "그게 당신에게 의미하는 것이 무엇인지 말해 주시겠어요?" 혹은 "그것으로부터 당신이 만들어 낸 의미가 무엇인가요?"라고 물었습니다. 저는 1950년대에 시작된 인지적 혁명은 "인간 심리학의 중심 개념이 의미이며 의미의 구성에 수반되는 과정과 상호작용이라는 신념에 의해 영감을 받은 혁명"(p. 33)이라고 말한 Bruner의 입장을 떠올립니다. 그는 어떤 이들은 다음과 같이 주장한다고 말합니다.

> 새로운 인지과학, 혁명의 어린아이는 심리학에서 재건하려 했던 바로 그 개념을 비인간화하는 대가로 기술적 성공을 얻었고 그것은 거기서 다른 인간과학과 인문학으로부터 심리학의 많은 부분들을 소원화(estrangement)시켰다(p. 1).

Polkinghorne(1988)은 이 소원화를 애매하게 언급합니다.

> 인간과학 관점에서 연구를 이야기할 때의 어려운 점 중에 하나는 인식론과 관련된 개념들 중 많은 것들이 형식적 과학의 논리실증주의적 수정에 의해 기술적 의미를 부여받았다는 것이다(p. 161).

그는 우리가 의미를 드러내려고 노력하는 연구를 평가하고자 한다면 어떻게 지식이 생성되는지에 대한 개념들을 되찾는 일과 직면하게 된다고 믿습니다. 저는 당신들의 이해와 지식이 당신 자신의 경험으로부터 생성되었음을 믿으며 당신들의 이야기와 우리의 공조적으로 구성된 내러티브를 통해 다른 사람들 또한 당신들의 체험과 그들 자신의 체험의 의미를 알고 만들어 갈 수 있을 것이라 믿습니다.

의미 드러내기는 수천 년 동안 우리 삶에서 큰 비중을 차지해 왔으며 그 논쟁은 지속되고 있습니다. "의미는 우리가 발견하는 것이나 밖으로부터 우리 속에 주입되는 것이 아닙니다. 그것은 우리가 우리의 경험, 되어 감을 행위하고, 반성하고, 추상화시키면서 생성되는 우리의 경험, 되어 감의 본질입니다."(Doll, 1990) Eco(1994)는 "실제 세계와의 문제는 태초부터 인간은 어떤 메시지가 있는지, 그렇다면 이 메시지가 어떤 의미를 가지는지를 궁금히 여겨 온 것이다."라고 합니다. 그는 실제 세계에서의 우리의 의미를 위한 탐구를 소설적 이야기들에 가져온 접근과 비교합니다. 여기서 "그 이야기들은, 실제 세계는 보다 반역스러운 장소처럼 보이는 반면에 진리는 논란의 여지가 없는 것이라는 개념이 존재하는 세계 속에서의 편안한 삶의 지각을 준다."(p. 57)라고 합니다. 진리, 실재, 그리고 의미는 당신들 모두와 함께 여행하는 과정에서 저의 생각을 지속적으로 장악할 것입니다. 그러나 저는 이해를 위해 읽고, 단지 쓰고자 하는 제 자신의 필요를 더욱 주의 깊게 알고 있습니다.

레나, 저는 다음에 나오는 당신의 이야기들이 제가 앞으로의 삶을 살아가면서도 저와 남아 있기를 원합니다. 왜냐하면 저는 저도 모르게 미사여구를 사용하게 될 수도 있음을 잊지 말아야 하기 때문입니다.

제가 대학에 있을 때 연구 프로젝트에서 만난 한 대학원생은 저를 미치게 만들었습니다. 그 학생은 내내 매우 긴 문장을 사용하여 뭔가를 설명하였고 진짜 저에게 겁을 주었고, [그때 당신의 목소리가 바뀌었고 당신은 이 말들을 강조했습니다.] 제가 그 학생에 비해서는 다소 뒤떨어지고 기준에도 미치지 못한다고 느끼도록 만들었던 것입니다. 마지막으로 저는 "이봐요! 누군가가 정말 전문가라면, 그리고 진실로 그들이 무엇을 하고 있는지를 안다면 당신은 '평범한 용어로' 저에게 그것을 설명해 줄 수 있겠습니까?"라고 말했습니다. 만약 그들이 그렇게 하지 못한다면, 그들은 자신이 하고 있는 말을 모르고 있는 것이 아닙니까?

우리는 대화에서 서로의 이야기를 통해 연계성을 만들었고, 서로의 침묵을 통해 의미를 같이 이끌어 냈습니다. 저는 제 딸의 머리를 빗어서 엉킨 것을 풀어 내면서, 인내하고 각각의 머리 가닥이 제자리를 잡도록 분리시켜야 한다는 것을 알고 있음을 기억합니다. 그리고 이것은 우리의 얽혔던 아이디어들, 생각들, 말들을 푸는 것에 대해 제가 느낀 방식이기도 합니다. 저는 당신의 경고를 잘 기억할 것입니다, 레나.

추가할 부분들이 떠오르면서, 그리고 몇 달이 훌쩍 지나면서 제가 이곳 저곳 숙고했던 그 편지들의 날짜들에서 볼 수 있는 것처럼 저는 후기를 저의 편지에 쓸 수도 있습니다. 그리고 우리가 함께했던 시간 동안 제가 미리 정해 놓은 질문은 없었고, 우리가 '흐름을 따라 갔듯이' 지금도 그렇습니다. 반면에, 그것은 제 마음에서 나옵니다.

안녕히 계십시오.

조이-루스 올림

후기 #1.

저는 다음 편지에서 전문가들이 어떤 사람들인지, 그리고 그들은 어떻게 전문가가 되었는지를 논의할 것입니다. 그리고 저는 전문가와 당신들이 만났던 많은 사람들에 대해 이야기할 것입니다. 캐롤라인, 당신은 '회기(session)'를 다음과 같이 묘사하였습니다.

> 음, 저는 밥이 붙잡혀서 심리치료사에게 갔을 때가 기억납니다. 제 시어머니는 제게 심리치료사를 만나 보도록 권했습니다. 저를 위한 심리치료사 말입니다. 그러나 어쨌든 저는 그걸 좋아하지 않았습니다. 저는 두 번의 회기에 갔습니다. [그게 어땠는지 이야기해 주세요]. 거기에 한 시간 앉아 있었어요. 그들은 잔혹할 정도로 조용하고 당신을 노려 보고 자신의 연필을 두드리는 그런 분위기입니다. 아세요? 그들은 거기에 앉아서….

그리고 캐롤라인, 당신은 거기 부엌 식탁에 앉아서 무표정한 모습으로 단 한 마디도 하지 않고 그저 천천히, 그리고 리듬을 타며 식탁을 손가락으로 두드리고 있었습니다. 저의 심장은 당신의 손가락과 함께 크게 박동했습니다. 그것은 마치 주제넘게 참견하는 박자측정기처럼 느껴졌습니다. "알아요? 그리고 그건 … 그는 그렇게 그냥 놔두고 있었어요…. 한 시간 전체를… 그는 연필을 치며 한 시간 내내 거기에 앉아 있었어요. 그리고 그 회기가 끝날 무렵 그는 그 연필을 다시 들었습니다…." 그리고 그때 당신은 처방전 용지에 읽기 어려운 필기를 하는 흉내를 내며 가상의 연필로 과장된 손가락 동작을 취했습니다. "여기 있어요. 이걸 받으세요. 2주 후에 저를 찾아

오세요."

후기 #2.

저는 제 자신이, 여성들과 함께 자신들의 삶에 대해 이야기해 왔던 다른 사람들과 비슷한 경험을 가지고 있음을 발견합니다. 저는 당신들 모두와 가상의 대화를 합니다. 저는 제 자신의 마음에 당신들의 생각을, 그리고 저의 귀 속에서 당신들의 목소리를 각자의 어조, 억양, 반향으로 재생합니다. 수 개월 전의 저의 연구계획서에서 쓴 말들이 울려 퍼집니다. "저는 그들의 이야기들이 그들의 시간의 리듬 속에서, 그리고 그들의 이야기하기의 운율 속에서 말해지는 것을 들을 필요가 있습니다." 그리고 다른 사람들처럼, 저는 이들 이야기들을 당신들의 내러티브에서 들어 왔습니다.

> 나는 내가 글을 쓰는 대상인 사람에 대해 꿈을 꾼다. 그들은 나의 대화 속으로 들어오고, 내 욕실의 사생활을 침입하고, 바다와 정원 속에서 나와 결합된다. 그들은 나에게 이야기를 하고, 피드백을 주며, 반대하기도 하며, 새로운 출처를 제시하기도 한다. 나는 매우 주의 깊게 듣는다(Ascher, DeSalvo & Ruddick, 1984, p. xxiii).

바다와 정원은, 특별히 내륙 지역인 앨버타에는 이국적으로 들립니다. 그렇지 않습니까? 루이사, 그러나 저는 우리가 눈 덮인 토양으로부터 솟아나는 작은 무스카리와 작약을 응시하면서 공유했던 기쁨을 다시 떠올립니다. 저는 계속 매우 주의 깊게 배려심을 가지고 귀 기울이고 있습니다.

안녕히 계십시오.

조이-루스 올림

뜻하지 않은 행운으로 저는 계속합니다

3월/4월/10월

조앤, 루이사, 캐롤라인, 레나 씨께,

이 편지에서 저는 어떻게 어떤 것들은 '느닷없이 떨어지고' 마법 곤봉과 같이 나의 아이디어나 말을 제가 기대하지 않았던 방향으로 이끌어 가는 것처럼 보이는지를 설명하고자 합니다. 푯말을 거의 발견하지 못한 때조차 그 길은 명확했고 그 관계가 드러났습니다. 이것이 이 편지를 시작하고 자극시킨, 그리고 우리가 어떻게 의미를 만드는지를 진지하고도 더욱 가벼운 마음으로 말하는 저의 뜻하지 않은 운명 같은 이야기입니다. 저는 측정에 대한 제 자신의 이야기를 소개하고 그다음에 데이터를 지속적으로 논의합니다. 당신들의 말, 제 말, 그리고 다른 작가들의 언어를 말입니다. 저는 데이터를 기록하고 보관해 온 이야기를 말하는데, 어떤 글쓰기 스타일로 그 이야기들을 제시할 것인지에 대해 궁금해합니다. 저는 이 탐구에서의 관계성, 친구들과 가족의 이야기들을 포함하는 관계성을 강조합니다.

글쓰기 시간에 올바른 자리에 있기와 그것의 의미

우선 저는 지난 열 달 동안 모든 것이 놀랍게도 뜻하지 않은 행운이었다고 말해야만 할 것입니다. 저는 극장에서 자리를 잡고 앉습니다. 그리고 극작가가 쓴 프로그램의 서문이 저의 연구에 대해 노래를 들려줍니다. 저는 단지 등장인물들이 '저의 노래, 저의 연구의 노래를 불러 주고 있음'을 발견하기 위해서 극장의 호화로운 의자에 주저앉습니다. 여기의 단어, 저기의 몸짓, 시의 두 줄, 책 리뷰의 한 단락, 탐정 이야기의 줄거리까지 모두가 전체는 아니더라도 부분적으로라도 저의 논문의 주제들을 포함하고 있습니다.

'그래, 그러나 그것이 진정 무엇을 의미하는가?'는 많은 사람들에 의해 자주 요구받는 질문입니다. 우리 역시 우리의 부엌 식탁들을 옮겨다니면서 당신의 이야기들을 공유하는 시간 동안 삶과 죽음, 사랑과 증오, 기쁨과 아픔을 이야기하면서 의미에 관해 의문을 던졌습니다. Bakhtin의 울림소리(Quantz & O'Connor, 1988)는 삶과 죽음의 순환에 대한 언급과 사랑과 웃음의 표현–이 모두는 일반 대중의 삶 속에 묻혀 있습니다.–에 의해 촉발되어 다시 울려 퍼졌습니다. 저는 다른 페이지에서 Bakthin을, 그의 정당화되지 못한 목소리의 개념을, 그리고 강력한 수사로서의 카니발을 언급합니다.

삶의 의미 추구자인 Calvin은 그의 목소리를 교육 영역에 도입합니다. 제가 언급한 그 Calvin은 해학가이자 만화가인 Bill Waterton의 창조물입니다. 레나, 당신은 가정생활에 대한 그의 통찰력 있고 재미나는 만화들을 나에게 많이 가져왔습니다. 왜냐하면 그것들이 당신의 상황과 경험에 적절하다고 느꼈기 때문입니다. 저는 교사의 개인적 이야기와 아이들에게 있어서의 그것의 가치를 언급한 Noddings(1993)의 최근 연구에서 Calvin이 그 실존적 문제와 씨름하고 있음을 발견했습니다. 그녀의 믿음은 교사의 이야기들이 가치와 생명력을 가지고 있다는 것입니다.

> … 그들은 학생들이 실존적이고 형이상학적인 그런 문제들을 탐구하도록 도울 수 있다. 내가 누구인가? 나는 어떻게 발견할 수 있는가? 삶은 의미를 가지는가? 삶은 어디에서부터 왔는가? 미국의 희극 작품에 재미있는 에피소드가 있는데, 'Calvin과 Hobbes'는 그 가능성을 잘 보여 준다.
>
> 교사: 질문이 없다면, 다음 장으로 이동하겠습니다.
> Calvin: 질문이 있습니다.
> 교사: 좋아요, 캘빈. 그게 뭐죠?
> Calvin: 인간이 존재한다는 게 뭔가요?
> 교사: 지금 공부하는 주제에 대해 어떤 질문이 있느냐는 뜻이었어요.
> Calvin: 아. (책을 보며 그 자신에게 중얼거리면서) 솔직히, 저는 이 문제에 대해 더 많은 에너지를 들이기 전에 해결하기를 원합니다 (p. 79).

Noddings는 우리가 이러한 이슈를 학생들과 토의해야 할 필요가 있으며 학생/공동연구자로서 우리도 역시 의미를 드러내기 위해 노력해 왔습니다.

많은가 혹은 적은가? 측정에 대한 제 자신의 이야기와 탐구에서 그것의 자리

어렸을 때 저와 제 여동생은 아버지의 인정을 받기 위해 지독하게 노력했고 사소한 일로 많이 다투었는데, 자매의 말다툼으로 인해 아버지가 더 엄격해졌다는 것을 거의 이해하지 못했습니다. 아버지는 실망스러우면서도 재미있다는 표정으로, 우리를 이해시키기 위해 기꺼이 다음의 농담을 자세히 말해 주곤 했습니다.

> 아버지는 케이크 한 조각을 잘라서 접시에 놓더니 그것을 아들에게 주었습니다. 제이크는 그 케이크를 남동생 샘에게 건네주면서 "와, 정말 많다!"라고 말했습니다. "그건 샘 게 아니고 네 것이야."라고 아빠가 말했습니다. "어! 너무 적다!"

우리는 아버지의 이야기의 교훈을 인정하면서 항상 웃었으며, 우리들의 다툼은 일시적으로 멈추었습니다. 내가 내 어린 시절의 측정의 은유 속에 갇혔다는 것을 깨달았을 때 얼마나 섬뜩했는지 모릅니다.

그 곤란스러움은 나의 공동연구자이자 친구인 여러분들께 글을 쓰기 시작하면서 비롯되었습니다. 글을 쉽게 쓰기 위해서, 그리고 당신들을 윗사람으로서 감독한다는 의도가 없으므로, 저는 어머니들을 저의 엄마들이라고 부릅니다. 레나, 저는 당신에게 보낸 편지가 30쪽이고 캐롤라인에게 보낸 편지가 54쪽이라면 어떻게 느낄지 궁금해지기 시작했습니다. 그리고 루이사에게 보낸 편지는 겨우 25쪽이라면 어떨지요? 루이사는 제가 그녀의 이야기보다 조앤의 이야기에 더 깊은 관심을 가진다고 생각할까요? 그러고 나서 저는 누구의 편지가 먼저 오고 나중에 올 것인지, 그리고 이러한 순서가 당신들 각자에게 어떤 의미를 가져다줄지 생각하기 시작했습니다. 그 후에 그런 계산이 서서히 야기한 긴장을 알아차린 순간 제 사고의 완전한 모순을 자각하면서 그것을 비웃었습니다. 저는 이제 주어진 시기와 맥락 속에서 측정할 수 있는 것들만 측정할 것입니다. 순진하게 들리라고 하는 말은 아닙니다만, 저는 녹취나 측정 도구 없이도 제가 언제 열정적이고, 언제 그 열정이 식어 털모자를 써야 하는지를 알 수 있습니다. 그리고 저의 사랑하는 시어머니의 요리처럼, 저는 다소 부주의하게, 그러나 항상 성공적으로 밀가루, 양념, 허브를 향료와 함께 던져 넣습니다.

우리가 함께 이야기할 때는 언제나 편안하게 느낀답니다. 각기 다른 때에 당신들은 저에게 그렇게 말해 주었습니다. 그리고 저는 그것을 뼛속 깊이 느끼고 있습니다. 그리고 벌써 우리가 함께 참여한 지도 12개월이 다 되어 간다는 것이 믿기 어렵기만 합니다. 이 시기에 걸쳐 우리는 면 대 면으로 약 24시간을 만났으며, 두 시간 동안 전화로 이야기했으며, 세 번 정도 서로에게 노트를 쓰고 주고받았습니다. 측정에서 이 정도의 시간이라면! 어때요? 557쪽에 달하는 전사 내용을 타자로 쳤다는 것도 추가해야 할까요? 그것은 우리 대화의 질에 대해서는 거의 말해 주지 못합니다. 우리가 발견한 것들에 대한 에너지와 노력에 대해서는 더 그렇습니다. 우리의 다음 모임에서 저는 제가 쓴 편지의 일부를 읽어 주고 싶습니다. 추가 모임이 있을 수도 있으며, 저는 당신들에게 많은 시간을 내 달라고 요청하기가 쉽지 않습니다. 저는 이것이 당신들이 예상했던 시간보다 훨씬 많은 시간인지 궁금합니다. 그리고 저는 제가 자료로 다시 돌아가서 우리의 녹취를 재생하고 공유할 것임을 언급했던 것과 당신 모두가 그것에 대해 편안하게 느꼈다는 것을 기억합니다.

어떤 말들은 여기에 머무르고 있습니다: 그 말들은 저를 둘러싸고 있습니다

저는 왜 제가 다른 색조와 질감을 가진 재료에 생각들을 적는 것을 좋아하는지를 제 자신에게조차 설명할 수가 없습니다. 저는 원색의 펜으로 흰 마분지에, '광고지'에 제공되어 있는 여백 공간에, 그리고 매혹적인 색깔의 포스트잇 노트에 다양하게 필기를 해 왔으며, 체계성 없이 내 책상 위의 벽에 붙였습니다. 때때로 그 포스트잇 노트는 제 책상 램프의 열을 받아 접착력이 약해져 우아하게 미끄러져 내리기도 했습니다. 저는 이것이 기록된 생각의 가치를 평가하는 하나의 전조가 아닌지 궁금합니다. 저는 그 생각을 엄격하게 지워 내고, 구석에 처박혀 있던 종이 조각들, 그리고 깊이 쓰여 있으나 상기하려 할 때 회상되기를 원치 않는 가물가물하는 이름들처럼 도망자가 되어 버린, 글로 쓰이지 않은 생각들에 대해 당신들에게 말한 것을 기억합니다.

오늘 아침 나는 Grumet(1990)의 글을 읽었습니다. 그녀는 이에 관한 것을 모두 말했습니다. 그녀는 저보다 전에 도착하여 저와 같은 생각들을 적었습니다! 그 논문을 오늘 아침에 읽지 않았더라면 저는 알아차리지도 못하고 썼을 것입니다. 얼마나 큰 기쁨인가요! 그러나 표절은 어떻게 되는 것인가요? 법에 대한 무지가 변명거리가 되지 못한다면, 그것이 쓰기에도 똑같이 적용되는 것인지요? 다음은 Grumet가 말한 것입니다.

> 오늘날에는 모든 글쓰기를 의식을 따라 걷는 어떤 문화적 거인의 흔적으로, 미리 예정된 것이 아니라면, 거부할 수 없는 목적지를 향한 문헌이나 비판으로 인식하는 것이 유행이다. 이러한 해체에 따라 우리는 일기에 휘갈겨 쓰거나 눈을 가늘게 뜨고 타자기를 보면서, 표현에 새로운 사고를 가져다주는 독창적인 말을 작문하고 있다고 상상한다. 모든 언어는 사회적이고, 모든 사고는 역사적이고, 모든 형식은 미리 예정되어 있으며, 모든 발명은 파괴된다…(p. 321).

그녀의 말에 저는 마음이 따뜻해졌으며, 저의 반성적 기록이 불규칙함에도 불구하고 저는 12개월 동안 종종 눈을 가늘게 뜨고 휘갈기면서도 저널 쓰기를 간헐적으로 지속해 왔습니다. 제가 공책을 다시 읽었을 때 기쁘게도 발견한, 저의 내리티브 패턴의 윤곽이 드러난 기록들 중의 하나가 여기에 있습니다.

> 1994년 6월 26일 어제는 오후에 억수 같은 비가 내렸다. 내가 초원을 가로질러 갈 때, 머리카락은 위로 치켜 올라갔고, 샌들을

> 신은 발은 시렸고 젖어 있었다. 떠오르는 연기는 나를 목적지로 이끌어 주었다. 도공들이 용기, 화로, 검게 된 판석 사이에서 효율적으로 작업할 때 낮은 목소리들이 나면서 금속 쓰레기통들이 쨍그렁 소리를 냈다. 야구 모자와 방연 마스크는 모두 뒤에 감추어져 있었지만 다양한 색조의 보호복에 덮인 눈과 몸은 계속 움직이고 있었다. 섬세하면서도 붉게 타오르면서 구워진 단지들을 집게로 화로에서 들어 올려 용기에 놓았다. 단지들은 나뭇잎과 톱밥으로 덮이고, 연기 나는 열 속에서 자기 자리를 잡았다. 그 과정에 본질적인, 빠르게 물 뿌리기는 그 단지들을 변형시켰다. 휘둥그래진 눈에 광택이 생기는 것을 목격하는 순간 미소짓는 입술에서 부드럽고 흥분된 경탄의 소리들이 새나왔다. 보다 덜 전통적인 방법으로 붓칠하고 누르고 복사한 패턴과 디자인들이 그 집단을 매혹시켰다.

발견과 계시의 은유를 가졌던 라쿠(raku)[3] 워크숍은 제가 밤낮으로 저의 밀랍 염색에 즉각적으로 집중하도록 해 주었습니다. 저는 우리의 연구에 대한 희망을 강조하면서 이 은유가 도움이 된다는 것을 발견하였습니다. 가마가 드러내 놓는 이야기의 흥분에 대한 저의 예상치 못한 참여, 그리고 단지와 도공의 열정은 미래를 향한 저의 포부는 물론 변화의 개념까지도 강화시켜 주었습니다. 왜냐하면 저는 다면적이고 상상적인 모든 반성들 속에서 우리의 관계를 통해 변해 왔기 때문입니다.

3) 역주: 일본식 도자기.

(이것을 포함해) 어떤 텍스트적 상연도 결코 정직하지는 않다

Laurel Richardson(1994)은 그들의 역사적 맥락 안에서 글쓰기 관습들을 논의하면서 그 글쓰기 관습들은 "고정적이지도 중립적이지도 않으며", 우리 모두와 같이 그러한 관습들 역시 그 시대의 아이들이며, "특정한 학파의 변화하는 지배력"과 모델에 의해 좌우된다고 우리에게 일깨워 줍니다. 그녀는 현 세기에서 과학과 인문학에서의 글쓰기의 관계성은 "쉽지 않으면서도 쉬운, 부정되면서도 인정되는 교차로" 중의 하나로, 그것은 분석을 통해 명확해진다고 합니다. "모든 학문들은 어떻게 확률표, 기록, 그리고 일인칭 설명 등 고유한 문학적 장치와 수사적 호소력을 가지게 되는가?"(p. 519) 저는 제가 사용하는 은유를 더 많이 생각할수록 더더욱 그것을 통해 예전에 접근할 수 없었던 것들을 이해하고 알아 가고 있었습니다.

> … 글쓰기는 단지 연구 프로젝트 끝의 청소활동이 아니다. 글쓰기 또한 발견과 분석의 방법으로 '앎'의 한 가지 방법이다. 여러 가지 다른 방식으로 글쓰기를 하면서 우리는 주제의 새로운 측면들, 그리고 우리와 이것들의 관계성을 발견한다. 형식과 내용은 분리되지 않는다(Richardson, 1994, p. 516).

Greertz(1988)가 연구자에게 주의를 기울이도록 경고하는 것에 저도 동의합니다. Clandinin과 Connelly는 이것을 다음과 같이 묘사하고 있습니다.

> 우리의 서명이 얼마나 생생해야 하는지에 대한 딜레마. 너무 생생한 서명은 현장과 참여자들을 눈에 띄지 않게 하는 위험이 있다. 너무 옅은 서명은 연구 텍스트가 참여자의 견지에서 이야기한다는 기만의 위험이 있다(1994, p. 424).

저는 또한 매우 조심스럽게 이러한 내러티브를 통해 조율하면서 우리의 서명들이 개별적으로 또한 집단적으로 기술될 것이라는 공언과 함께 한 걸음 더 나갑니다. 저는 또한 우리 자신의 종결부를 만들 때 우리의 개인적인 디자인을 새기는 복잡성의 달필적 패턴과 결합하는 곡예사로서의 저를 상기시킵니다. 이렇게 우리의 목소리들은 경청될 것입니다.

연결하기

"우리가 여자라면 우리는 어머니들을 통해 다시 생각한다." (Woolf, 1929) 저는 여기에다 우리가 학생이라면 우리의 선생님들을 통해, 그리고 우리가 선생님이라면 우리의 학생들을 통해 다시 생각한다는 말을 더하고자 합니다. 그리고 저는 그러한 방법들 모두를 생각합니다. 앞으로 그리고 뒤로, 과거, 현재, 그리고 미래로, 때로는 수직적으로, 때로는 수평적으로 말입니다. 저는 Bruner가 "곁을 보다"라고 말한 것을 떠올립니다.

> 그것은 교환의 수단이 왼손에 의해 지불된 은유처럼 보이는 방법이다. 그것은 행복한 예감과 '행운의' 상상을 기르는 방법으로서, 똑바로 보기보다는 곁눈으로 보는 시인과 점쟁이에 의해 연결되는 행위로 섞인다. 그들의 예감과 직감은 연결점을 찾고, 유사점을 제안하고, 시도의 그물에서 아이디어들을 느슨하게 짜면서 그들 자신의 문법을 생성한다(1963, p. 4).

때때로 미로 속에서 저의 생각은 막다른 골목으로 저를 이끌었고 저는 방해물과 침입물을 조심스럽게 밟아 나가면서 저의 사고를 재추적합니다. 저는 이전에 제 연구의 외관상 행운이 따른 것으로 보이는 특징에 대해 썼습니다. 저는 그 연결점을 만들려고 시도하면서 외관을 강조하고 그것의 덧없는 성질을 언급합니다. 제가 이렇게 한 것은 제가 들은 이야기들에 부여한 의미를 대조하기 위함인데, 그 이야기들은 결코 저를 떠나지 않을 것이며 저는 그러한 연결점을 제공하기 위해 직물을 만들어 낸 제 자신의 경험을 활용하였습니다. 그것을 다시 이야기하면서 저는 일시적인 것과 영구적인 것이 같은 은유 속에 포함되어 있음을 알았습니다. 그것은 밀랍 염색입니다.

저는 제 연구에 대한 희망에 대해 이야기했고 또 계속 이야기할 것입니다. 그래서 전체는 드러나고 텍스트화되고 조율될 것입니다. 몇 달 전 저는 "제 교육과정의 맥락 안에는 아닐린 염색과 같은 점착력으로 제 존재를 물들인 이야기들이 존재합니다."라고 썼습니다. 그 언어들은 저를 괴롭히고 구리 접시에 그려진 풍경을 산성 욕조에 담그는 기억이 떠오르듯이 저는 여러분의 이야기들이 저의 영혼에 선명하게 새겨진 것을 압니다. 두 가지 은유들 모두는 이야기의 힘을 정확하게 반영하며, 그 이야기들은 주류와 정당화된 집단의 외곽인 주변 모두에서 들려야 합니다. 주류 속에서 그 이야기들을 듣는 것은 교육적일 수 있으며, 주변 속에서 그 이야기들을 듣는 것은 변화시키는 힘이 될 수 있기 때문입니다.

정도에 따른 또 하나의 연결

저는 저에게 깊이 자극을 준 언어와 이미지를 가진 영화 한 편을 언급했고 또 하나의 연결에 대해 민감하게 되었습니다. 〈Six Degrees of Seperation〉(MGM, 1993)에서 작가는 우리 각자가 스스로 인식하는 것보다 더 가깝게 연결되어 있는데, 겉보기에는 따로 떨어져 있는 삶들도 몇 개의 관계들만 거치면 연결된다고 합니다. 이들 각 관계들 속에서 관계의 씨가 자랍니다. 주인공은 한 어머니로, 자신의 삶과 자신의 생활방식과 관계에 부여했던 의미와 직면하도록 강요당했습니다. 키트리지 부인과 남편은 어떤 젊은 사기꾼을 믿었는데, 그 사기꾼은 자신의 아버지가 영화배우이며 하버드 대학교 학생일 때 두 부부의 자녀들을 알고 있었다고 그들에게 말했습니다. 그는 그러한 신용 사기를 그 부부의 친구들에게도 반복했고 그 영화 줄거리는 그들의 '이야기' 하기와 다시 이야기하기뿐만 아니라 그것의 파괴적인 결과들을 포함하고 있습니다. 그녀는 고뇌에 찬 어조로 말했습니다. "그것이 하나의 경험이 되려면, 우리가 그것(경험)을 일화로 만들지 않고서 어떻게 삶에 짜 맞출 수 있을 것인가? 우리가 그것을 어떻게 하나의 경험으로 유지시킬 것인가?"

*Concise Oxford Dictionary*에서 '일화(anecdote)'는 "분리된 사건의 내러티브"로 정의됩니다. 반면에 *Oxford Universal Dictionary*에서는 "흥미롭거나 인상적인 사건"이라고 정의됩니다. 저는 그녀 남편의 반응을 해석할 때 전자의 정의를 취합니다. 그녀의 남편 키트리지 씨는 영화의 앞부분에서 그림으로부터 얻은 유추를 활용하여 그들의 경험에 대한 반응을 이지적으로 표현했었는데, 표현주의 예술가 칸딘스키의 말을 빌어 이렇게 말했습니다. "물체의 선택은 형식의 조화에 있어서 한 가지 요소로서 인간 영혼 속에서 부합하는 진동에 의해서만 결정되어야 한다는 것입니다." 키트리지 씨는 관계에서의 양면 가치와 배반의 고통스러운 경험으로부터 다시 한 번 거리를 둘 때, 구조를 말하고, 그것을 콜라주의 무형식과 비교했습니다. 화가 세잔의 목소리로 말하면서 그는 다음을 지적했습니다. "그것이 내가 그림을 좋아하는 이유입니다. 그 그림의 구조 때문이에요." 영화의 끝부분에서 그는 그의 영혼 속에서 '그 부합하는 진동'을 비난하면서 그가 일찍이 인정했던 깊은 감동을 주는 경험을 거부하게 됩니다.

그의 경험을 이야기하고 다시 이야기하는 것은 그의 역사뿐만 아니라 그의 소수 문화의 정치적 이데올로기적 관행, 즉 매수된 전문가나 지식인의 관행에 의해 제한되며, 그것은 '분리된 사건'의 내러티브가 되었습니다. 그 이야기를 종종 반복하는 가운데 그는 그의 관계의 취약성을 노출했던 일화의 일부분들에 대해 어떠한 목소리도 내지 않음으로써 예전에 드러내 왔던 그 고통을 줄일 수 있었습니다. 그에게 있어 이것은 "우리가 인식론적 침묵이라고 부르는 것이었는가? (이것은) 우리가 말할 수 없는 것과 직면할 때 대면하는 침묵 같은 것입니다"(Van Manen, 1990, p. 113). 키트리지 부인은 깊은 고뇌 속에서 일화의 의미를 평가 절하하면서, 일화를 경험과의 관계로부터 분리하고, 그것을 험담할 때 흔히 쓰는 어구에 상응하는 것으로 축소시켰습니다. 그녀는 "그것은 단지 일화적 증거일 뿐입니다."라고 하거나 마찬가지로 무시하는 어조로 "그것은 단지 이야기일 뿐입니다."라고 했습니다. Van Manen은 일화의 가치는 "사실적–경험적 혹은 사실적–역사적 이유를 위해 존재하는 것이 아니다…. 역사적 설명은 과거에 일어난 것을 기술한다. 하지만 일화는 보편적 진리를 기술하는 시적 내러티브에 더욱 가깝다."(1990, p. 119)라고 설명합니다. Van Manen은 이러한 변증법의 복잡성을 다음과 같이 상술합니다.

> 일화적 내러티브에 대한 역설은 그것이 진정 일반적이고 보편적인 것을 말하고 있으면서도 독특한 것을 이야기하고 있다는 것이다…. 그리고 반대로, 일화에 의해 근원적인 통찰과 진리는 일상적 경험의 불확실한 세계 속에서의 가치를 평가받게 된다. 그래서 일화는 독특성과 보편성 사이의 긴장 속에서 작용하는 현상학적 인간과학과 근원적인 인식론적, 방법론적 특성을 공유한다고 할 수 있다(p. 120).

일관성과 '그것을 향해 꾸준히 힘쓰기'

앞에서 기술한 Van Manen의 설명이 제가 내러티브 탐구를 제 연구의 방법으로 선택한 이유입니다. Van Manen의 인용문은 저에게 강력하게 말합니다. 그리고 그가 기술한 그 긴장으로 곡예사로서의 제 자신의 이미지는 다시 한 번 강화됩니다. 저는 이 편지들 전부에서 그 이미지를 가지고 있었습니다. 왜냐하면 그것은 진정 말과 생각에 대한 고찰과, 당신들의 진리와 저의 진리를 드러내고자 하는 희망, 해석의 복잡성들, 그리고 내러티브적 일관성에 대한 전반적인 필요를 가지고 균형을 잡는 행위이기 때문입니다.

> 일관성은 우리가 그것을 추구하든 그렇지 않든 우리에게 부과되는 하나의 필요로 보인다. 우리는 이해를 할 필요가 있다. 우리는 일관성이 결여될 때 이해의 부족을 느끼게 된다. 자아의 통일성은, 잠재적인 정체성으로서가 아니라 이야기의 앞뒤가 맞는 삶으로서, 미리 주어진 조건이 아니라 달성을 의미한다. 우리 중 누군가는 다른 사람들보다 성공할 것이다. 누구도 완전하게 성공하는 것은 아니다. 우리는 그것에 대해 꾸준히 힘쓸 뿐이다. 우리가 하는 것은 우리 자신에게, 또 다른 사람들에게 우리가 누구인지, 그리고 왜 존재하는지에 관해 이야기하고 다시 이야기하는 것이다(Carr, 1986, p. 97).

이 글을 읽으면서 저는 용기를 얻게 됨을 느낍니다. 저는 당신들이 저에게 해 준 이야기와 제 자신의 이야기 역시 생각합니다. Carr의 글은 희망의 메시지와 그 희망이 뻗어 나간다는 메시지를 제공해 줍니다. 비록 우리의 삶이 앞뒤가 맞지 않더라도 '우리는 그것을 향해 꾸준히 힘씁니다.' 그리고 저는 수반되는 고통에도 불구하고 용기와 인내를 가지고 당신들 모두가 '그것을 향해 힘썼던' 시간들을 생각합니다. Linda Smith(1991)는 시인이자 작가인 Annie Dillard

의 말을 언급합니다. "우리는 우리 삶의 주변에서가 아니라 '인간 경험의 중심'에서 고통을 발견한다."(Smith, 1991) 인간 경험의 그 중심이 당신이 당신의 삶에 관하여 이야기할 때 우리가 함께 드러내고자 노력했던 것입니다. 저는 일관성을 위한 내러티브 탐구에서 당신들이 "어떻게 자신의 삶을 하나의 전체로 살 것인지의 문제, 그리고 개인으로서의 인간 존재, 성품, 개인적 정체성의 본질에 대한 의문들"에 관심이 있다고 생각합니다(Carr, p. 73).

"우리는 어떻게 그것을 경험으로 유지하는가?" 키트리지 부인의 비탄의 소리가, 마치 Lorde의 친구 Clem의 목소리가 "희미한 삼십 년을 통해 나에게 다시 되돌아와" 그녀의 생각으로 들어왔던 것처럼, 제 생각에 다시 들어옵니다.

> "나는 당신이 아무것도 이해할 수 없는 곳에서 이해하려고 노력하기 위해 여기에 왔음을 알고 있다. 그냥 살도록 노력하라. 무엇이 일어나는지에 대해 반응하고, 수정하고, 보라." 나는 해결해야 할 문제로서보다는 살면서 겪어야 할 경험으로서 보는 아프리카 식의 삶의 이해 방법을 생각했다(Lorde, 1988, p. 116).

이것은 편지를 끝내는 방법으로는 꽤나 진지한 방법이지 않은가요? 그러나 우리가 함께한 임무 또한 진지한 것입니다. 우리 모두는 할 수 있는 한 넓고 깊게 더 알기를 원합니다. 우리는 서로에게서 배우기를 원하며 아이들, 어머니들, 그리고 그들의 가족과 관련된 것에 대해 많은 청중들과 함께 학습해 온 것들을 공유하길 원합니다.

안녕히 계십시오.

조이-루스 올림

참고문헌

Aran, A. (Producer). (1993). *Como lagua, para chocolate.* Burbank, CA: Miramax.

Asher, C., Desalvo L., & Ruddick, S. (1984). *Between women.* Boston: Beacon Press.

Atkin, H., Bastiani, J., with Goode, J. (1988). *Listening to parents: An approach to the improvement of home-school relations.* London: Croom Helm.

Axel, G. (Director). (1989). *Babbette's feast.* Orion.

Ayers, W. (1993). *To teach: The journey of a teacher.* New York: Teachers College Press.

Barone, T. (1992). A narrative of enhanced professionalism. *Educational Researcher, 21* (8), 15-24.

Bateson, M. (1994). *Peripheral visions: Learning along the way.* New York: Harper Collins.

Belenky, M. F., McVicar Clinchy, B., Rule Goldberger, N., & Mattuck Tarule, J. (1986). *Women's ways of knowing.* New York: Basic Books.

Berger, P. L., & Luckmann, T. (1967). *The Social Construction of Reality: A Treatise in the Sociology of Knowledge*. NY: Anchor Books.

Bisson, L. (Producer). (1994). *The Professional*. Burbank, CA: Columbia Films.

Bogdan R., & Taylor, S. (1994). *The social meaning of mental retardation*. New York: Teachers College Press.

Borland, J. (1990). Postpositivism inquiry: Implications of the "new philosophy of science" for the field of the education of the gifted. *Gifted Child Quarterly, 34* (4), 161-167.

Bruner, J. S., & Bornstein, H. (1989). On interaction. In J. S. Bruner, & H. Bornstein. (Eds.), *Interaction in human development: Crosscurrents in contemporary psychology* (pp. 1-13). Hillsdale, NJ: Erlbaum.

Bruner, J. S. (1963). *On Knowing: Essays for the left hand*. Cambridge, MA: Belknap Press.

Bruner, J. S. (1986). *Actual Mind, Possible Worlds*. Cambridge, MA: Harvard University Press.

Bruner, J. S. (1990). *Acts of Meaning*. Cambridge, MA: Harvard University Press.

Burns, R. C., & Kaufman, S. H. (1970). *Kinetic family drawings(K-F-D): An introduction to understanding children through kinetic drawings*. Oxford, England: Brunner/Mazel.

Carr, D. (1986). *Time, narrative & history*. Bloomington: University of Indiana Press.

Carter, K. (1993). The place of story in the study of teaching and teacher education. *Educational Researcher, 22* (1), 5-12.

Casey, K. (1990). Teacher as mother: Curriculum theorizing in the life histories of contemporary women teachers. *Cambridge Journal of Education, 20* (3), 301-319.

Casey, K. (1993). *I answer with my life: Life histories of women teachers working for social change.* New York: Routledge.

Clandinin, D. J. (Ed.), (1993). *Introduction Searching for connections: Struggling for community.* Edmonton, AB: University of Alberta Faculty of Education Publication Services.

Clandinin, D. J., & Connelly, F. M. (1994). In N. Denzin, & Y. Lincoln, (Eds.), *Handbook of qualitative research* (pp. 413-427). Thousand Oaks, CA: Sage.

Clark, K., & Holquist, M. (1984). *Mikhail Bakhtin.* Cambridge, MA: Belknap Press.

Code, L. (1991). *What can she know.* Ithaca, NY: Cornell University Press.

Colaizzi, J. (1978). Learning and existence. In R. S. Valle, & M. King (Eds.), *Existential and phenomenologic alternatives for psychology.* New York: Oxford University Press.

Coles, R. (1986). *The moral life of children.* Boston: Atlantic Monthly Press.

Coles, R. (1989). *The call of stories: Teaching and the moral imagination.* Boston: Houghton Mifflin.

Connelly, F. M., & Clandinin, D. J. (1988). *Teachers as curriculum planners.* Toronto: OISE Press.

Connelly, F. M., & Clandinin, D. J. (1990). Stories of experience and narrative inquiry. *Educational Researcher, 19* (5), 2-14.

Cotton, N. S. (1993). *Lessons from the Lion's den: Therapeutic management of children in psychiatric hospitals and treatment centers.* San Francisco: Jossey-Bass.

Cottrell, B., Denham, D., & Gillespie, J. (1994). *Workplace learnings about woman abuse: A guide for change II.* Ottawa, Ontario, Canada National Clearinghouse on Family Violence. Family Violence Prevention Division. Health Canada.

Crabtree, B. F., & Miller, W. L. (1994). Clinical research. In N. Denzin, &

Y. Lincoln, (Eds.), *Handbook of qualitative research* (pp. 340-352). Thousand Oaks, CA: Sage.

Craig, T. (1984). *Life-world of the first-year drama teacher.* Unpublished doctoral dissertation. University of Alberta, Edmonton, Alberta, Canada.

Crites, S. (1971). The narrative quality of experience. *American Academy of Religion* (pp. 293-391).

David, M., Hughes, M., Edwards, R., & Ribbens, J. (1993). *Mothers and education: Inside out.* New York: St. Martin's Press.

Denzin, N., & Licoln, Y. (Eds.). (1994). *Handbook of qualitative research.* Thousand Oaks, CA: Sage Publication.

Dewey, J. (1934). *Art as experience.* New York: Minton, Bach.

Dewey, J. (1938). *Experience and education.* New York: Macmillan.

Diamond, C. (1993). Writing to reclaim self: the use of narrative in teacher education. *Teaching and Teacher Education, 9*(5, 6), 511-517.

Doll, W. (1990). [Review of the book *Education, modernity, and fractured meaning: Toward a process theory of teaching and leaning*]. *Teachers College Record, 12*(7), 156-158.

duPaul, G., & Stover, G. (1994). *ADHD in the schools: Assessment and intervention strategies.* New York: Guilford.

Eco, U. (1994). *Six walks in the fictional woods.* Cambridge, MA: Harvard University Press.

Eisner, E. (1991). *The enightened eye: Qualitative inquiry and the enhancement of practice.* New York: MacMillan.

Estes, C. P. (1992). *Women who run with the wolves.* London: Random House.

Ferguson, P. M., Ferguson, D., & Taylor, S. J. (1992). *Interpreting disability: A qualitative reader.* New York: Teachers College Press.

Fine, M., & Gordon, S. M. (1989). Feminist transformations of/despite psychology. In M. Crawford, and M. Gentry (Eds.), *Gender and thought: Psychological perspectives.* New York: Springer-Verlag.

Frank, A. W. (1997). Enacting illness stories: When, what, and why. In Hilde Lindemann Nelson (Ed.), *Stories and their limits: Narrative approaches to bioethics* (pp. 31-49). New York: Routledge.

Gaylord-Ross, R. (Ed.). (1992). *Issues and research in special education, Vol. 2.* New York: Teachers College Press.

Geertz, C. (1988). *Works and lives: The anthropologist as author.* Stanford, CA: Stanford University Press.

Giorgi, A. (1975). *Psychology as human science.* New York: Harper and Row.

Giorgi, A. (Ed.). (1987). *Phenomenology and psychological research.* Pittsburgh, PA: Dusquene University Press.

Goodrich, N. L. (1993). *Heroines.* New York: Harper Collins.

Greene, M. (1988). *The dialectic of freedom.* New York: Teachers College Press.

Grove, J. (1988). *The defense of science: Science, technology and politics in modern society.* Toronto: University of Toronto Press.

Grumet, M. (1978). Songs and situations. In G. Willis (Ed.), *Qualitative evaluation* (pp. 212-248). Berkeley, CA: McCutchan.

Grumet, M. (1988). *Bitter milk.* Amherst, MA: University of Massachusetts Press.

Grumet, M. (1990). Retrospective: Autobiography and the analysis of educational experience. *Cambridge Journal of Education, 20* (3), 321-324.

Hayden-White, R. (1987). *The content of the form: Narrative discourse and historical representation.* Baltimore, MD: Johns Hopkins University Press.

Heilbrun, C. G. (1979). *Reinventing Womanhood.* NY: W.W. Norton &

Company.

Heilbrun, C. G. (1988). *Writing a woman's life.* New York: Ballantine Books.

Hopkins, R. (1994). *Narrative schooling: Experiential learning and the transformation of American education.* New York: Teachers College Press.

Howard, P. A. (1994). *The meaning of the evaluative look in teacher performance evaluation.* Unpublished doctoral dissertation. University of Alberta, Edmonton, Alberta, Canada.

Jaffé, N., & Zeitlin, S. (1993). *While standing on one foot.* New York: Henry Holt.

Janesick, V. (1994). The dance of research design: Metaphor, methodolatry, and meaning. In N. Denzin, & Y. Lincoln (Eds.), *Handbook of qualitative research* (pp. 209-219). Thousand Oaks, CA: Sage.

Jeammet, P. (1992). Trends in child psychiatry around the world. In C. Chiland, & J. G. Young (Eds.), *New approaches to mental health: From birth to adolescence* (pp. 465-473). New Haven, CT: Yale University Press.

Kauffman, J. M. (1989). *Characteristics of behavior disorders of children and youth, 4th ed.* Columbus, OH: Merrill.

Langness, L. L., & Frank, G. (1981). *Lives.* Novato, CA: Chandler & Sharp.

Lather, P. (1991). *Getting smart: Feminist research and pedagogy with/in the post-modern.* New York: Routledge.

Le Guin, U. K. (1989). *Dancing at the edge of the world.* New York: Harper & Row.

Lee, A. (Director). (1994). *Eat, drink, man, woman.* Burbank, CA: Samuel Goldwyn Co.

Lorde, A. (1988). *A burst of light.* New York: Firebrand Press.

Lyons, N. (1990). Dilemmas of knowing. *Harvard Educational Review, 60* (2), 159-180.

MacIntyre, A. (1981). *After virtue: A study in moral theory.* London: Duckworth.

Martin, J. R. (1992). *The schoolhome.* Cambridge, MA: Harvard University Press.

Martin, J. R. (1994). *Changing the educational landscape: Philosophy, women and curriculum.* New York: Routledge.

Maxmen, J. S. (1991). *Essential psychopathology.* New York: W.W. Norton.

Mickelson, R. (1983). Social skills training with EMH adolescents. Unpublished master's thesis, University of Alberta, Edmonton, AB, Canada.

Middleton, S. (1993). *Educating feminists: Life histories and pedagogy.* New York: Teachers College Press.

Miller, W. L., & Crabtree, B. F. (1994). Clinical Research. In N. Denzin and Y. Lincoln (Eds.), *Handbook of Qualitaive Research*(pp. 340-352). Thousand Oaks, CA: Sage Publication.

Mishler, E. (1986). *Research interviewing: Context and narrative.* Cambridge, MA: Harvard University Press.

Mishler, E. G. (1986). The analysis of interview-narratives. In T. R. Sarbin (Ed.), *Narrative psychology: The storied nature of human conduct* (pp. 233-255). New York: Praeger.

Nelson, H. L. (1997). *Stories and their limits: Narrative approaches to bioethics.* New York: Routledge.

Neumann, A. (1992). On experience, memory, and knowing: a post-Holocaust Autobiography. In *Background to foreground: higher education, scholarship, and the Jewish experience.* Symposium conducted at the annual meeting of the Association for the Study of

Higher Education, Minneapolis, MN. October/November 1992.

Noddings, N. (1993). *Educating for intelligent belief or unbelief.* New York: Teachers College Press.

Noddings, N. (1984). *Caring: A feminist approach to ethics and moral education.* Berkeley, CA: University of California Press.

Paley, V. G. (1986). On listening to what children say. *Harvard Educational Review, 56* (2), 122-131.

Personal Narratives Group. (1989). *Interpreting women's lives: Feminist theory and personal narratives.* Indianapolis, IN: Indiana University Press.

Pinar, W. F. (Ed.). (1975). *Curriculum Theorizing: The Reconceptualists.* Berkley: McCutchan.

Pinar, W. (2000). *Curriculum studies: The reconceptualization (Curriculum theorizing: The reconceptualists).* Troy, NY: Educator's International Press.

Pivato, E. (Ed.). (1990). *Different hopes, different dreams.* Edmonton, AB: Academic Printing and Publishing.

Polakow, V. (1993). *Lives on the edge: Single mothers and their children in the other America.* Chicago: University of Chicago Press.

Polkinghorne, D. E. (1988). *Narrative knowing and the human sciences.* New York: State University of New York Press.

Pullis, M. (1991). Practical considerations of excluding conduct disorder students: An empirical analysis. *Behavioral Disorders, 17* (1), 9-22.

Quantz, R. A., & O'Connor, T. W. (1988). Writing critical ethnography: dialogue, multivoicedness, and carnival in cultural texts. *Educational Theory, 38* (1), 95-109.

Reilly, T. (1991). Cultural bias: The albatross of assessing behaviour-disordered children and youth. *Preventing School Failure, 36* (1), 50-53.

Reinharz, S. (1992). *Feminist methods in social research.* New York: Oxford University Press.

Richardson, L. (1994). Writing: A method of inquiry. In N. Denzin, & Y. Lincoln (Eds.), *Handbook of qualitative research* (pp. 516-529). Thousand Oaks, CA: Sage Publication.

Robinson, J. A., & Hawpe, L. (1986). Narrative thinking as a heuristic process. In T. R. Sarbin (Ed.), *Narrative psychology: The storied nature of human conduct* (pp. 111-125). New York: Praeger.

Ruddick, S. (1989). *Maternal thinking: Towards a politics of peace.* London: Women's Press.

Sarbin, T. R. (1986). The narrative as a root metaphor for psychology. In T. R. Sarbin (Ed.). *Narrative psychology: The storied nature of human conduct* (pp. 3-21). New York: Praeger.

Schepisi, F. (Director). (1993). *Six degrees of separation.* Hollywood, CA: MGM/UA.

Schon, D. (1991). *The reflective turn: Case studies in reflective practice.* New York: Teachers College Press.

Schon, D. (1992). The theory of inquiry: Dewey's legacy to education. *Curriculum Inquiry, 22* (2), 119-139.

Sewall, I. W. (1998). *The folkloral voice.* Edmonton, Canada: Qual Institute Press..

Sheridan, R. B. (1775). *The rivals.* New York: Barron's Educational Series (1958).

Smith, L. (1991). *Annie Dillard.* New York: Twayne/MacMillan.

Smith, R. (1958). *I and Thou.* New York: Scribner's.

Spiegelman, A. (1991). *Maus II, a survivor's tale, and here my troubles began.* New York: Pantheon.

Steinem, G. (1992). *Revolution from within.* London: Transworld.

Stevens, W. (1972). Six significant landscapes. In Holly Stevens (Ed.), *The palm at the end of the mind* (pp. 15-17). New York: Vintage Books.

Strike, R. L. (1991). Is teaching a profession: How would we know. In R. C. Schwab (Ed.), *Research-based teacher evaluation* (pp. 91-117). Boston: Kluwer Academic Publishers.

Sullivan, E. (1984). *A critical psychology: Interpretation of the personal world.* New York: Plenum.

Taylor, C., (1992). *Malaise of modernity.* Cambridge, MA: Harvard University Press.

Tesch, R. (1990). *Qualitative research: Analysis types and software tools.* New York: Falmer.

Van Maanen, J. (1988). *Tales of the field: On writing ethnography.* Chicago: University of Chicago Press.

Van Manen, M. (1986). *The tone of teaching.* Richmond Hill, Ontario, Canada: Scholastic.

Van Manen, M. (1990). *Researching lived experience.* London, Ontario, Canada: Althouse Press.

Weiss, M. (1994). *Conditional love: Parents' attitudes toward handicapped children.* Westport, CT: Bergin and Garvey.

Willis, G. (1978). Phenomenological inquiry: Life-world perceptions. In E. C. Short (Ed.), *Forms of curricular inquiry.* New York: State University of New York.

Woolf, V. (1929). *A room of one's own.* London: Hogarth.

Yapko, M. D. (1994). *Suggestions of abuse: True and false memories of child sexual trauma.* New York: Simon & Schuster.

찾아보기

인명

내용

저자 소개

조이-루스 마이클슨(Joy-Ruth Mickelson) 박사는 교사, 학교 상담가, 의료 복지사, 그리고 사회복지사로서 아이들, 부모들, 여러 학교를 위해 일하면서 살아왔다. 누구에게나 평생학습이 필요하다고 믿는 그녀는 1993년 '공식적인 은퇴' 후 앨버타 대학교의 교육심리학과에서 박사학위를 취득했다. 그녀는 1995년과 1996년에 호로위츠 교사교육 학술상(Horowitz Teacher Education Scholar Award)을 수여했으며, 교사교육개발연구센터(Centre for Research for Teacher Education & Development, CRTED)에서 내러티브 탐구에 몰두하며 박사후과정을 마쳤다. 현재 CRTED의 겸임조교수이며 대학원생들의 멘터 역할을 하고 있다.

역자 소개

염지숙

캐나다 앨버타 대학교 대학원 박사(유아교육 전공)

현 건국대학교 글로컬(GLOCAL) 캠퍼스 유아교육과 교수

〈주요 저서 및 역서〉

유아교사론(공저, 정민사, 2011)

내러티브 탐구를 위한 연구방법론(공역, 교육과학사, 2011)

포스트모던 유아교육: 새로운 이해와 실천을 열어가기(공역, 창지사, 2007)

사랑으로 가르치기(역, 창지사, 2001)

조현희

연세대학교 대학원 석사(영문학 전공)

뉴욕 주립대학교 버팔로 캠퍼스 대학원 석사(TESOL 전공)

뉴욕 주립대학교 버팔로 캠퍼스 대학원 박사(Foreign & Second Language Education 전공)

현 대구교육대학교 영어교육과 교수

〈주요 저서 및 역서〉

Handbook of Asian Education(공저, Routledge, 2011년)

초등영어 교사의 개인적 실천 지식의 형성과 사용(논문, 영어교육연구, 2011년)

교사를 위한 실행연구(공역, 교육과학사, 2010년)

박세원

캐나다 앨버타 대학교 대학원 박사(초등교육 전공)

현 대구교육대학교 윤리교육과 부교수

〈주요 저서 및 역서〉

내러티브 탐구를 위한 연구방법론(공역, 교육과학사, 2011)

교사를 위한 실행연구: 과정과 맥락 그리고 자기연구(공역, 교육과학사, 2010)

존재의 성장과 교육(저서, 교육과학사, 2009)(2010 대한민국학술원 우수학술도서)

대안학교 길라잡이(공역, 교육과학사, 2007)

우리 아이가 행동장애라고요?

Our Sons Were Labeled Behavior Disordered

2012년 3월 19일 1판 1쇄 인쇄

2012년 3월 26일 1판 1쇄 발행

지은이 • Joy-Ruth Mickelson

옮긴이 • 염지숙 · 조현희 · 박세원

펴낸이 • 김진환

펴낸곳 • (주) 학지사

121-837 서울시 마포구 서교동 352-29 마인드월드빌딩 5층

대표전화 • 02-330-5114 팩스 • 02-324-2345

등록번호 • 제313-2006-000265호

홈페이지 • http://www.hakjisa.co.kr

커뮤니티 • http://cafe.naver.com/hakjisa

ISBN 978-89-6330-824-1 93370

정가 13,000원

역자와의 협약으로 인지는 생략합니다.

파본은 구입처에서 교환해 드립니다.